ディジタルネイティヴのための近未来教室

Marc Prensky【著】
情報リテラシー教育プログラムプロジェクト【訳】

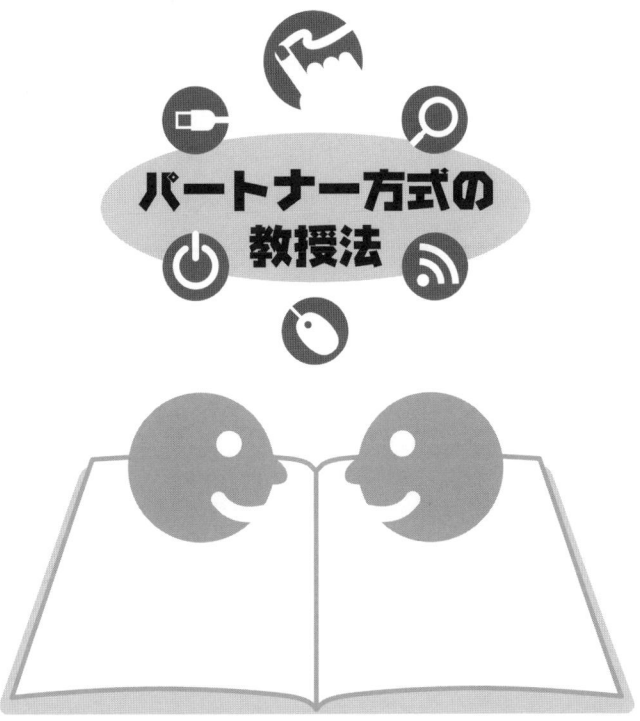

パートナー方式の教授法

共立出版

Teaching Digital Natives : Partnering for Real Learning

by Marc Prensky

Copyright©2010 Marc Prensky
All rights reserved.
Published by arrangement with Corwin Press Inc.,
A Sage Company, the United States.

Japanese language edition published by Kyoritsu Shuppan Co., Ltd.

序　文

　すでに周知のことだが，今世紀が学習に持つ意義には特筆すべきものがある。世界中で，教師，学校，家族，果ては政治家までもが21世紀の学習を構築するのに20世紀の狭隘な枠組みを使うようでは，あまりにも無謀で失敗が目に見えていると気づき始めている。しかし，残念なことに，人々の多くは自分が置かれた状況で新しい考え方を試行しつつも，孤独を感じ，勇ましいわりには目立つだけで終わってしまう。興味深いことに，また安心できることでもあるが，多くの人たちが，互いに話し合ったわけでもないのに，21世紀の効果的な学習方略と実践の在り方については同じような結論に至っている。皆が一緒になって取り組めば，どれだけ進歩するか考えてみよう。

　マーク・プレンスキーは，まさにそのように一緒になった取り組みを実現しようとする動きのなかで中心人物であり続けている。これまでの著作を通じ，世界中が共通のことばで今世紀に若者が享受できるチャンスを理解することができるようにしようと，マークはとても精力的に活動してきた。これによって，孤独で勇ましく，目立つばかりの改革者たちが意気投合し，連帯感も生まれてきたのである。それと同時に，この改革者たちは，現代に生きる私たちの合意が求められる，より大きな流れの一部をなすことがわかった。

　これまでの著作と同様に，この新しい本でもマークは今の時代にあった提案を私たちに与えてくれている。学習を時代に合わせて進歩させる必要を説くマークの立場には反論の余地がなく，明晰で，誰もが近づけるように展開されている。この本の多くの箇所が，学校の討論や政策会議で勝利を収めるのに使えるだろう。

　さらにマークは効果的な実践策の玉手箱も本書につけている。子どもたちと

教師から始まり，学習問題に真剣に取り組む地域へと進んで，現場の声から学習の革命へと積み上げていく様子が手に取るようにわかり，読者に賑やかで明るい印象と心地よさを与えてくれる。本書は，効果が実証済みで，有効かつ実効可能な方策が満載なので，どの職員室にも置かれ，機会あるごとに擦り切れるまで拾い読みされることだろう。

　2009年，アメリカ合衆国は政治に関心の薄い若い有権者に政治への関心を取り戻させたオバマ大統領が就任し，新たな夜明けを迎えた。「やればできる」（"Yes, we can"）の標語は新しい世代の心に届くものがあり，アメリカ合衆国以外の国々にも新しい楽観主義を伝えている。この楽観主義をもって，私たちは学習に集中して取り組むことが必要である。かつて私たちの先祖が医療に革命を始めた時，世界中の人々の生き方を変え，生活向上のチャンスを何世代にも渡って新しいものに改めていった。彼らは自分たちの先祖が一見，当たり前としていた確実性の高い人生設計には満足せず，時代とともに前進し，近代的な医療革命を創り出し，そうすることで自分たちの世界を変えたのである。

　こんにちの世界は混乱に満ちている。だが，私たちの多くは，この混乱を正すうえで学習が大きな力を発揮するのを見てきた。質の高い学習を通じて，子どもたちは貧困に陥らないための予防策を身に付けることができ，仕事を失くした人が再就職し，地域内の断絶が回復し，解決困難だった問題が解決策とともに見事に克服されていき，一緒に楽しく学んだ子どもたちは，大人になってから互いに殺し合うことはまずないということも見てきた。私たちの世代も，学習を通じて，すばらしく，かつ長く続く影響力を及ぼすことができる。私たちの努力は現代の学習革命になりうるものである。

　実際，何事も「やればできる」。本書でマークは，まさに，やればできる理由と，その方法を示してくれている。学習を通じ私たちが地域と世界に変化をもたらす機会を手にしていることと，世界中の人々がそれを必要としていることを考慮し，私もこの序文で一つ標語を追加したい。「すると良いことは楽しんでしょう」。

　本書は役に立つ。また，私たちが互いに役に立て合えるようにするうえでも役に立つ。

スティーブン・ヘッペル
ボーンマス大学メディア教育研究センター教授

本書の要点

　本書は，現在の教育に関する議論において，これまでは一緒に考えられることがなかった3つの問題をまとめてみるものである。

　第一に，主に学校の外でディジタルテクノロジーに触れることで，教室にいる生徒が変わってきており，自分たちが生活する現実世界のことを直接取り扱わない教育には，もはや生徒は満足しないという問題がある。

　第二に，私たちが授業時間の大部分において使ってきた「解説・説明し（telling），試験をする」という組み合わせによる教授法は，こんにちの生徒には効果的ではなくなってきているという問題がある。より良い教授法が必要だが，嬉しいことに，それが今では手に入り使えるようになっている。

　第三に，ディジタルテクノロジーがかなり急速に私たちの教室に入ってきているという問題がある。これは適切に使えば，生徒の学習を現実的で魅力があり，彼らの将来に役に立つものに変えていく力がある。

　昔からスキルと実践に基づく教育方法が学習には最善であると言われてきたが，教育界では学校で実施するのは多難であると拒否されていた。しかし，皮肉なことに，周囲の人たちとの相互作用を重視して育った世代が出てきて，ようやくこの教育方法を実施するのに機が熟したのである。

　ディジタルテクノロジーは，上記の3点の問題を束ねるものであり，それは現代の生徒に変化をもたらすとともに，最も効果的で現実的な学習方法を実施するためのツールを与えるものでもある。

謝　辞

　本書で表した私の考え方ができるまでには多くの人々からの協力があった。私の考え方に影響を与えてきている人の名前を，一部ではあるが，アルファベット順に紹介する。マーク・アンダーソン（Mark Anderson），ジェシカ・ブレイスウェイト（Jessica Braithwait），ミルトン・チェン（Milton Chen），クリス・ディード（Chris Dede），デヴィッド・エングル（David Engle），ハワード・ガードナー（Howard Gardner），ジェームズ・ポール・ジー（James Paul Gee），リネット・ガスタフェロ（Lynnette Guastaferro），スティーブン・ヘッペル（Stephen Heppell），イアン・ジュークス（Ian Jukes），リズ・コルブ（Liz Kolb），ジュリエット・ラモンテーニュ（Juliette LaMontagne），キップ・リーランド（Kip Leland），ニコラス・ネグロポンテ（Nicholas Negroponte），リサ・ニールセン（Lisa Nielsen），アラン・ノベンバー（Alan November），ウィル・リチャードソン（Will Richardson），フィル・シュレヒティ（Phil Schlechty），デビッド・ウォーリック（David Warlick），トム・ウェルチ（Tom Welch）。他に，講演会での数えきれない聴衆の方々やEメールを通じた多くの通信相手の方々にも，私の話に意見を寄せていただいてありがたく思っている。

　本書は，もともと私の編集者であるデブ・ストロンベルク（Deb Stollenwerk）氏から発案されたもので，彼は執筆の過程で，ていねいな提案と上品な督促を通じて本書の形を作ってくれた。ダン・リッチクリーク（Dan Richcreek）氏と Corwin 社の編集には，原稿に大鉈を振って体裁を整えてもらい，大いに助かった。

　上で紹介した人のうち，ジェシカ・ブレイスウェイト，クリス・ディード，ジェームズ・ポール・ジー，リネット・ガスタフェロ，スティーブン・ヘッペルの各氏は，この本を原稿の段階で読んでくれ，彼らから意見を受けている。

　本書で書いたことについての責任はすべて私にあるが，ここで私が採用している考え方の多くは，すでに進歩的な教師や指導主事，学校理事，講演家，学校顧問の人たちの間で支持を広げつつあることを読者には理解しておいていただきたい。実際，彼らの間で意見の一致が見られてきたと感じたので，私は本書を書いたのである。

　以上のすべての人たちの卓見がさらに世に受け入れられるように願いつつ，お礼のことばとしたい。

著者紹介

　マーク・プレンスキー氏は，講演家，作家，顧問業，未来学者，未来予測家，発明家といった肩書で教育の要所において活躍し，国際的に高い評価を得ている。プレンスキー氏は，批評家から高く評価された本を数冊出版しており，教育と学習について60本を超える論文を発表してきている。Educational Leadership, Educause, Edutopia, Educational Technology といった専門誌に複数回，論文が掲載されたことがある。氏の考え方，著作，出版物について詳しい情報は，www.marcprensky.com/writing のサイトを参照のこと。

　世界各地での発表で，プレンスキー氏は教育について聴衆に難題を出すとともに聴衆を鼓舞し，新しい考え方と方法を啓発している。プレンスキー氏の議論で最重要の視座は，教育を生徒の目から見るというものであり，そのため，氏は毎年，講演と講演の間の機会に，何百人もの生徒と面談している。

　プレンスキー氏の専門は，学習過程を作り直すことで，生徒の情熱を動機とし，コンピュータやゲーム，または他の生徒の関心を引きつける活動と正規の教育の真面目な内容を組み合わせることに焦点がある。氏は会社を2つ設立している。Games2train というコンピュータ学習の会社は，IBM，バンク・オブ・アメリカ，マイクロソフト，ファイザー，アメリカ国防総省，フロリダとロスアンゼルスで運営されているバーチャルスクール（インターネットを介して教育を行う仮想学校）が顧客に入っている。もう1つは Spree Learning というウェブ上で教育ゲームを提供する会社である。

プレンスキー氏は，ゲームと学習を結びつける取り組みでは，世界の先端を行く専門家であり，*Strategy+Business* 誌では「類い稀なる実行力を持った未来予測家」として紹介されている。氏は，これまで 50 以上のゲームの設計と製作に関わり，なかでも，世界中で複数のユーザーが利用でき，インターネットから携帯電話まですべてのコンピュータの環境で使えるシミュレーション・ゲームがよく知られている。氏の最新作の MoneyU（www.moneyu.com）というゲームは，高校生と大学生に金融経済の基礎知識を教える手段として革新的で，人々の関心を引きつけ，効果的なものである。氏はまた www.spreelearninggames.com と www.socialimpactgames.com のサイトから入手できる学習ゲームの作者でもある。氏が手掛けた製品は，革新的で，刺激的で，挑戦的であり，未来へと進む道を明らかに示すものである。

　プレンスキー氏の業績は，*The New York Times*，*The Wall Street Journal*，*Newsweek*，*TIME*，*Fortune*，*Economist* といった新聞・雑誌で紹介されており，さらに氏は，ニュース専門放送局の FOX ニュース，MSNBC，CNBC，PBS 公共放送サービスが配信する番組の Computer Currents，カナダとオーストラリアの放送局，BBC を通じてテレビ出演したことがある。氏は *Educational Technology* 誌のコラムを担当しており，*Training* 誌では「新世代の未来予測家」の 1 人として名が挙がり，*Parental Intelligence Newsletter* では「新しい子育て支援活動を導く星」として紹介された。

　プレンスキー氏は，イェール大学，ミドルベリー大学，ハーバード・ビジネス・スクールの各大学院から修士号を取得し，なかでもハーバードでは成績優秀者に入った。氏は，小学校から大学まですべてのレベルで教えてきたほか，コンサート演奏やブロードウェイの舞台も経験がある。また氏は，Boston Consulting Group で経営戦略の担当者および製品開発の責任者として 6 年間勤務し，ウォール・ストリートでは人材開発と技術部門の分野で働いていた。

　プレンスキー氏はニューヨークの出身で，日本人の作家であるリエ夫人と 5 歳になる息子のスカイ君と一緒にニューヨークに在住している。

目次

序文　*iii*

本書の要点　*v*

謝辞　*vii*

著者紹介　*ix*

訳語リスト　*xviii*

はじめに　変わりつつある私たちの世界　テクノロジーとグローバル社会　*1*

注意力の問題か？　*2*
こんにちの生徒が望んでいること　*3*
パートナー方式と21世紀のディジタルテクノロジー　*5*
単に関係があるというだけでなく，現実的に　*5*
情熱から生じる動機　*6*
未来のための教育　*7*
では，この問題にどう対処するか？　*8*
新しい教育方法　*9*

本書は，あなたにどのように役に立つか　9
　　パートナー方式の教授法への道筋　10
　　本書の構成　11

第1章　パートナー方式　新たな教育環境にふさわしい教授法　13

前に踏み出そう　14
　　何が有効か　15
　　生徒への見方を変えること　16
パートナー方式は何を意味するのか　19
　　パートナー方式の教授法：初級編　21
　　講義でしかできないことはあるのか？　21
　　パートナー方式は新しいのか？　22
　　パートナー方式とカリキュラム　24
　　パートナー方式の教授法でのテクノロジー──生徒一人ひとりのための教育を実現させる手段　25
役割を決め，互いに敬意を払って　26
　　パートナー方式での生徒の役割　27
　　パートナー方式での教師の役割　31
　　パートナー方式での級友の役割　39
　　指導者，ファシリテーター，およびパートナーとしての校長　40
　　保護者もパートナーであること　41
パートナー方式の教授法を続けようとするモチベーション　43
　　勇気を持て，だが楽しさを忘れるな！　43

第2章　パートナー方式の教授法を始める　45

生徒を違った目で見る　47
　　舞台を降りる　48
　　パートナー方式をやりやすくするために，あなたの教室を配置換えする　51
あなたのレベルに合ったパートナー方式を選ぶ　55

基本的パートナー方式　56
　　　ガイド式パートナー方式　61
　　　上級用パートナー方式　63
　　　上級用パートナー方式の他のタイプ　65
　テクノロジーとパートナー方式　66
　　　動詞スキルと名詞ツール　66
　　　動詞スキルから始めよう！　69
　　　学習のための「動詞スキル」とそれに関連する「名詞ツール」　69
　パートナー方式と必修カリキュラム　70
　　　結合を確実にすることができるようになる　73
　　　パートナー方式の教授法と教科内容を結びつける際の生徒の役割　74
　パートナー方式への最初の（あるいは次の）ステップ　75
　　　ゆっくり始めよう　76
　　　その他の障壁を克服する　78

第3章　クラスより生徒一人ひとりについて，学習内容より彼らの情熱について考えよう　79

　生徒の関心と情熱を学べ　81
　　　生徒一人ひとりの情熱を見つけよう　81
　　　毎日の指導を個別的に実施するために生徒の情熱を生かす　83
　パートナーの役割を実行する　89
　　　教師の役割を実行する　90
　　　生徒の役割を実行する　96
　もっとアイデアを　103
　　　開かれたチームワークと生徒同士の学習を促す　103
　　　怠け者ゼロのグループワークを作ろう　105
　　　椅子を円状に並べて，学習についてのクラス討論とミーティングを行おう　106
　　　アシスタントとしての生徒　107

第4章　関係性だけでなく，つねに現実性を　　　111

新しい観点　*113*
教科を現実的に　*114*
　　歴史と社会　*115*
　　数学　*117*
　　科学　*118*
　　国語　*119*
　　外国語　*121*
　　未来を現実的なものにするために　*122*
物事を現実的にするためのさらなる方法　*123*
　　生徒につながりをつくらせる　*123*
　　同じ情熱を持つグループをみつける　*124*
　　仲間とのつながり　*125*
　　現実世界の実践者とつながり，モデルとしよう　*126*
　　大学への準備としての現実性　*127*
つねに未来を考える　*129*

第5章　授業計画を立てる　内容から質問へ，質問からスキルへ　　　131

パートナー方式のための質問の作成　*132*
　　パートナー方式と学習内容との第1の結びつき　*132*
　　パートナー方式のための質問をもっと磨こう　*133*
　　試験と教科書の順序を逆にしよう　*134*
　　パートナー方式のための質問例　*135*
　　悪い，良い，そしてもっと良いパートナー方式のための質問　*137*
　　パートナー方式のための質問によって，個別化と差異化を図る　*138*
　　パートナー方式のための質問と生徒の情熱を結びつける　*139*
　　答えにいたる道を生徒に選ばせる　*143*
動詞スキルに焦点を合わせよう　*145*
　　要求されるスキルとの関連　*145*

２つの特別な動詞スキル　*147*

第６章　パートナー方式でのテクノロジー利用　*153*

　生徒が利用する名詞ツール　*154*
　テクノロジーとは可能にしてくれるもの　*155*
　テクノロジーと公平さ　*156*
　　　彼・彼女自身のための　*156*
　生徒にすべてのテクノロジーを使わせよう　*157*
　　　プレンスキーの背信行為　*158*
　　　テクノロジーに関する教師の役割　*161*
　　　４つの特殊ケース　*162*
　利用できるテクノロジーがなかったら？　*170*
　パートナー方式のための質問と動詞スキルのための適切な名詞ツールの利用　*171*
　　　リストを効果的に　*173*

第７章　名詞ツールについて理解する　*175*

第８章　生徒に創らせよう　*237*

　現実世界のオーディエンス　*241*
　　　世界規模での話し合い　*243*
　目標は高く，一つ上のレベルを目指せ　*244*
　　　選択の自由を　*245*
　　　無関心な生徒を引き込む　*248*
　　　プロに触れさせる　*249*
　　　生徒にテクノロジーを　*250*
　　　協力と競争のバランスをとる　*252*

第 9 章　実践と共有を通して継続的に向上しよう　　　255

　反復による向上　*256*
　　　反復と多様性　*258*
　　　課題の反復　*258*
　実践による向上　*258*
　　　生徒の実践　*259*
　　　教師の実践　*261*
　共有による向上　*264*
　　　共有すべきことは多い　*264*
　　　最も良い共有の方法：動画　*265*
　　　同僚から学ぶ　*267*
　　　通常の仕事の一部としての共有　*268*
　パートナー方式の教師のエキスパートになる：レベル 5 への到達　*270*
　　　レベルの上昇　*272*
　　　継続的向上の必要性　*272*
　向上のためのさらなる方法　*274*
　　　驚きを感じよう　*274*
　　　自身のための目標設定　*274*
　　　生徒・同僚からフィードバックを得る　*275*
　　　退屈させないように　*276*

第 10 章　パートナー方式の教授法における評価　　　279

　有用な評価　*280*
　　　単なる総括的・形成的評価を超えて　*280*
　　　イプサティブ評価　*280*
　　　ピア評価　*281*
　　　現実世界評価　*282*
　　　自己評価　*283*
　　　ツールを考慮した学習者の評価　*284*

生徒の到達度評価　*285*
　　評価に伴う不安について　*286*
教師の到達度評価　*287*
管理職の到達度評価　*288*
保護者の到達度評価　*289*
　　親に対するチェックリスト　*291*
学校の到達度評価　*291*
国家や世界の到達度評価　*292*

おわりに　それほど遠くない教育の未来　*295*

新しいカリキュラムは、どうあるべきか？　*296*
　　21世紀に必要不可欠なスキル　*296*
新しいカリキュラムでパートナー方式の教授法を用いるために　*298*
パートナー方式を念頭においた学校の創出　*300*
　　教室は必要か？　*301*
みんなのための21世紀の教育に向けて　*302*

原注　*305*

訳注　*309*

訳出について　*315*

解説　*321*

索引　*325*

訳者紹介　*332*

訳語リスト

以下の用語でキーワードに当たる重要なものは，本文の後の「訳出について」も参照のこと。

*	class	クラス，教室
*	coach, and guide	コーチおよびガイドとして指導する
*	context	文脈，コンテキスト
*	digital technology	ディジタルテクノロジー
*	discussion	討論
*	goal	目標
*	guiding questions	パートナー方式のための質問
*	lecture	授業，講義
*	material	教材
*	noun	名詞ツール。文法用語として使用される場合「名詞」。
*	parents	保護者，親
*	partnering	パートナー方式
*	partnering pedagogy	パートナー方式の教授法
*	partnering teachers	パートナー方式の教師
*	partnering tip	パートナー方式のヒント
*	passion	情熱，熱意
*	peer	仲間，級友
*	real	現実性，現実的
*	relevant	関係がある，関係性
*	researcher	調査員
*	rigor	厳しさ
*	skill	スキル
*	strategy	方略
*	students	生徒，生徒たち
*	subject	教科
*	teacher	教師
*	technology	ディジタルテクノロジー，テクノロジー
*	telling	解説・説明（する）
*	tool	ツール
*	topic	題材
*	verb	動詞スキル。文法用語として使用される場合は「動詞」。

はじめに
変わりつつある私たちの世界
テクノロジーとグローバル社会

考えてみよう

1. こんにちの生徒はこれまでの生徒とは違うのか？ 注意力が足りないのか？ 何を求めているのか？
2. 私たちはこんにちの生徒に，どのようにやる気を起こさせ，彼らの関心を引き出せるのか？
3. こんにちの生徒の学習を手助けするのに，もっと良い方法があるだろうか？ どうすれば，そんな方法が手に入るだろうか？

Guiding Questions

　21世紀に入り，私たちがもっていた従来の前提や根強い価値観といったものの多くがひっくり返ってきている。しかも，さらに多くの大転換が起こりつつある。私たちの子どもたちが育つ世界は，明らかに今までと大きく違うわけである。たとえば，世界中で2/3の人たちが携帯電話をもっている。ヴァーチャルな世界，つまりオンラインの世界がどこからともなく出現して，多くの子どもたちの関心の的になっている。エンジニアは，一つのコンピュータを作るのに莫大な数のトランジスターを使う。科学者は，一つひとつの原子を操作し

て肉眼では見えないナノサイズの機械を作る。世界中の情報量が数時間ごとに倍加するようになる。今ではテレビゲームも，自分ひとりが部屋の中に閉じこもってプレイするものではなく，友人や多くの仲間の助けを得ながら一緒に進めていくものになっている。

　時代がこんな環境になってきている以上，若い人たちの教育も変化するのは避けられず，実際にその変化はすでに起きている。しかし，学校の教員には大きな矛盾が生じている。教育に関する最大の変化が生じているのは，学校ではなくむしろ，学校を除くすべての場所で変化が起きているのだ。学校では退屈していて反抗的な子どもも，放課後は急に勉強熱心になる（この「放課後」という用語は，学校の授業の後に同級生や友人と正規の教育以外に学ぶことができる機会を総じて表すもので，そこではインターネット，YouTube，テレビ，ゲーム，携帯電話などの新しいテクノロジーが自由に使えるし，高校生のロボット大会のような組織化された学習活動にも参加することができるのである）。こんにちの多くの子どもは，このように学校の中ではなく，むしろ放課後に，現代と将来について本当に大事で役に立つ事柄を自分で学んだり，互いに教え合ったりすることができている。この目的に合ったツールが，こんにちの子どもたちに多く揃っており，しかも，こういうツールは日ごとに進化して，ますます便利になっていく。放課後に，子どもたちに何を勉強するようにと言う人は誰もいない。子どもたちは自分の関心と情熱に素直に従うだけで，そうするうちにしばしば一人前の専門家になってしまうのである。

■ 注意力の問題か？

　私たちがよく聞いたり見たりすることとは違って，こんにちの生徒は短い時間しか注意を持続できないということもなければ，よく苦言が出るように，集中力を欠如しているということもない。学校では集中できない生徒でも，映画やビデオゲームでは何時間でも集中していられる。そのため，こんにちの生徒も注意力自体は，大人の世代と変わっているわけではない。ただ，彼らが辛抱できたり，辛抱が必要と思えたりする対象が変わっているのである。こんにちの若者は，たとえば，音楽，映画，コマーシャル，テレビ，インターネットな

ど，大量のしかも複雑でその処理に注意を多く必要とする情報から絶えず何かを選択することを迫られている。そのため彼らは，自分が個人的に面白いと思うものにしか集中しないようになってきており，そのようなものは得てして個人に関わるものであり，学校の授業でよくあるような，クラスやグループ単位で一緒に一つのことに参加するような機会を必要とはしない。人口がますます増加しているこんにち，選択，差別化，個性化，個別化といったことは，若者にとっては現実的であると同時に必然的なことになっている。

　ディジタルテクノロジーにあふれたこんにち，若者はかつて誰も経験したことのない規模と方法で世界中の同世代とつながっている。若者には24時間，つねに情報が送り届けられている。これからは，彼らが欲しいものや必要なものは，彼らのポケットにあるものを操作するだけでどんどん手に入るようになる。「携帯電話を失くしたら，自分の脳を半分失くしたのと同じだ」と，ある生徒が言っている。

　そういうこんにちの子どもたちに学校は必要なのか？　アメリカでは全国的に約3割，都市部に限ると半数にのぼる多くの若者が学校を必要と思えず，中退していく。しかし，私たち大人からすると，特に教育関係者からすると，これは大きな間違いであり，若者に学校で学んでほしいことは多くある。ただ問題は，また生徒のことばを借りて言えば，生徒が考えていることと教師が考えていることが大きく違っており，生徒が必要と思えることを，生徒が必要と思えるように教師が伝えられていないということである。こんにちの子どもたちが注意力を保てない対象は，私たち教師の古くからの教育方法なのである。

■ こんにちの生徒が望んでいること

　それでは，こんにちの生徒は学校に何を求めているのだろうか。経済状態，社会的地位，学力，年齢，出身国といった要因をすべてカバーして約1,000人の生徒にインタビュー調査したところ，彼らの話は驚くほど一貫していた。

- 講義は受けたくない。
- 尊敬され信頼されることを望み，自分の意見に価値があると思われていたい。
- 自分の関心と情熱を追求していきたい。

- 時代のツールを使って創造的な仕事がしたい。
- 自分たちの仲間と一緒に働きたいが，怠け者がタダ乗りしてくるのは許さない。
- 意思決定に関与することを望み，仕事で権限を共有したい。
- 教室でも教室の外でも，彼らは自分の意見を表現し，他の人と共有するために同世代の人たちと連携したい。
- 互いに協力もするが，競争相手も欲しい。
- 教育の内容が自分たちに関係がある（relevant）というだけではなく，現実的（real）であって欲しいと思っている。

　確かにこのリストは生徒に都合が良いことを並べたもので，非現実的な期待ばかりと見ることもできる。しかし，このように見てしまうのは大きな間違いだ。一方で，このリストは学校で必要とされるカリキュラムに合わないとか，こういったことをしていては学力試験で良い結果が出せないと考える人もいるだろう。しかし，この結論も間違っている。

　こんにちの生徒は，以前とは違った方法で学びたいのである。こんにちの生徒は自分に有意義な方法の学習を求めており，自分が正規の教育に費やす時間に価値があると即座にわかることと，自分が知っているテクノロジーが使える方法で学習できることを当然の権利と思っている。

　現代の生徒は，新しい時代，つまり彼らの世界が到来しているのを見て知っている。その世界では，彼らが重要だと思うことが実際に重要になっている。彼らが今後進んでいく今までとは違う世界は，彼らにとって重要なものであり，私たち大人よりも生徒の方が詳しい部分さえすでにできてきている。しかし，こんにちの生徒を育んできた今までの世界もまた彼らには重要なのであり，その点では私たちの方が彼らより詳しく知っている。私たちは，過去の世界を尊びつつ未来に生きていくように，生徒を教える必要がある。

　そして，これこそまさに私たちが互いにパートナー関係を築こうとする理由である。21 世紀の教育者すべてに関わる大きな変化と問題は，新しいテクノロジーの細部に明るくなることではない。むしろ，今までとは違う，より良い教育方法に明るくなっていくことである。これがまさにパートナー方式（partnering）なのである。

■ パートナー方式と21世紀のディジタルテクノロジー

　こんにちの教師は，皆ディジタルテクノロジーが生徒の教育の重要な部分になってきていることはわかっている。しかし，ディジタルテクノロジーの学校での使い方はまだよくわかっておらず，大半の教育関係者は授業でそれをどのように使えば有意義なのか，模索中かまたは困っているところだ。この問題で教師が困るのも無理はない。というのも，使い方次第でディジタルテクノロジーは授業進行に役立つこともあれば，邪魔にもなるからである。

　関心のある教師は，ディジタルテクノロジーの使い方について絶えず訓練して，さらに多くの専門的なスキルを身につけようとする。しかし，ここにもまた矛盾が生じる。たとえ教師が教室でディジタルテクノロジーに一番詳しくなったとしても，教師は教室で自分がそれに詳しいところを見せる必要はない（もっとも，そうしたいのであれば別の話だが）。ここで押さえておかねばならないことは，教師は生徒の自主的な学習を促すために，生徒がディジタルテクノロジーをどのように使うことができるか，またどのように使ったら良いのかという点をきちんと理解しておくことである。

　パートナー方式の教授法では，テクノロジーを使うのは生徒の仕事である。教師の仕事は，効果的に学習するうえでのテクノロジーの使い方を指導することである。そのためには，教師はすでに自分の仕事の一部となっていることに集中し，もっと専門的になる必要がある。つまり，生徒に良い質問をし，具体的な状況を設定し，厳格な態度を保ち，生徒がしたことの質をきちんと評価するということである。

■ 単に関係があるというだけでなく，現実的に

　子どもの教育にテクノロジーを導入することの重要な帰結は，学習と有意義な行動の間隔がこんにちではとても短くなるということだ。こんにちの生徒は，学校の外で何か学んだ時は，それを即座に現実のものに使えると知っている。

1つのゲームの遊び方を覚えたら、それで世界中の相手と遊んで競うことができる。ダウンロード、Eメール、ツイッターの使い方を身につけると、音楽業界を変革したり政府の政策に影響を与えたりするといった深遠な社会革命に即座に参加できるようになる。自分の創作や意見をオンラインで発表できるようになると、若者でも世界に影響を与え、世界を変えることができると生徒はわかってくるのである。これは、「なぜ私はこんなことを勉強するの」という昔から生徒が聞いてくる質問に対する時代にふさわしい新しい意味を与え、「いつか必要になる日が来るから」という答え方以上に適切な回答を示してくれるのである。こんにちの生徒は、正規の教育と、学校の外の生活で学ぶことが同じであることを期待している。言い換えると、自分に関係があることを学ぶだけではなく、現実的なことを学ぼうとしているのである。

■ 情熱から生じる動機

　将来の約束と動機が生徒がよく学習するうえで必要な努力を生み出すもとになる、と教師たちは知っている。この努力は大きな意味を持つ。『知的な未来をつくる「五つの心」』(*Five Minds for the Future*)で有名なハワード・ガードナー (Howard Gardner)(第7章、72参照)のような学者や、*Outliers* で有名なマルコム・グラッドウェル (Malcolm Gladwell)(訳注1)のような作家も指摘しているように、何事にもその道の専門家になるにはおよそ10,000時間、つまり約10年はかかることが研究でわかってきている。しかし、こんにちの教師は多くの場合、生徒に1時間の宿題さえやらせることができない。理由の1つは、21世紀では、将来の約束に至る道が変わってしまったことによる。

　生徒に動機を与える教育方法で伝統的なものは厳しい先生というもので、つまり、懲罰のことだ(教師の厳しさは、成績での減点、放課後の居残り、進級させないといった面で発揮される)。このような懲罰は、こんにちの失敗の多い教育制度の特効薬として復活しつつあるところもある。

　しかし、教育の専門家や子どものことを本当によく知っている教師は、生徒に動機を与えるうえで、もっと良い方法に向かっている。それは、短期的にも長期的にも、懲罰よりはるかに効果のあるものだ。つまり、それぞれの生徒が

自分の情熱（passion）を基に学習するのである。情熱があれば，人は自分の期待より大きなことが学べるし，情熱が動機になって学んだことは何でもまず忘れることがない。

　これから見るように，生徒に新しい考えを教えるだけではなく，こんにちの教師は生徒がすでに持っている特定のものごとや，教科，価値観に対する熱意を探し出して理解する必要がある。もっとも生徒全員が，このような熱意を持っているわけではないとしても，やがてそれぞれが自分の情熱の対象を見つけてくることだろう。何を学習するにしても，こういった情熱が生徒の学習の要である。もし教師がそれぞれの生徒が自分の情熱を見いだすように促し，その情熱を真に理解することができれば，その教師はそれぞれの生徒に最適の学習方法を用意することができるし，そこからそれぞれの生徒が思う存分，自分の能力を伸ばすことができるようになる。

　私が見るところ，それが教育者としての私たちの目標である。

■ 未来のための教育

　こんにちの生徒は，私たち大人とは違ってものごとの変化がゆっくり進むという世界に生きることはない。こんにちの生徒を取り巻く世界ではものごとが急速に，日々，急激に，変化しつつある。そのため，こんにちの教師は，どの教科を担当していても，自分の担当教科と未来の関係を心得ておく必要がある。もちろん未来のことではわからないことが多いが，英語の教科であれば，こんにちの生徒がウェブ上に投稿し，発表し，最新技術のマルチメディアを使って世界中の人たちと連絡を取り合っていることがわかる。理科であれば，研究の最先端で起きていることを生徒は知らなくてはならない。しかも，従来の学問分野で起きていることだけではなく，分野をまたがる学際領域で起きていることの方が本当に面白いということがわかるだろう。数学では，とても大きな桁数の数字や今まで知られていない大きさの量の概算をきちんと理解しなくてはいけない。また，政治の世界で使われる世論調査や統計の背後にある数字の仕組みを理解することも必要だ。社会では，今後ますます混み合い混沌として危険になってくる世界に対処し，変化をもたらす術を教わらなくてはならない。

過去の世界を尊重しなくてはいけないことはわかっている。しかし，過去について教えるのと同じくらい未来について教える時間を確保しないと，私たちはこれからの生徒を，彼らの能力やスキルを十分に引き出せないままに社会に送り出すことになってしまう。

■ では，この問題にどう対処するか？

　もし，あなたが経験豊富な教師なら，あなたが受け持つクラスには今までとは多くの点で違った生徒であふれていることに気づいているだろう。おそらく，あなたはそういった生徒には今までとは違う方法で接する必要なりプレッシャーなりを感じており，すでに今までとは違う方法を試し始めているかもしれない。また，あなたは生徒の試験の成績を上げて，毎年成績が伸びるように努力されておられるだろう。それでも，あなたがかつて使って成功した教育法の多くは，こんにちの生徒には通用しないということも感じていると思われる。おそらく，あなたは疑問に思うところがあって，今までしてきた教え方を変えてきていることだろう。

　もし，あなたが新米の教師なら，あなたはまだ自分と年が近い生徒にどう教えたら良いかについて新しい考え方を多く模索中だろう。しかし，学校の管理職からは従来の方法をきちんと守り，試験の成績を上げて，問題は起こすなと言われているかもしれない。

　もし，あなたが，このところ増えてきているように，他の仕事から転職をして新しく教師になった人なら，あなたは教育にはさほど詳しくなく，自分が教わった時と短期研修の経験ぐらいしかないかもしれない。その通りなら，あなたの考えは従来の教育方法と同じものだろう。しかし，あなたは，特にあなたが教壇に立ってから出会った子どもには，もっと効果的な教育方法があるのではないかと思い模索しているだろう。

　もしあなたが教員養成系大学の学生で，将来は教職を考えているなら，自分なら新しい方法で多様な可能性を試すことができるのではないかと思う気持ちと，21世紀の学生としての自分の経験と学校に古くからある考え方が合わないのではないかと思う気持ちのどちらかが理由になって，あなたは自分の将来

の職業について疑問に思うことがあるだろう。

　だが，あなたがどのような背景を持つにしても，あなたはひとりではない。今までとは違う方法で教える必要に迫られ，その方向での指導を模索する教師が現在多くいるからである。

■ 新しい教育方法

本書は，あなたにどのように役に立つか

　本書は教師や学校指導者に向けたもので，教授法に焦点をおいている。特に21世紀の学習者の要求に応えるパートナー方式の教授法に焦点をおいている。もちろん，本書は21世紀のテクノロジーを取り入れ，テクノロジーがパートナー方式の教授法で果たす貴重な役割を紹介している。多くの教師がどのようにして最新のテクノロジーを授業で使っていけば良いかと気にかけているが，本書を読めばテクノロジーについての詳細な情報がわかるし，それについて多くの教師が抱える不安を鎮める方法もわかってくる。本書では，あなたの学校や教室のテクノロジーがどんなレベルにあったとしても，その上手な使い方を紹介し，教師はどういうときにテクノロジーに頼るのが良く，またどういうときに頼るべきではないかといったことを議論する。最後に，生徒の方がテクノロジーを最大限に使うことが，生徒自身に最も効果があることを強調していく。

　さらに，本書では教育関係者からよく尋ねられる重要な問題にも言及する。つまり，過去の知見として重要なものを，教育全般においてどのように保存しつつ，未来のツールを受け入れていけば良いかという問題である。この問題を考えるうえでは，＜動詞スキル＞（verbs）と＜名詞ツール＞（nouns）という分類を用いて整理することが役に立つであろう。一般に動詞は，ある言語の中でほとんど歴史的変化を受けない品詞であり，それと同じように，理解力や意思伝達といった知的スキルは，いつの時代でも生徒が身につけておくべき動詞的な教育要素である。一方，名詞は言語の歴史的変化の中で最も頻繁に変化する品詞であり，パワーポイント，Eメール，ウィキペディア，YouTubeなどの使い方は，時代的変化とともに身につけていく名詞的な知的ツールなのである。私は，学校の先生方には動詞スキルが基本的な教育要素であり，名詞ツ

ールは私たちの一生を通じてつねに変わりつつ進化するものと考えてほしいと思う。

　本書で議論する教授法の変化は，すでに世界中で進行しつつある。新任の方も経験豊富な方も含め，何千人もの教師がすでにパートナー方式の教授法を何らかの方法で使い始めている。これを機にあなたも，この世界規模の変革の波に参加してほしい。この運動は，あなたのためにも，あなたの生徒のためにもなるのである。本書では，生徒の学習を規律と試験で統制する授業担当者から，生徒のコーチであり，パートナーであり，ガイド役でもあるようにあなたが変身し，そこから生徒があなたの助力と自らの熱意によって自己学習できるようになる手順を示している。

　教師の大多数は，自分たちが教える子どもが好きで手助けしたいのであり，それゆえに教授法を変えることに伴う不安に向き合う勇気を持ち，どうにかして授業を変えていく。変化を起こすには勇気が必要だが，期待通りにものごとが進まなくても継続するときの勇気は，より重要である。そのような勇気は，子どもを手助けしたいという教師の希望から生じるものであり，または教師自身の自尊心と良い仕事をしたいという希望から生じるものであり，あるいはその両方から生じるものでもあろう。そのいずれにしても，まずは勇気がないと，授業方法の変更は成功しない。

■ パートナー方式の教授法への道筋

　本書は，生徒とパートナーの関係を築きたい，またはもっとその関係を続けたいと願う教育関係者に向けられており，生徒に21世紀に生きて働くように準備させるためのロードマップを掲げるものである。私が提唱する方法は多くの名前で知られているが，各章で説明していく理由により「パートナー方式（partnering）」と呼ぶことにしたい。しかし，教授法については，名前の問題より，実践の方が大事である。

　本書では，パートナー方式を導入していくうえでなすべき方略，段階的手順，創意工夫，実践例を紹介していく。また，これまでとは違う教育をどう考えていけば良いかについても提案を行う。あなたに適したさまざまな例を見つけら

れるように多くの実践例を示していく。同僚と生徒の両方とパートナー関係を築き，あなた自身の良い実践例ができるように案内していく。この段階では，読者の全員が初心者というわけではないので，あなたの現状から見て，この新しい教授法を取り入れるにはさまざまなやり方がある。そこから先に進むうえでの手助けも用意されている。

　私は，本書があなたに有益であることを強く希望する。あなたの内部で大きなエネルギーの火付け役となり，要求は高いが潜在的には驚きに満ちたあなたの仕事に取り掛かるうえで必要な想像力の素となることを希望する。

　markprensky@gmail.com のメールアドレスに宛てて，あなたの成功体験からご意見やご感想が私に返ってくることを歓迎する。

■ 本書の構成

　本書はあなたが論理的に読み進められるように，最初になぜ今の子どもは勉強をやる気がないかという問題を深く理解し，次にパートナー方式という効果的な解決策に進んだうえで，その解決策をあなたが教室で日々実践することができるように構成されている。

　第1章は，21世紀の生徒を理解するための新しく前向きな視点を紹介し，教師や生徒や他の学校関係者の新しい役割を含めたパートナー方式の教授法の特徴を述べる。

　第2章では，従来の教授法からパートナー方式の教授法にどのようにして移行していけばよいかについてさらに詳しく紹介する。教室のあり方を見直し，これまでの授業方法を変更し，あなたとあなたの生徒に最も適したパートナー方式を選択するやり方を取り上げる。さらに，先述の教授法における動詞スキルと名詞ツールの区別や，現行カリキュラムとパートナー方式の連結方法といったテーマにも触れる。

　第3章から第6章では，パートナー方式の主な問題点を扱う。第3章は，生徒が自分の情熱をもとに学習への動機を見つけることをテーマとする。

　第4章では，学習内容を単に生徒に関係のあるものというよりは，生徒を現実世界に位置づけられるものにすることをテーマとする。

第 5 章は，教科内容をパートナー方式のための質問（guiding questions）へと変えていきながら，その際に動詞スキルの重要性を述べる。

第 6 章は，パートナー方式の教授法におけるテクノロジーの使い方に焦点をあてる。

第 7 章は，こんにち，生徒に向けて使うことができる 130 以上のテクノロジー関連用語の注釈付きの一覧表である。

第 8 章は，生徒に創造させることに力点をおく。

第 9 章では，情報の共有を通じて継続的に教育を改善していく方法を議論する。

第 10 章では，パートナー方式の教授法での成績評価の問題を扱う。

結論では，ディジタル時代に生まれた子どもたちの教育をさらに改善するための将来の展望を描くことにする。

以上の議論に加え，この本を通じてあなたの参考資料になるべく次のような補足欄を設けてある。

- 「パートナー方式のヒント」の欄では実践的な提案を多く記載してある。
- 個別的な環境に応じて，パートナー方式がうまく築かれるように方略や実践方法の種類をいくつかの場合に分けて紹介してある。
- 私がインタビューした約 1,000 人の生徒からの意見を多く掲載した。
- 学習における 50 以上の動詞スキルを表にしてまとめた。
- 第 7 章で，パートナー方式の教授法で生徒が使える 130 以上のテクノロジー関連用語を名詞ツールとしてまとめ，それらに対応する動詞スキルを合わせた注釈付き一覧表を載せた。そのため，第 7 章は参考資料として独立して使える。読者の皆さんには，これらの補足欄を楽しみつつ活用していただきたい。

最後に，この本を学習案内としてより使いやすくするために，各章で主な論点を「考えてみよう」として冒頭に囲んで示し，それに対して私自身の助言をもとに答えていくことにした。これらの論点は，各章の議論がどのような背景でなされているかをわかりやすくするもので，読み進めるうちに自分で考えるようになる手がかりを読者に与えてくれる。読者の皆さんにとってこれらが有益であることを希望する。

1

パートナー方式
新たな教育環境にふさわしい教授法

考えてみよう

1. こんにちの教室で何が起きているか？ 何が変化を必要とするのか？
2. 生徒の見方を変えることができるか？ 相互に敬意を払うことができるか？
3. パートナー方式とは何か？ その際に教師の役割は何か，また生徒の役割は何か？

Guiding Questions

　こんにちの教師は，意識していようがいまいが，生徒が学校を出た日に向かい合うこんにちの世界と同時に，私たちには想像さえできない未来の世界に向けても対処できる力を生徒に身につけさせるよう努力している。まさにこんにちの生徒が定年を迎えようとするときには，科学技術は桁違いに強大な力を発揮しているだろう。これらの生徒が送った一年一年世界の情報量は飛躍的に増大し，ツールはより小さく，より速く，より改良され，より安くなっていくだろう。人々はこれらのツールに飛びつき，同時に行動も変えていくだろうし，学校も教師も当然それに負けじと追っていくだろう。こういった変化，さらには生徒が置かれた学校外のメディア環境を思うと，教師は生徒の明日のために，さらに遠い未来のために，どんなふうにすれば万全の準備ができるのだろう

か？ もとよりまた過去の価値ある遺産をどう引き継ぐかということも重要である。この問いに答えるのは容易なことではない。

しかし，専門家の間では解答は明白である（原注1）。これらの条件のもとで正答を見つけるには，単にテクノロジーの変化に焦点を合わせるのではなく，大人と若者が一緒になって過去とは違った新しい役割をそれぞれが演じ，新たな学びの方法を生み出さなければならない。

若い世代の生徒は，新しいツールを活用し，情報を見つけ，意味を見いだし，創造することに集中する。大人の教師は，質問し，コーチやガイドの役割を果たし，授業で扱う題材の文脈を適切に指示し，厳しさを忘れず，意義と質を保証しなければならない。

このように教師と生徒が共同して生徒の学習を確実に作り出す21世紀の学習法こそ，私がパートナー方式と呼ぶものである。この方法の実践を学ぶことが本書の主題である。

前に踏み出そう

今でも支配的な，そしてさまざまな程度の差があっても，総じて時代遅れの教育上の役割として区分けされているのが，教師は，大教室での講義でも少人数の話し合いでも，解説・説明する役割であり，生徒は聞いてノートを取り，教科書を読み覚えるとするものである。これは「直接的教育」（direct instruction）としてよく知られているものだが，不幸にも次第に効果を失いつつある。つまり，あまりにも多くの教師はただ話して，一方的に解説するばかりなのだが，それがこんにちの生徒には最大の不満となっている。そのため彼らは大方そっぽを向いてしまうのである。

こうしてみると，こんなタイプの授業，つまり生徒に向かって講義し，プレゼンテーションを行い，説明や解説をするという方法は，ほぼ終わりを迎えつつある。教えるツールとしての教師，主に自分が解説・説明することによって教えようとする教師は，21世紀では効果的と言えないツールとなりつつある。

それでも大方の教師は，自分が話して教えるように訓練を受けてきた。また，教師の多くは自分も，講義を受ける方式の授業を通じて，成績上位で学んでき

た。教師は説明するのが好きで，自分でもそれが得意と思っているし，実際に，得意な人もいる。しかし，この方法はもはや効果的と言えない。なにしろ生徒はもはや聞いていないのだから。私は前からこの状況は宅配運送会社の「フェデラル・エクスプレス」に似たところがあると考えている。この会社は世界中いたるところ超特急で届けることができる優れた配達網をもっているが，受け取る人が不在であれば，役に立たない。現状では，送り手の教師がいくら届けても，受け取る生徒が不在なのである。生徒の居場所は別のところにあり，21世紀の電子ワールドにいることが多い。そこで彼らは社会生活を歩み，勉強してもいるのである。本書の目標とは，教師が生徒を取り戻すための力となることである。

何が有効か

　たいていの生徒は創造的で意欲的で，特に自分たちを認め意見に耳を傾けてくれる教師を評価し称賛する。しかし，生徒に「学校生活で一番夢中になったことは何ですか？」と尋ねると，「修学旅行」という答えがよく聞かれた。「修学旅行」はごく普通のことだが，こんにちの生徒がこう答えるのは，現実世界ともっとつながりたいという切迫感を表しているのではないかと思う。というのも，もう一つよく聞かれた答えが，別の場所にいる同年代の仲間に（たとえば，ePals（訳注2）のように安全なメールサービスを利用して）Eメールを送ることだったからである。

　このクラス内では，意見を述べずに済ませるなまくら者がいる場合は別として，生徒はグループ学習をもっとも取り組みたい活動として挙げており，他にも，討論，互いの意見の共有，級友の意見に耳を傾けること，そして同じくパートナーとしての教師の意見に耳を傾けることを挙げていた。

　生徒は典型的にテクノロジーを使うのが好きなのであり，その一方で，生徒が最も大切に思っているのは，教師が生徒を一人ひとり敬意をもって認め，子どもは何も知らないのだから教えてやるという態度で接してもらいたくないということなのである。「私たちは馬鹿ではない」という不満の声はどこでも聞かれる。

生徒への見方を変えること

　昔に比べるとこんにちの生徒の能力は落ちてきたと嘆く教師がいる。しかし，21世紀はもっとプラス思考で生徒を見た方が良い。現在にふさわしいメタファーを使うと，こんにちの子どもは実際ロケットにたいそう似ているのに，ややもすると私たち教師は19世紀のメタファーにこだわって，相変わらず生徒をレール上を走る列車とみなしたがる。

　さて，上記メタファーのうち，どちらから教育者がロケット科学者の役割を果たすという考え方が出てくるだろうか。これは，以前は誰にもわからなかった問題だが，今では前者になるのは明らかだ。

　こんにちの子どもをロケットと見る理由が，どこにあるのか。まず，スピードの違いが挙げられる。今の子どもたちは，これまでのどの世代よりも迅速に処理する。情緒面では子どもにほとんど変化はないが，学習量と知識量は巨大な変化を示している。だから知能の面では大きく成長したと多くの人が考えている（原注2）。子どもも2歳から3歳でインターネットを使う。最近，かつて大学院で使っていたNASAの月のシミュレーションを小学校4年生が同じように扱っていたのを見た。保護者や教育者は昔ながらに子どもの教育に悪戦苦闘しているが，肝心の燃料（つまりカリキュラムと教材）は，子どもの要求にはほど遠いのである。子どもの発達段階は，今や私たち大人の世代より全体的に速くなっている。ピアジェ学派の人たちも新しい子どもの発達モデルを提唱している（原注3）。子どもはじっくり，子どもは子どもらしく育てるという考えもあるが，21世紀の若者にはスピードこそ現実なのだ。

ちょっと待って，他にも…

　こんにちの子どもをロケットと称する理由はスピードが増したということばかりではない。彼らが行き着く先は，見通しがつかないほど遠いところにある。21世紀の早期教育は，特に多くがインターネットや複雑なコンピュータゲームなどを楽しむことにより，子どもが自分で自分にふさわしいものを探し発見するものとなっている。ロケットと同様に，いつでも意のままに操れるものではないが，最初はできるだけ正しい方向に向けておき，途中で必要なときには軌道修正できるようにしておきたい。ロケットも子どもも飛行中に修繕するの

は難しいから，出発前の装備は，できるかぎり万全なことが望ましい。

　ロケットもそうだが，生徒を動かす燃料も一人ひとり違う。ある子どもは，他の子どもよりもっと速く遠くに進む。ある子どもは方向を見失いどこに進むのかわからなくなる。コースから外れ，不意に動けなくなる子どももいる。完全にダウンするのもいる。しかし，うまく軌道に乗せることができれば，多くは目標にもっと近づけるようになる。ロケット科学者の仕事とは，子どもたちがそうなるように力を注ぐことにある。

巨大な潜在力

　おそらくもっとも重要なことだが，こんにちのロケットたる子どもは，潜在的にはこれまで想像さえできなかったほど遠くまで飛行でき，実践できることも多い。簡単に操作できるディジタルツールが普及し，今や子どもは日常的に，大人にはSFの世界としか思えなかったことを成し遂げることができる。彼らは瞬時のうちにコミュニケーションを図り，コンピュータゲームを楽しみ，子ども用の安全な意見交換サイトのePalsを利用し，国や地域の限界を超えて世界中の仲間から学ぶ。ビデオ作品を作っては，それを世界中の仲間に配信しコメントをもらう。彼らは社会的にも政治的にも自分たちで地球村を築いている。

ロケット科学者としての教育者

　さて，こんにちの若者教育を職業としている人にとってこのメタファーは何を意味するのか？　それは，教育者は新しい立場で，つまり教師というだけでなく，ロケットの設計士であり，できる限り最良のロケットを組み立て発射させることができる人であることを意味する。それは生徒に過去の教育用燃料をあてがうことではない。そんなことをしても生徒は動いてくれない。新しい燃料，新しい設計，新しいブースター，新しい搭載物が必要なのだ。ロケット科学者は，ロケットが予測不可能な出来事や試練に遭遇すると考え，外部からの助力を当てにしないで切り抜けられる十分な知力を担うロケットを何とか作り上げようとする。彼らは，自分でモニターし，自己評価し，正しい方向を見定めることができる能力をロケットに備えつけようとし，加速中でも，定期的にデータを集め，データを分析できる機器をことごとく備える。彼らの職務は，

飛行中に更新できるロケット本体のプログラムよりも，飛行中に遭遇する外部からの情報に対処する能力についてロケットの性能を高めておくことである。目標をあらかじめプログラム化する一方で，ロケットの寿命が尽きるまでには，それを途中で変更したり，別のコースを辿ることもあることを承知している。

有益な見方

生徒や教師をこのように新たな方法に取り組ませれば，教育者は生徒に乗り越えてほしいクロスバーを現状よりはるか高く設定することができる。私は，教育者が生徒のやることには「まいってしまう」と口にするのを何度も耳にした。しかし，教師がまいってしまってはならない。生徒にはもっと期待をもって接してほしい。

もちろんロケットには高度なメンテナンスが必要であり，設計士が努力し，スキルを磨いて製造と保持に当たらなくてはならない。地上訓練は機械でほぼ代用できるため，地上ではロケットは無用の長物であり，ロケットに本来の性能を発揮させるには，地上に留めておかずに，空に向けて飛ばすしかないのである。

探求か，それとも破壊か

実際のロケットと同様に，旅を始めるにあたって何を装備するかが問題となる。それに応じて生徒は強大な力となって探求し，変身をとげることもできるし，または破壊兵器にもなりうる。教師は，保護者や同僚・仲間と協力し，生徒のための装備品を搭載させる。それから，これから出会うであろうことにしっかり対応できるよう装備したことを願いながら，教師は未来に向けて生徒を送り出す。装備品が有効に機能するためには，倫理規範を手始めに，何が正しい装備であり，それがどのように使用されるのか，見定める能力をもつことが第一の関門となる。教師は生徒の頭脳の最良の設計図を描かなければならない。生徒はそれにしたがってつねに学び，創造し，学習計画を立て，実行し，応用することができるようになり，さらに相手が何であろうと誰であろうと，また今後ますます増える問題として，相手との通信がどのようなテクノロジーを介していようとも，自分の相手と積極的な関係を作り出すことができる。

テクノロジーを変えるのではなく，考え方を変えて

　私たちがパートナー方式へと方向転換するのは，このような 21 世紀の生徒を積極的に評価するからである。私たちは，若者にはロケットと同様に，これまで誰も足を踏み入れなかったところに勇気をもって進んでほしいと願っている（原注 4）。パートナー方式は，そこに行き着く最善の道を示してくれる。驚かれるかもしれないが，教育者に望まれる変化とは，おそらくテクノロジーではなくて，むしろ考え方を変えること，つまり自分たちを過去の擁護者とみなすのではなく，生徒の生き方を導き，未来に向けて旅立つロケットに息を吹き込むパートナーとみなすことなのである。もとより過去を完全に捨て去るように言っているわけではない。しかし生徒が以前よりもっと遠くに飛んで，安全に着陸できるよう準備しない限り，彼らに貢献はできない。すぐにも私たちの責務としてこれまでとは違った新しい燃料と装備をロケットに詰め込まない限り，地上を離れることはできないだろう。

■ パートナー方式は何を意味するのか

　パートナー方式という用語は，人によって理解の仕方が違う。教師が解説・説明したことを生徒がノートに取る授業方法も，パートナー方式の一種ではある。しかし，これは私が考えているタイプではない。本書で意味するパートナー方式が何であるか，正確に述べておきたい。それは，学習過程で生徒に最高の力を発揮させるには，どんな役割をあてがえば良いのかに焦点を当てること，そして教師には同じく教師が学習過程で最高の力を発揮するにはどんな役割を果たせば良いのかに焦点を当てるものである。

　生徒に最高の力を発揮させると，生徒は次のことに対して責任を持つようになる。

　(1) 意欲を見いだし，それを生かす
　(2) 役に立つテクノロジーは，何でも使用する
　(3) 調査および検索
　(4) 質問に答え，考え方や意見を共有すること
　(5) （たとえばゲームなどを通して）やる気になれば，実行すること

（6）文字・活字，その他のメディアを使ってプレゼンテーションを行うこと

同じく教師に最高の力を発揮させると，教師は次のことに責任を持つようになる。
（1）的確な質問を投げかけることができること
（2）生徒を指導することができること
（3）教材が扱われる適切な文脈を示すこと
（4）一対一で説明すること
（5）厳しさを忘れないこと
（6）質を保証すること

パートナー方式は，教師が解説・説明する教育とは対照的である。実際にパートナー方式の教授法では，教師の目標はクラス全体に向けて解説・説明することにあるのではない。講義したり説明したりするよりも教師はむしろ，生徒が興味の持てるように，答えてもらいたい質問を投げかけ，場合によっては使えるツールや出発点や中継基地を示唆するだけである。パートナー方式では，授業の責任は完全に生徒個人または生徒のグループの側にある。彼らが調べ，仮説を立て，答えを見つけ，プレゼンテーションを行う。それから教師や他の生徒からプレゼンテーションを行った内容について訂正箇所の有無，内容の文脈の正当性，内容が厳密で質が保たれているかどうかといったことでコメントをもらうのである。カリキュラム上で必要な学力は，生徒が知っておくべき質問に答えていくことで満たされる。これから見ておきたいのだが，パートナー方式にはさまざまな適合レベルがあり，生徒の性格，学校の状況，地域の背景の違いによってそれぞれ違うのである。

PARTNERING TIP ▸▸▸ **パートナー方式のヒント**

教師が解説・説明する直接的教育の授業をどのように避け，それに代わる授業方法は何かという問題について，特に時間を設けてクラス全体と話し合ってみよう。あなたが必要以上に話し過ぎていないかと生徒に尋ねることから始めて，次に自分が話す量を減らすにはどうしたら良いかと生徒に聞いてみよう。生徒の答えにはきっと驚かされることだろう。

「解説・説明からパートナー方式へ」というこの教授法の最たる変化は，教師も生徒も一夜漬けでできるものではない。現実的にそれができるようになるには，何年もかけて段階を踏まえることになる。しかし，それも何千人もの教師の成功例があって成しうるものだ。こうして21世紀の生徒にふさわしい，必要とされる教育が生まれるに違いない。私たちには心強いことに，教科やレベルを問わず，毎日生徒と楽しく効率的にパートナー方式の授業を行っている立派な教師がたくさんいる。彼らをモデルとして見習おう。

パートナー方式の教授法：初級編

私がかつて聞いた中で最も優れたパートナー方式の事例は，私の生徒討論会に参加していた教師によるものである。彼は生徒にこんな質問をした。「皆さん，勉強しなければならない理由が3つあるとします。さて，質問の仕方としてどちらが適切だと思いますか？」一つは，「理由は3つあります。それが何なのか，お話しますからノートを取ってください」という聞き方。もう一つは，「理由は3つあります。さて皆さんには15分あげますから，それが何なのか自分で考えてみてください。それから皆さんが考えたことを皆さんで考えてみましょう」という聞き方である。

どこでもこの質問を投げかけられた生徒がもれなく後者を選んだことは，決して驚くことではない。こんにちの生徒はおおかた，年齢や学年を問わず，教師から教えられるより自分で答えを見いだせるよう能動的役割を果たす方が好きなのである。

講義でしかできないことはあるのか？

それでも，「講義のない授業に」というと，必ず「講義でしかできないこともある」と昔に帰ってしまう人がいる。そこで，あなたが担当する教科では生徒を前にした講義や説明なしでは教えることができないものがあるかどうか，少し考えてみよう。次に，授業の枠組みを教師が出した質問に教師が解答する方法から転換して，授業内容を生徒が正しく理解しているかどうかがわかる試験のように，生徒に解答を導かせるように質問を考えてみよう。

わかりやすく言えば，パートナー方式とは，生徒が自分で調べ答えを見つけ

るように質問を投げかけ，それからクラス全員でそれについて討論し意見を交わすことである。私は，パートナー方式はどんな教科のどんな教材でも実行可能であると思う。しかし，そのためには新たな視点が必要である。

パートナー方式は新しいのか？

　ここまで読んでくると，「パートナー方式は何も新しいものではない。それは，自分の解答をここに書けと呼ばれていた方式と同じだ」とつぶやいている人もいるだろう。それは，その通りなのである。ここで示すパートナー方式は，定評のある伝統的教育と重なるが，それを以下に列挙する（訳注3）。

（1）生徒中心学習（student-centered learning）
（2）問題解決学習（problem-based learning）
（3）プロジェクト学習（project-based learning）
（4）事例体験学習（case-based learning）
（5）探求学習（inquiry-based learning）
（6）アクティブ・ラーニング（active learning）
（7）構成主義学習あるいは協働構築学習（constructivism, or co-constructing）
（8）為すことによって学ぶ（learning by doing）

　よく知られているように，ジョン・デューイ（John Dewey）は20世紀初頭にこのような教授法を提唱し（原注5），それは形を変えつつも，ソクラテス以来ずっと取り組まれている（本書を草稿の段階で手にしたある読者は，かつてこの教授法がペスタロッチ（Pestalozzi）からフランシス・パーカー（Frances Parker）を経てデューイ，ブルナー（Bruner）に続くと指摘したが，正鵠を得た発言である）。同じ教授法を他の名称で表しているものもあろう。MITでは，テクノロジーに基づくアクティブ・ラーニング（technology-enhanced active learning：TEAL）と呼んでいる。最近，プロセス指向型探求学習（process-oriented guided inquiry learning：POGIL）について手紙で私に教えてくれた教師がいた。アップル社が近年，ニューメディア・コンソーシアムの報告書で提示したチャレンジ学習（challenge-based learning）も類似のバリエーションである（原注6）。クエスト型学習（quest-based learning）は，ニューヨークの実験校で試されている。これらはすべて継続的に修正・変更されている（原注7）。

　これらの教授法にはそれぞれの提唱者の信念，方針，特色があるが，すべて核心は似ている。ある意味で，それらは同一の一般的学習タイプのバリエーションに他ならない。いずれの教授法も，生徒が一人でもグループでも，教師のコーチとガイドに助けられつつ，自分で質問に答え問題を解決するという学習である点で共通している。

　私は，呼び方はいろいろとあるが，パートナー方式という用語を選びたい。というのも，その方がそれぞれのグループ，教師，生徒の役割は違うが対等であるという関係が強調されるからである。パートナー方式は，それぞれの役割が独自の長所を発揮して，学習プロセス全体を改善することを特徴としている。それにパートナー方式ではテクノロジーの役割も重要になる。ここでは，ディジタルテクノロジーを使うのは教師でなく，生徒であり，教師の仕事は生徒のその使い方を評価することである。ディジタルテクノロジーは上記の教授法ができた時代にはなかったため，パートナー方式というテクノロジーを使うことを意図した名前は確かに新しいが，この方法はすべての教授法に適用できると思われる。

　繰り返しになるが，パートナー方式という名称やブランドが重要なのではない。この方式の名称は，あなたやあなたの生徒，学校とか肩書きなどあなたが置かれた状況に応じて変わってくる。重要な点は，あなたがパートナー方式へと舵を向けることだ。表1.1は，パートナー方式の教授法で教師と生徒の役割

表1.1

教　　師	生　　徒
解説・説明するのではなく，質問せよ！	ノートを取るな，見つけ出せ！
題材とツールを提案せよ	調査し発表せよ
生徒からテクノロジーについて学べ	教師から質と厳しさを学ぶ
生徒の発表の質をきちんと評価し，その文脈を示せ	見いだした成果をさらに厳しく，文脈を理解したうえで，質を高めよ

がどう違うか，そのいくつかを表したものである。

パートナー方式とカリキュラム

　現場の教師からは，パートナー方式の教授法に関心があっても既存のカリキュラムに縛られてしまうという悩みがしばしば寄せられる。確かに公立校ではどの学年にも教科にも達成しなければならない学習目標があり，それも次第にスキルが求められるものが増えてきている。しかし，この目標も何を教えるかは設定されているだけであって，そのやり方は決まっているわけではないことを思い起こしてほしい。

　パートナー方式は，こんにちのカリキュラムと連携することができる。しかし，そのためには教師がカリキュラムについて再考しなければならない。すなわち，これまでの学習目標に合わせて教科書を教えるという方針から，生徒がパートナー方式の質問に彼らが自分で答えを見つけ出すというところに変える必要がある。興味深いことに，教科書は，大半は旧来の教師解説式の教授法に基づいており，パートナー方式の観点からは（そして一般的に生徒の関心からも）完全に後退している。教科書は答え（＝内容）を前面に押し出し，問いを後方に退かせてしまった。パートナー方式はこれを逆転する。まず質問を投げかける。このやり方は，すぐに明らかになるように，生徒の学習意欲をはるかに高める。なぜ季節があるのか？　なぜ磁石の対極は引きつけあうか？　なぜ英語には動詞の不規則な過去時制形がこんなに多いのか？　なぜ忘れたり，間違った決定をするのか？　なぜヨーロッパからアメリカに渡る人がいるのか？　このように，季節，磁石の両極性，不規則動詞，心理学，発見や移民について「なぜ？」を前面に押し出して質問すると，それについての講義よりはるかに適切に生徒に考えさせることができる。

　しかし，生徒が知らなければならないことは（もちろん標準試験で評価されることになるのだが），教授法の種類が何であれ同じである。パートナー方式の教師は，生徒が次々と質問に答えていくようになると，ほぼ全般的に授業に積極的に関わるようになると実感している（この方式を取って生徒の授業への関わり方が前より低くなったと発言した教師はいない）。生徒が積極的になれば，今度は教材の理解が深まり，試験の点数も高くなる。実際に，小学校の教

師が自分の生徒の作文の点数が全体で向上したことを報告した例がある（原注8）。同様の記述が他の多くの教師から得られている。

パートナー方式の教授法でのテクノロジー——生徒一人ひとりのための教育を実現させる手段

　パートナー方式の教授法では，テクノロジーの役割はどうなるか？　その役割は，パートナー方式の教授法をサポートし，生徒一人ひとりに合った形で学習に取り組めるようにすることである。どの生徒も教師も努力が最大限に報われると感じるのは，生徒一人ひとりがテクノロジーに接して，自分で使いやすいようにカスタマイズしたときである。つねに必要となるのは，生徒一人ひとりを，またはせいぜい人数を最小に限ったグループを手助けする効果的な授業のあり方を見いだすことである。しかし，従来は1クラスの人数が多く，教科書以外で使える教材もわずかで，参考文献は時代遅れで，図書館利用や教師との個別相談の時間も短く限られているため，教師が生徒一人ひとりの違いを認め個々人に適した授業をすることはとても困難であり，ほとんど不可能であった。

　ディジタルテクノロジーが，同時進行というわけではなくても，ゆっくりと教室に導入されてきているが，その最大の利点は，教師と生徒が互いに助け合い時間をかけて，教師がコーチやガイドの役割を担って生徒一人ひとりに適切に指導し，それぞれに合った学び方を身につけさせることができるようになるところにある。その際に，生徒のペースに合わせるということはよく言われるが，到達しなければならない目標に進もうとする限り，生徒が気に入るやり方を優先することが大事である。

　それでも，これはテクノロジーをただ備えただけでは実現しない。実際ノート型パソコンが導入されはしたが，使い方に＜失敗＞したため放置されたままのケースがいくつもある（原注9）。しかし，失敗は生徒のせいでもテクノロジーのせいでもなく，教授法が問題なのである。テクノロジーがクラスで成功を収めるためには，新たな教授法，つまりパートナー方式の教授法を始めなければならない。パートナー方式の教授法は，テクノロジーと相性が良い。なにしろそれを最大限に生かすのは，特に生徒の最高の得意技だからである。

　パートナー方式は，授業を中断してテクノロジーを使わせるものではなく，

どのクラスの生徒も最初から，自分で，さらに全員で共有しながら，どんなソフトがあるのか，どれだけ有用なのか，積極的に探り，いろいろなメディアからサンプルを拾い出し，また自分でサンプルを創ったり互いに共有したり，そして世界中の仲間や書き手とコミュニケーションを図るのである。

■ 役割を決め，互いに敬意を払って

　しかし，どんなタイプのパートナー関係でも，成功するには生徒と教師が互いに敬意を払うことが大切である。読者の中にはそれは当たり前のことであり，いまさら言わなくても良いと思っているかもしれない。しかし，必ずしもそうとは言えない。教師や生徒と話し合ったとき，学校や授業では必ずしも十分に敬意が払われているわけではないという声があった。両者ともそうなのである。教師に対して生徒が敬意を払う，そしてその逆もしかり。もとより敬意とは教え学ぶ際の基本的要素であるが，パートナー方式においては教えるうえで，また学ぶうえで特に重要である。

　パートナー方式においては，互いに敬意を払うことが要点である。パートナーを組む同士は相互に心から相手を敬わなければならない。どの教師も生徒に敬われることを望み，期待もしていることは確かで，尋ねられると，どの先生も生徒に敬意を払っていると答えると思う。しかし，現実はそうでもない。不満だらけの教師は，「うちの生徒は集中力が足りない」「うちの子どもはじっと授業を聞くことができない」と思ったり言ったりする。ただ全面的にそれが当たっているわけではない。学校の中では確かにそうかもしれないが，大部分の生徒は面白い題材や活動には集中力を見せるのである。

　多くの教師が，特に生徒が周りにいないとき，生徒のことを努力，関心，意欲，能力のことまでも欠けると平気で言う。生徒はふとした機会に教師がこんなことを言っていると耳にすると，また学校の外で，間違ったことを耳にすると，馬鹿にされていると思ってしまうのも当然である。反動で生徒はしばしば逆に教師を馬鹿にし，教師がテクノロジーを操作できないのを見て軽蔑する。

　そのように互いに蔑視するようになると，パートナー方式による効果的な学習はできなくなる。学習がきちんと成り立つためには，机を挟んで対面する教

師と生徒の間の蔑視感は消えなければならない。パートナー方式を成功させるには，今や新しい時代に入ったことを認め，学習を進めるのに教師と生徒が互いに対等の関係にあることを受け入れなければならない。双方が敬意を払い，相手が提供するものから学ばなければならない。

　何人かの教師は，クラスで「私たちはみんな学ぶ者であり，私たちはみんな教師である」と大きくスローガンを掲げ，ある学校ではそれを公式のものにした。ときには，テクノロジーについてなど，生徒が教師に教え，生徒も心から望んで教師から教えを受けるなど，このスローガンを実のあるものにしなくてはならない。

パートナー方式での生徒の役割

　生徒をロケットに見立て，教師が必要な燃料を用意し，生徒が自分で操縦できるよう訓練し，新しく遠い目的地まで送り届けるということを先に述べたが，それが意味するのは，生徒は空の器であり，教師はそこに知識を詰め込む（言い換えると，生徒はこれから書き込まれる白紙状態）という旧来の授業方法のことではなく，生徒に大いに敬意を払うということである。生徒を学ぶプロセスに積極的に加わらせ，教師と対等のパートナーとみなすのは，ありとあらゆる生徒が期待している敬意の現れである。しかし，そもそもパートナー方式での生徒の役割とは何なのか？

調査員としての生徒

　生徒には調査員（researcher）としての役割がまず重要である。パートナー方式の教授法の場合，知るべきことを教師が解説・説明して教えるのではなく，自分で見つけ出すよう教育するのだから（それから知識を仲間と共有し，それを教師が評価するのだから），生徒はこれまでとは違った新しい役割を担うことになる。生徒が調査員，しかも専門的な調査員となれば，彼らに対する敬意は単なる「生徒」に対するものとは違ってくる。実際この理由から，生徒を「調査員」と公式に呼んでいる学校もある。かつて落ちこぼれであったテキサスのある女子生徒は，「私がやっていることとは，ほとんどコンピュータでの調べ物」と語っている。彼女の学校生活は，大半がこのような過ごし方であっ

たが，彼女なりに充実して幸せだったのである。

　そんな学校で働いている自分を少し想像してみよう。雑誌編集や図書館の仕事の方がもっとよく当てはまると思うが，あなたは自分のパートナーや同僚の全員に専門家としての力量を期待するだろう。もし期待に反したパートナーがいたら，次は改善を図るよう助言するだろう。これこそ対等とか同僚と呼べる関係であり，パートナー方式の教授法がめざすところである。

テクノロジーのエキスパートとしての生徒

　パートナー方式の教授法で生徒が果たす第2の主要な役割は，テクノロジーのエキスパートとしての役割である。彼らはこの役割をこよなく愛し，使えるものなら何でも使う。私は，ある授業で教師からパートナー方式のための質問が出されると，生徒の各グループが，同時にビデオ，ポッドキャスト（第7章，82参照），ゲーム，ブログ，その他インターネットツールを使って答えようとするのを目の当たりにした。第5章で詳述するように，パートナー方式のための質問は，「授業でテクノロジーを使う教師をどう思いますか？」から「どうやって人を説得するのだろう？」や「進化の根拠は何ですか？」まで広範囲に及ぶ。

　確かに，生徒はテクノロジーについて何でも知っているわけではない。ある生徒はたくさん知っているが，驚くほど知らないものもいる。もっとも，知らないからといってディジタル世代の生まれであることを否定するものではない。これは，知識より態度に関わる。もちろん教師の多くはテクノロジーのことがとてもよくわかっている。しかし，テクノロジーについての知識が生徒と教師で違いがあろうとなかろうと，パートナー方式では，テクノロジーを使う役割を担うのはあくまで生徒なのである。たとえテクノロジーのことを知らない生徒がいる授業でも，また知らない生徒が大半であっても，教師は生徒に代わってテクノロジーを使ってはいけない。むしろ，教師はアドバイスに徹し，生徒が自発的に問いかけ，自分たちでテクノロジーを使い，効果的な使い方をみんなの前で見せて互いに教え合うことができるようにすると良い。これは，電子黒板（Interactive Whiteboards）（第7章，57参照），コンピュータ，ポッドキャスト，ブログ，その他のテクノロジーのどれを使う場合でも当てはまるこ

とである。

　パートナー方式の考え方では，教師がどれだけテクノロジーに詳しくて好きであっても，生徒に代わり自分でしてはいけない。教師は生徒が自分たちでできるよう手助けし相談役に徹するのが良い。場合によっては，教師に代わって生徒が教えることもある。事実，パートナー方式の教師の多くは，メカに強い生徒をアシスタント役にして，トラブルが生じた装置の処理をまかせたり，知識が不足した教師や生徒を技術面で補佐させたりして授業を工夫している。

自分で考えて主体的に学習する生徒

　パートナー方式の教授法における生徒の重要な役割として，自ら考える主体的な学習者がある。大半の教師は，生徒はその役割をよくわかっていると思っているようだが，多くは自分が何をしているのか，何をしたら良いのか，わかっていない。パートナー方式の教授法では，自分で考え，主体的に学習することの役割を，もっとはっきり理解させる必要がある。

　もちろん，こんにちの生徒は考える。彼らは考えないというのは，生徒に敬意を払っていないということだ。しかし，生徒の考え方や考えることは，ややもすると教師の思いとは違うのである。教えるときには，特にパートナー方式の場合では，生徒の第1の役割は，もっと論理的に，もっと批判的に考えることなのだと生徒に繰り返し理解させることが重要なのだ。そのため，パートナー方式の教授法では，口頭でも筆記でも生徒同士（peer to peer）のコミュニケーションが重要となる。この教授法では，どのように論理的に，かつ批判的に考えているのか，互いに確認しながら評価する。世間で広く読まれているブログに生徒に記事を書かせた教師の報告によれば，自分が書く記事が他の人に読まれていることを知るとすぐに書き方や考え方が一気に向上することがわかっている（原注10）。ニューヨーク市の年間最優秀教員に選出されたテッド・ネレン（Ted Nellen）は，この主体的に考える役割を強調して，生徒全員を「学者」（scholars）と呼んでいる。

世界を変えていく生徒

　生徒の役割で4番目のものは，ただ単に関係があるものというより，「現実

的」(real) なものとしての学習と関係している。「はじめに」の章で触れ，さらに第4章で詳細に論じるように，現実的な学習とは，生徒が即座に日常生活で役立てられることを学ぶことであり，世界を変える力になることでもある。学校での生徒の役割では，影響の大小に関わらず，学習の成果から世界を変えていくことができると自覚することが決定的に重要である。たとえば，ジョージア州アトランタ市の郊外にある中学校の生徒は，遺伝子操作を受けた食品のビデオを作って，親の買い物習慣を変えさせたのである。同校の別の生徒のグループは，学んだことをアフリカのマラリア撲滅のための募金活動に役立てている（原注11）。他にも多くの学校で，生徒の学習成果を地域コミュニティの活性化のために役立てている。

生徒は同時に教師である

　おそらくパートナー方式の教授法で最も特徴的な役割であろうが，生徒の第5の役割は，自分が自分に対する教師なのだというものである。生徒が自分を教えるというのは，一見奇妙に聞こえるかもしれない。しかし，何か新しいことをどう学ぶかを考えてみよう。たとえば，あなたの家族の誰かが突然病気にかかったとしよう。教室に出て誰かに教えてもらう手もあるが，きっとたいていは自分で調べるだろう。本やインターネットで調べ，友達や仲間に何か役に立つ情報や対処法があるか聞くだろうし，できれば専門家に相談もするだろう。生徒が何かを学ぼうとする際には，このスキルを身につけて，教師や誰か他の人に頼らずに自分の知識に自信が持てるようにすることが実際重要である。そのための最良の方法は，自分できちんとできるようになるまで，繰り返し自己学習させることである。この理由から，自分が自分に対して教師になることが，生徒のすべての役割の中で一番重要と言える。ある生徒は，祖母がガンだと知ったとき，これまで培ったスキルでインターネットを活用し，祖母のために最良の病院のみならず，彼女が罹っているガンを治すのに最も腕の良い医者までも，独力で探し出したのである。

　生徒が自分自身を教えることを学ぶといっても，それで教師の影が薄くなるとか，仕事が軽減されるわけではない。むしろ反対である。パートナー方式の教授法では，教師の仕事は依然として重要だが，その役割が劇的に変わる。こ

の後で，パートナー方式の教授法での教師の多方面での役割を見る。おそらく，想像の範囲を超えるだろうが，教師の新たな役割は，従来の解説者としての役割よりははるかに重要であり，生徒に役立つのである。

その他の生徒の役割

パートナー方式の教授法では，他にも報道記者，作家，科学者，エンジニア，政治家といった役割を生徒に担わせることがある。さらに，後で触れる多くの動詞スキルを実行する役割もある。第3章では，これらの役割の実践的側面について詳しく述べることにしたい。

パートナー方式での教師の役割

パートナー方式では教師に多くの役割がある。その一部は，どの教師にもなじみがあり，快適なものだろう。しかし，他に新しく勉強し練習が必要になるものもある。

コーチおよびガイドとしての教師

パートナー方式の教師は，コーチおよびガイドとして，クラス全体に日々の目標と長期的な目標を設定し，一人ひとりの生徒が自分なりにその目標に到達できるように，基本的には自由に取り組ませ（もちろん身勝手なまねをさせてはいけないが），その際に必要に応じて手助けすることが求められる。ガイドとして旅に出る生徒を案内し，コーチとして一人ひとりの生徒にアドバイスを与える。コーチ役もガイド役も教師の役割として新しいものではない。しかし，いずれの役割もパートナー方式の教授法ではもっと手間がかかる。生徒一人ひとりの個性や違いに目を向けた教育をしなければならないからである。

一般にこんにちの生徒は，細かく管理されるより自分の方法で取り組む方を選びたがる。しかし，自分独自の方法といっても，すべての生徒が簡単に見つけられるわけではない。独自の勉強法というのが苦手で見つけられない生徒もいる。これは，パートナー方式の授業に初めて直面した生徒に特に言えることである。パートナー方式は，教師だけでなく生徒にも慣れないことなのである。教師はコーチとして一人ひとりの生徒の学習プロセスを観察し，必要な際にア

ドバイスする。しかし，旧来のように解説・説明はせず，生徒に代わって自分がするのでもなく，どう進めたら良いのかわかるように的確に問いかけ，ヒントを与え，本来の軌道に戻させるのである。たとえば，コーチとしての教師は，トラブルを抱えた生徒にWebサイト，YouTube，アニメサイト，またはゲームにも目を向けさせるのである。

　教育者の中でも，特に問題を多く抱えた都市部の学校に勤めている人たちは，「それは郊外の学校だったらできるとしても，うちの子どもたちにはもっときちんと積み上げる形を作る必要がある」と言うことがある。一理あるが，教師はすべての子どものために新たな学び方の足場を築いてやる必要もある。とくにチャータースクール（charter school）（訳注4）を見てもらえばおわかりのように，大方の教師はどの子どもも学習が進む中でパートナーとしての役割や責任を果たすようになることを身をもって感じている。どんな生徒なのかということにもよるが，なかにはパートナー方式の軌道に乗せるのに長くもかかれば一筋縄ではいかない者もいる。それでも，パートナー方式においてはすべて，クラス全体より生徒一人ひとりこそが重要なのである。

目標の設定者および質問者としての教師

　パートナー方式の教授法では，講義を準備して授業で解説することがなくなる一方で，教師は他にたくさんの役割を果たさなければならない。一つは生徒のために学習目標を設定することである。たいていの場合，生徒に答えさせるパートナー方式の質問を作ることが，そのまま生徒の学習目標を明確に表すことにもなる。そこでの質問は全体的なものからより詳細なものも含めて決まった正解がない。規模の大きな質問を出した後には，生徒が試験で答えることになるような類の詳細な問いを出すことになる。今では多くの教師は，学期初めや新しく単元が始まる際に，パートナー方式のための質問のリストを配布したりWebサイトに掲示したりする。生徒がそれらの質問のすべてに答えることができれば，試験でも当然良い結果を収めることになる。

　パートナー方式の教授法では，教師が果たす質問者の役割が重要である。教員養成をはじめ，Educational Testing Services（ETS）（訳注5）やその他の機関でも全国共通試験用に高度に専門的な質問集が作られたが，良い質問の立

て方は学校でほとんど使われなくなってしまった。生徒とパートナー関係を組むうえで重要な点だが，四択問題は世界の現実を反映しない問題だと知っておく必要がある。パートナー方式の教師には，ソクラテス的問答法の立て方で，相手に問題への関心を高めさせ，自分の見解について振り返り，再考させるように問いかけるスキルを再度学んで実践してもらいたい。

パートナー方式は質問に基づく学習の一種であり，そこでは教師の仕事の多くは質問する内容を豊かにし，そこから発展させて学習計画を作ることである。ウエストヴァージニア州をはじめ，指導者が集まって学習用の問いを集約し，標準的質問集を作成している州や地域もある。既成の質問はインターネットや本から利用できるものが多くあるが，パートナー方式の授業に取り組む教師は，時間をかけて，その内容を高めパートナー方式のための質問に作成し直すスキルを磨くことになる。そういったスキルについては，第5章で詳しく論じたい。

学習活動デザイナーとしての教師

パートナー方式の教授法での教師のもう一つの重要な役割は，独創的な学習や創造が経験できる学習活動をデザインすることである。教室で毎日同じことを繰り返すことなど誰も望まない。教師も生徒も種類豊かで，頻繁かつ積極的に教室の環境が変化するのを願っている。デザイナーとしての役割では，教師はまず生徒に理解に向けて気を引き締めさせて，次に質問や問題を組み立て，効果的な活動を取り入れて生徒が理解に行き着くよう導くのである。

学習活動のデザインは，授業計画と同じように，たいていの教師になじみのないことではない。しかし，パートナー方式の教授法では学習活動のデザインはとても多様な形を見せる。たとえば，このデザインにはプレゼンテーションもなくワークシートも使わない。教師がデザインしたコースを生徒全員が同じように進むのではなく，パートナーとしての生徒には一人ひとりが違ったコースで共通の目標へと向かうことができるようコーチおよびガイドの役割を果たす必要がある。このためパートナー方式では，教師の役割はもっと複雑で重要になる。授業計画では，教師は特に生徒一人ひとりの情熱を見据えながら，教えられたことを生徒が理解できるように多様な方法を考案し準備しなければならない。教師がゲティスバーグの演説を題材にする場合を例にとると，教師は

生徒の多様な視点から，この題材を理解する方法を用意することができる。た とえば，ツィッターとの比較では演説の簡潔性について，最近の演説との比較 では政治について，オスカー賞の受賞スピーチとの比較では芸能について，記 憶に残る詩との比較では音楽について，絵画は何を喚起するかという問題から は映像について，または口頭表現と読解など，多様な取り上げ方ができる。ゲ ティスバーグの演説をパワーポイントで表示した例を見せてくれる Web サイ トがある（http://norvig.com/Gettysburg/）。

生徒の活動は管理しても，クラス全体の管理はやめよう

　パートナー方式は，一般的に生徒主体の活動や移動を伴うことを教師が理解 することが重要である。パートナー方式の授業を見た人には，伝統的な意味で の管理や規律がない授業のように思われるかもしれない。パートナー方式の授 業は，伝統的な授業とは外見も感覚も違うからである。たとえば，生徒は並べ られた席に座って講義を聞くわけではないし，ワークシートに埋め込むわけで もない。机や椅子はさまざまな形に配置されており，生徒のグループの大きさ もまちまちで，テクノロジーをグループで使うところもあれば，個人で使って いても良い。

　パートナー方式の授業では生徒の移動や会話が増えることは認めるとしても， その授業が無秩序で混乱していることにはならないと強調しておきたい。授業 中に無秩序になることはあってはならない。むしろ，授業中に一人ひとりの生 徒が移動することが学習目標を持ったものになるように活動を管理することが 必要である。パートナー方式の授業では，生徒の居場所はばらばらで，机に向 かってコンピュータで作業をする生徒もいれば，グループで作業したり議論し たりする生徒もいる。また，図書館で調べ物をする生徒もいれば，ビデオを撮 影する生徒もいる。（これが許されるためには，管理職にもパートナー方式を 受け入れる人が求められ，実際，そのような管理職の人数が増えてきている。 生徒の活動が学習目標と密接に結びついている限り，ホールだろうが学外だろ うが，またはビデオ撮影だろうが一向に構わないと校長が話すのを私は聞いた ことがある。）

　パートナー方式になじんでいない教師で，管理が決定的に重要であり，秩序

に欠けると生徒は勉強しなくなると教えられてきた人には，授業中に生徒の活動範囲を広げるというのは骨が折れることかもしれない。しかし，きちんと行われれば，このように活動範囲を広げることで生徒が自主的に学習に取り組む意欲を高めることにつながる。一見したところ，このように寛大になるのは教師や管理職には至極つらいこ

> **要チェック！**
> 廊下で撮影された，楽しい生徒のプロジェクトとして，他の生徒を隠し撮りし，同意なしに YouTube に投稿しないよう呼びかけた生徒制作のビデオを見てみよう。
> (www://youtube.com/watch?tv=kJEnVzMXK1E)

とだが，結果を見てもらえれば，信頼と忍耐をもって見守る価値がある。

　ある高等学校の女性教師の話がとても参考になる。その教師が職員室で仕事をしていたとき，クラスの女子生徒がその空いた時間に教室を使って高学年の学習活動をデザインしたいと申し出てきたので，生徒の言うようにさせてみたのである。

　女子生徒は大騒ぎしながら教室を出入りしていた。しかし，時間内に彼女たちはすばらしい高学年の学習活動をデザインした。ただ，考えてみたのだが，もしこれが私の授業だったら，たとえ最終的には大きな成果があると確信していても，ここまで混乱した教室には寛容になれなかっただろう。

　これを見て以来，この教師は自分の授業において，これまで以上に寛容になりはじめたのである。

　どの学年であっても，こんにちの子どもは列をなした椅子に静かに座って聞くことなど望んでいないし，もっと言えば，多くの場合は，そういうことができない。過去の授業に比べると，もっと自由に，もっと＜思いのままに＞動くことができるとき，学習を最も進めることができる。今までよりも生徒に寛容になることによって得るものが多いということを理解する教師や保護者が次第に増えてきている。教師は，管理にもっと柔軟に対応することで，もっと実りある成果を得ることがよくある。他方で教師は，生徒がきちんと学習を進める軌道上にいれば，教室が本当の無秩序には決して陥らないことを確信している。

教室内の柔軟な活動が認められ，その状況でも教室が混乱しない理由は，教師と生徒が互いに敬意を払っているからである。教師は生徒が自由に動いて作業する必要性を尊重し，生徒は現実的な学習を実践する必要性を自覚した教師を敬う。しかし，教師と生徒が教室でバランスを取り，理想的なパートナー方式の授業を行うのは，決して自動的にできることではない。このためには，教えるスキルを学び，実践しなければならない。生徒が活発で騒々しくても，管理が行き届いた授業ができるということを覚えておいてほしい。

PARTNERING TIP ▸▸▸ パートナー方式のヒント

管理を多少緩めて授業を行うことは難しいと感じる人は，はじめはこんなふうに取り組むと良い。最初に生徒と相談し，互いに規則を守る範囲を決め，後からその結果を評価してみる。それから，生徒が教師との規則を取り決めるプロセスを楽しめるように互いに相談する範囲を広げていく。たとえば，グループ活動であれば，教師の許可を得ずに生徒が教室でテクノロジーを使って良く，グループ作業の間は生徒同士で話して良いが，作業に関係ないおしゃべりや，他の仲間の作業を邪魔するのは不適当であり，そのような生徒には，グループ作業でテクノロジーを自由に使うことを認めないというように決めることができる。

文脈に気づかせるという教師の役割

文脈に気づかせるというのも，パートナー方式では教師の重要な役割の一つである。生徒は調査員として興味の対象を見つけだすことはよくできるが，その興味の対象をもっと広く適切な文脈に入れて考えることができないことが多い。文脈設定が重要であることを示す私のお気に入りの例は，ある生徒がテストに答えた次のものである。

これを見ると，たいがいの大人は笑ってしまうが，落とし物を探しにいく文脈ではまったく正しく，それに気づくこと

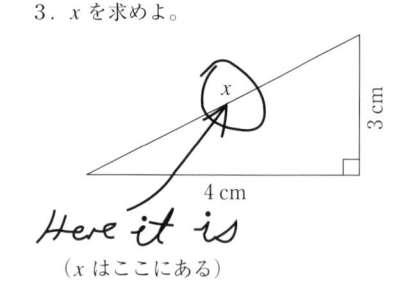

3. x を求めよ。

（図：直角三角形，底辺 4 cm，高さ 3 cm，斜辺上の x を指して "Here it is"）

(x はここにある)

が重要なのである。数学の問題として見れば，これは間違っているし，おかしくもある。どの題材でも個々の事実や考え方が正しい意味を表すための文脈がある。生徒に調べものにおけるウィキペディアの役割を理解させるにしろ，発言の自由を考えるうえで中傷行為の存在を理解させるにしろ，文脈に気づかせることがパートナー方式での教師の主要な役割である。パートナー方式では大半のことについて言えることだが，この役割は教師が解説・説明するのではなく，むしろ，ソクラテス的問答法のように，生徒に質問することで果たすことができる。生徒に，ある状況では受け入れられるが別の状況ではそうではないというものにどんなものがあるか，問いかけてみよう。この効果的な導入例としては，たとえば，英語の授業で，作文とスピーチのさまざまな種類について個々の種類がどういう状況で適切になるかを検討してみることが挙げられる。

教師は厳しく，かつ質を保証しなければならない

　パートナー方式の教授法での最後の主要な2つの役割は，教師は厳しく，かつ質を保証しなければならないというものである。両者は密接に関係しているが，まったく同じというわけではない。両者の共通点は，生徒が達成するうえで実際ずいぶんハードルを高くするということである。一般に生徒に対してハードルをあまりにも低く設定する傾向があると思うが，私は，生徒は教師が要求する以上のことをもっとできるし，より高いレベルのことを望んでいると強く信じている。

　私は大学1年生のときの文学の授業で初めて厳しさの本当の意味を知った。私は，高校まで文学作品のレポートを書いた経験がほとんどなかったので，大学で最初にそれを要求されたときは途方に暮れてしまい，ほんの一枚何とか苦労して仕上げたものを提出した。翌週，担当講師がレポートを返却してくれたが，私は落第の成績をつけられていると思い，ずっと顔を伏せたままでいた。講師は私の机の前で止まった。彼が私に言ったことを今でも覚えている。「プレンスキー，今は成績をつけないでおこう。どうやって文学のレポートを書くか，この教室を出て勉強しなさい。できたら提出しなさい。成績はそれからで良いでしょう。」私は何とかやりとげた。そのとき，私は，受け取ってもらうには最低限昇りついておかねばならないレベルがあることを学んだ。

教師の厳しさとは，このレベルのことである。パートナー方式では，課題を出す際に，受け取ることができるレベルに達していない生徒には，落第の成績を出してはいけない。落第の成績のレベルのものは一切，受け取ってはいけないのである。

他方，質は厳しさとは違う。質とは，単に受け取れるレベルに達したものと実際に優れたものを分けることである。もちろん管理上の目的から，特に優秀のA，優のB，良のC，可のD（もしくは0～100の点数）という評価システムがある。しかし，パートナー方式の生徒にとってはこのシステムだけでは十分でない。文字や数字による評価は学校でしか存在しないのであり，日常生活にはない。社会人になると，上司や管理者が文字や点数で評価することは滅多にないが，最低限の基準はあり，質の良い仕事をすれば必ず報酬がついてくる。そのため，生徒にも質の良い仕事とは何なのかを十分理解させる必要がある。したがって，パートナー方式の教師は，ただ単に文字の評価や点数をつけるのではなく，生徒がすることについて，質が良いものと，そうではないものの理由を説明し，何度でも力を貸して，生徒が質の良いものができるようにする。これが質の評価であり，おそらく教師の仕事の最も重要な役割である。

もちろん，この仕事は単に点数をつけるだけでは終わらないため，特に大人数の授業では多くの時間がかかり，集中力を必要とする。この理由から，パートナー方式の教授法が成功するには，生徒が生徒を教え，生徒が互いに学んで評価し合うことがクラス全体で実行されなければならないのである。詳しくは次節で述べることにしよう。

生徒の提出物が教師の方がよく知らないコンピュータソフトでできている場合，その質を評価する際に重大な問題が生じる。「マシニマ」と呼ばれるコンピュータゲーム（第7章，66参照）や「マッシュアップ」と呼ばれるコンピュータ音楽（第7章，68参照）が高品質でできていたとしても，教師はどう判定したら良いか。私は折りにつけ，自信をもって生徒の作品を紹介する教師に会うことがあるが，そういった作品は大半の場合，子どもの目からすれば可のDの成績にも値しないものだった。こういった場合は，パートナーを務める生徒を信頼し，生徒から教わり，指導してもらうのが良い。コンピュータソフトについての生徒の知識とあなたの経験を合わせていけば，どんなソフトを

使った作品でも，正当に評価できるようになるはずである。

パートナー方式での級友の役割

　私が何百人もの子どもたちから聞いてきた通り，こんにちの生徒の多くは，選べるとしたら，教師よりは生徒から教わる方を選ぶだろう。こんにちの子どもが教師の意見より，級友の意見や能力を信頼していることを心外に思う人もいる。しかし，教師がきちんと見ていれば，生徒が級友に頼るのは必ずしも悪くはない。教師が文脈に気づかせる枠組みが級友の話よりはずっと深みがあるとしても，級友の話は情報源を共有できるもので，テレビ，映画，音楽なども同じ世代のものである。生徒間では全員に同じことばが通じるわけである。

　教師がきちんと見ているところで生徒が同じクラスの生徒から教わり学ぶという方法は，教師にも生徒にも役に立つ。これが実践できるようになると，この方法はパートナー方式の教師に非常に頼もしい味方となる。それは教師が今使っているツールよりはるかにありがたいものもある。生徒はクラスの仲間から学ぶ楽しみを知るだけではない。教師に代わって他の生徒を教えることになると，きわめて多くの生徒が喜んで取り組む。パートナー方式の教師が成果を収めた一つの方略として，直接教える生徒は教室の何人かに絞り，この生徒には，どんな方法でも良いので，残りの生徒を教えるように責任を持たせるというものがある。これは教える機会を与えられた生徒に敬意を示す方法でもある。この理由から，生徒が生徒から教わる学習方法は，パートナー方式の教授法で重要な部分である。

　生徒が生徒から教わる学習方法の最たる成功例は，ヴェネズエラの音楽教育で「エル・システマ」(*El Systema*) として知られるものである。これは，路上生活の子どもを含むヴェネズエラ中の貧しい子どもが，近い年齢層の人たちから教わり学ぶことで，地元や地方や国立のオーケストラで立派なクラシックの演奏家になれるよう訓練を受けることができる。

　エル・システマの主要原則の一つは，

> **要チェック！**
> エル・システマについてさらに知り，その活動の状況とすばらしい成果を見るには，www.ted.com の動画が良い。

子どもが何かを学ぶと、それをすぐに他の誰かに教えなければならないということである。この原則は、「見て実行し教えよ」という外科医の原則とまったく変わらない。

　パートナー方式では、生徒が生徒から学ぶことを有効に活用して、教師はつねに新しい方法を多く見つけている。たとえば、テクノロジーについての知識や使い方を生徒間に広め、教室内のディジタル・デバイドを解消するには、生徒が生徒から学ぶのが、卓越した、おそらく最良の方法である。また、生徒間での学習を応用すると、ある文章を理解し評価したり、問題の解答を見つけたりするようなパートナー方式の課題では、1台のコンピュータに2、3人の生徒を座らせると、一人ひとりにコンピュータで作業させるのと同じか、それ以上の成果がある。

指導者、ファシリテーター、およびパートナーとしての校長

　パートナー方式の教授法では、校長や管理職が指導者、ファシリテーターおよび普通の教員とは違う意味でのパートナーとしての役割を果たすことが決定的に重要である。管理職が積極的に支援しなければ、パートナー方式の教授法の実施は不可能に近いくらいに難しくなる。

　本書に書かれたパートナー方式の教授法を部分的にでも実施したとか実施しようとしたと話してくれた教師の多くが、学校の管理職から支援が受けられず、不満に思っていた。もっとも校長からも、学校にこの新しい方式を取り入れようとすると、教師とトラブルを起こして、不満がたまってしまうということを同じくらいに聞かされた。

　何事にも成功したいと思うなら、教師と管理職がパートナー関係を組まなければならない。教師は、生徒とのパートナー方式を成功させるために、管理職からの支援を時間をかけても得るようにしなければならない。管理職は、教室を見回る機会に、教師は、講義の形ではなくても適切に指導しており、生徒が生徒を教えていても学習活動がきちんと管理されており、さらに生徒が活発に互いの発表を批評し合い、活発に意見交換を図っているのを観察するならば、これらのすべてが伝統的な直接的教育法が生み出すものより勝ることはあっても決して劣ることはない学習であると理解する必要がある。

校長や管理職がパートナー方式の教授法を理解して受け入れ，この新しい教育方法に移っていく教師を支え，この方向に導くようになれば，事態ははるかに順調に進むだろう。しかし，パートナー方式を信頼している校長や管理職は，教師を支援したり，パートナー方式を奨励したりすることの他にも多くのことができる。たとえば，解説式の授業からパートナー方式に進みつつある教師（p.270，図9.1参照）が，今，どの段階にいるのかを評価し，進み方が遅かったり，まったく進んでいない教師には力を貸すことが望ましい。具体的には，パートナー方式に熟達した教師とまだ初心者の教師をペアにしたり，教師とパートナー方式に慣れた生徒をペアにしたり，教師に職能研修を受けさせるといった対応が考えられる。しかし，これが要点なのだが，管理職は教師に職能研修を受けさせたり，訓練の機会を与えるとしても，少なくとも最初は，多様なテクノロジーを教師が使えるようにするのではなく，むしろ教師の考え方や行動をパートナー方式の教授法の価値観に合わせることを目的とするという点を理解しておく必要がある。これがなされない限り，またなされるまでは，テクノロジーの訓練をしても実りあるものとはならない。

保護者もパートナーであること

　パートナー方式の教授法が成功するうえで，もう一つカギとなるグループがある。保護者のことである。保護者が率先してパートナー方式に関わらない限り，その導入に伴う変化に対し保護者が抵抗勢力になることがよくある。保護者は，自分たちが教わったのと同じように，解説・説明式の授業で教わるように期待しており，またその期待を発言することもある。パートナー方式の学習プロセスについて保護者の理解が完全でなければ，学校で子どもたちがしていることを聞いたり，教室に来て見たりすると，それが不満の素となる。
　しかし，保護者のこの不信は，子どもたちが帰宅し学校のことを今まで以上に興奮気味に話し，学校で習ったことを積極的に伝える様子を見ると，たいていは消えていく。「今では食事の時間になると，うちの子どもは学校でしたことや見たことを山ほど話すんですよ。しかもこれが毎日続くんです」と教えてくれた保護者がいる（原注12）。また子どもの成績や出席率が上がると，保護者の不信も消えていく。

大部分の保護者は，周囲の変化をすべて見ているため，21世紀の教育は今までとは違うことを本能的にわかってはいる。実際に保護者は，将来の生活や仕事にきちんと備えて子どもたちを教育してもらいたいと思っている。パートナー方式の教師は，大学と企業も子どもたちへの期待を変えてきており，この期待に応えて子どもたちへの教育も変化していることを保護者に理解してもらう必要がある。その際には，知識に劣らず実践に力を注いでいることを強調し，ただ聞いてノートを取る授業以上に，生徒には未来に向けた能力とスキルを授けていることを伝えていく。この点を保護者に理解してもらうのは，パートナー方式の教授法だけでなく，特に生徒にとってきわめて重要なのである。これについて保護者と話し合いの機会を持つことが，教師と管理職を含めた学校全体の責任である。

　その話し合いの場では，教育者と同じように保護者も，ビデオやゲームのように当惑や心配の種となるコンピュータの使い方であっても，その使い手である子どもをぜひとも敬ってほしい。教師と同じように，親は子どもと何度も対話し，学校に関係したことでも学校に関係のないことでも，子どもたちの活動について聞き，学校でしたことでも学校の外でしたことでも良いので，子どもたちが創作した成果を褒めてもらいたい。

　学校や校区が保護者への通信手段として最新のテクノロジーを取り入れるのは，大いに有効である。生徒の家庭をWi-Fiエリアにするとともに，学校側からも保護者からも発信できる双方向の保護者専用Webサイトを開設することは，今や賢明な助成金の使い方であり，ほとんどあらゆる校区で財政的に許される範囲で実現できる。比較的低予算で実現した好例として，南カルフォルニアの経済的にさほど恵まれていない校区にあるレモン・グルーブ校を見てほしい（www.lemongroveschools1.net）。この校区は学校と家庭をつなぐWi-Fiシステムがすべて政府助成金で作られており，とても良くできているので，システム管理費の一部を地域の警察や消防署に回し，警察や消防署の予備費に充てている。

■ パートナー方式の教授法を続けようとするモチベーション

　本書に目を通して，もうパートナー方式の教授法に取り組み始めた人もいるだろう。もし取り組む気にまだなれないようなら，どうしたら自分が教師として大きな変革を起こす気になるかと聞いてみたい。もっと重要なことだが，変革の途中，最初に難題に直面した際に，また慣れ親しんだ旧来の方法に戻らず，意欲を持続させるにはどうしたら良いかとも聞いてみたい。私が思うに，最終的な目標が生徒とあなた自身の経験と試験の点数を高めることである以上，変革に取り組む最良の方法は，隠れたままにせず，自分がしようとしていることを，生徒，管理職，同僚といった周囲の人たちにできるだけ広く伝えたうえで取り組むことである。

　これを実現するためには，あなたより先に取り組んで成功した教師に協力を求めることが最も簡単で効果的である。自分の知り合いの教師でも良いが，理想を言えば，現在の職場に何人か協力者がいると良い。もちろん，知らない人から助けてもらえることもある。第7章で詳しく見るが，リストサーブ（第7章，63参照），ブログ，Ning groups（第7章，75参照）といったインターネットを通じた支援団体も使えるし，YouTubeやTeacherTube（YouTubeを含めて，第7章，132参照）を検索して協力者を見つけることもできる。そこからパートナー方式のための多くの知見を得て大いに意欲を取り戻し，教え始めたときのかつての興奮を甦らせたと，経験豊かな方も含め多くの教師がEメールで伝えてくれた。あなたが個人的に変わろうとする過程で，管理職や生徒や生徒の保護者に協力を求めるのも重要である。彼らはあなたの目標を理解してくれると協力を惜しまない。

勇気を持て，だが楽しさを忘れるな！

　たいていの人は初めて何かに取り組むとき，何かしら恐れを抱く。生徒としてであれ，教師としてであれ，初めて黒板の前に立ったときは，おそらく恐れを感じただろう。恐れを感じつつも前に進む勇気をもたねばと感じたときは，

『オズの魔法使い』のライオンを思い出そう。勇気はいつも心の中にあるのだから，自分にはメダルはいらない，と。

　変化は恐怖や苦痛ばかりでもないことも覚えておきたい。実際，新たな視点から自分の仕事を見直すのは，励みにもなるし，わくわくすることでもある。長年，教師をしている人にとっては，授業に教材や内容を詰め込むのではなく，教材が答えとなるように質問を考えていくのは，心が解放されることだろう。

　この新しい方法で自分の仕事がもっときつくなるとは思わないでほしい。私が定期的に生徒や教師とパートナー方式を実践して学んだ貴重な教訓は，生徒の学力を高めるために教師ができる最善のことは，多くの場合，実は何もしないことだということである。私がパートナー方式ための質問を投げかけ，生徒がチームを組んで，あるいは自分一人で，勉強し始めると，私は何かわからないところはないかと尋ねて回るようにしている。ところが，勉強中で忙しい生徒からは何も返答はない。そこで教室を見回り，生徒がしていることを観察すると，順調に進めている。授業中に誰も私を「必要としない」と実感するこの瞬間，私は思わず一人で笑みを浮かべ，「何て素敵な仕事だろう」と思うのである。

　私の願いは，あなたがこの教授法を取り入れることで，この思いを私以上に何度も経験してくれることである。

　次章からはパートナー方式をどのように授業に取り入れていくか，段階を追って説明していこう。その際，あらかじめ決めた課程や学習計画は使わず，むしろ，パートナー方式の一般的原則を考えて，具体例や実践的な提案を多く示していきたい。それは魚を釣るのを教わることと同じであり，それを身につければ一生食べていくことができるだろう。

2

パートナー方式の教授法を始める

> **考えてみよう**
>
> 1. パートナー方式を推し進めるために教師と生徒は何ができるか？
> 2. 私の生徒にふさわしいパートナー方式のレベルをどのように選ぶか？
> 3. テクノロジーについてどう考え，それをカリキュラムにいかに結びつけるか？
>
> *Guiding Questions*

　パートナー方式への切り替えはスリリングで，若返らせてくれるような経験である。それは，あなたに新たな教育像をもたらし，あなたの生徒だけでなく，教師というあなたの職業のルーツに近づけてくれる。それは，あなたを生徒のチューターやコーチとしての役割以上のものに変えてくれるし，一人ひとりの生徒の欲求や情熱に合った授業ができる能力や時間をもっと与えてくれる。

　しかしながら，良きパートナーとなるためには，あなたも生徒もいくつかの新しいスキルを学ぶ必要がある。多くの人は賛同してくれると思うが，楽しく，知的で取り組みがいがある。生徒と始めてみよう。あなたの生徒はどの程度，パートナーになる用意ができているか？　次のことを自問してみよう：

1．生徒がしばしば退屈して落ち着きがないように見えるか？
2．あなたが話しているときに，生徒はなかなか集中できていないのでは？
3．しばしば生徒の注意が授業とは別のことに向いていないか？
4．生徒はあなたが期待しているほどやってくれていないのでは？

　あなたが信じようが信じまいが，これらはすべてポジティブなサインである。これは生徒がもっとアクティブに，意欲的に学ぼうというサインなのだ。もしすべての生徒が幸せで，十分モチベーションにあふれ，授業で集中し，試験で平均点以上であるとしても，パートナー方式は，長い目で見ると，もっと優れた，もっと自立した生徒になることによって，そういう生徒にも十分良い効果をもたらす。
　さて，あなたはどの程度パートナーになる用意ができているのだろうか？次のことを自問してみてほしい：

1．私は，多様な能力をもったパートナーとして自分の生徒を見ているか，見ることができていたか？　そして私は，生徒がどのように学びたいと考えているかについて，彼らと直接話しているか，話すことができていたか？
2．私は，一人ひとりの生徒の情熱がどんなものなのか，知っているか，知ることができたか？　そして私は，それを生徒の学習を促すために利用することができているか？
3．私は，皆に講義したり，話して聞かせたり，説明することに取って代わるものが何かわかっているか，わかっていたか？　私に＜舞台を降りる＞覚悟はあるか？
4．私は，どのレベルのパートナー方式が，自分と生徒にふさわしいか知っているか，知ることができたか？
5．私は，単に関係があるからということだけでなく，現実と結びついた学習を提供しているか，していたか？
6．私は，授業内容をパートナー方式のための質問に変換するやり方をわかっているか，知ることができたか？

7．私は，動詞スキルと名詞ツールという観点から，学習とテクノロジーを理解しているか，理解できていたか？

願わくは，あなたがこれらの点の多くをすでにやっているし，できると考えてほしい。本章と残りの章は，上記の質問に対してあなたに明確に「イエス」と答えてもらえるようにデザインされている。

■ 生徒を違った目で見る

　パートナー方式を成功させるために，教師は学習のプロセスにおいて，生徒をパートナーと見なさなければならない。生徒の一人ひとりが多様で，しかし等しく能力を有するパートナーである。これは，教師がすべてのスキルと情報を有する専門家であり，生徒は教師の知識を受け取るにすぎないという伝統的な教室における役割分担からの大きな転換である。

　もちろん，これは学習のプロセスに大人と生徒の区別がもはやないということを意味しているのではないし，子どもに自分で学校や教室を運営しろといっているのでもない。しかし，このことは生徒に敬意を払い信頼することを意味するし，生徒に命令するのではなく，むしろ導き，結果として生徒が態度を改めることを期待することを意味する。

　パートナー方式の教師としてのあなたの仕事は，あなたの生徒すべてにとって意味があり，かつ刺激的なやり方で，学習を促進することである。そして，パートナー方式における生徒の仕事は，あなたの与えるいろいろな刺激を受け入れ，それに応えることである。パートナー方式において生徒に与えられる刺激は，伝統的な「解説・説明を中心にした」教室における刺激とは違うものでなければならない。それは，生徒の側にも，より実践的な行為やより自立した思考，より創造的になることを要求するものである。これらのことをするためには，時間がかかる生徒もいるかもしれないが，私が接している生徒の大部分は，この新しいより刺激的な役割を引き受ける用意があるし，それを欲している。

> **PARTNERING TIP** ▸▸▸ パートナー方式のヒント
>
> 　学期の始めの丸一日とか，毎月一定の期間を定めて，教授法や授業のやり方についてクラスで討論するような時間をとって欲しい。生徒に次のような質問をしてみよう。
> 　「皆さんの学習をもっと刺激的に面白くするために，私たちは何ができるだろうか？　皆さんがもっとやりたくなるような学習とはどんなものだろうか？　他の授業や他の先生で経験した良いものにどんなものがあり，この授業でも使えると思うものはないか？」
> 　これは一度だけでは十分ではないと思う（あなたが生徒の話を聞いていることを示すためにも，生徒の提案を実行してみて欲しい）。その後で，アイデアを実際にスタートさせてみよう。あなたの生徒を学習活動のデザインの過程におけるパートナーにするという試みをやってよかったと思える瞬間が，一年を通じて何度も訪れるだろう。

舞台を降りる

　研修トレーナーは，多くの教育改革者と同様に，私たちが問題としている教師の変化のことについて，かなり以前から言及している。それは，＜舞台の上の賢人＞であることから＜生徒の傍らに寄り添うガイド＞への転換である。しかし，あなたが長い間舞台に立つことに慣れていると，いくら意図的に，強いモチベーションを持って変えようとしたとしても，舞台を降りるのは容易ではない。多くの教師は，自分が生徒に知っていて欲しいどんなことばも，教師がそれをどこかで口にしない限りは，それを取り上げたことにはならないし教えたことにもならないと本能的に感じている。「教えない」というやり方を学び，マスターすること，そして教師が教えなくても生徒は学ぶ，あるいは，より良く学ぶことができると思えるようになるには，それなりの時間，ひょっとしたら何年もかかるかもしれないと認識することが重要である。

　最近私は，できたばかりのあるチャーター・スクールを訪ねて，いろいろな改善に取り組んでみた。学校の責任者は，最新のパートナー方式の教授法の導入方法についていろいろと考えたに違いない。彼らは，何百人という志願者の中から最優秀の教師を雇った。しかし，私が校長に「あなたの教師は，どれほ

ど＜話す＞ことに費やしますか？」と尋ねたとき，校長は即座に「話しすぎるくらい」と答えた。その通りだった。3つのクラスで授業観察をさせてもらったが，どの教室でも先生は「解説・説明」をしていた。生徒は話をよく聞いている者からあまり聞いていない者までいろいろであり，なかには教師の話を全然聞いていない者もいた。印象的だったのは，「解説・説明」中心の授業が相変わらず盛んに行われていて，それも何とか違ったふうにやろうと努力している教師までもが，まだ昔のやり方をそのまま踏襲していることだった。

　他方，私はまったく違うやり方のクラスも見た。そのクラスでは，生徒は入ってくるなり着席し，勉強を始めるのだ（あるときはコンピュータを使い，あるときは使わず）。彼らの課題は，紙面に指示されているか，あるいはオンラインでアクセスする特定の場所から入手できる。生徒の誰かに「集中して」という必要などまったくない。皆さんもご存知のように，解説・説明が中心の授業では，行儀の悪い生徒によってしばしば中断を余儀なくされることが問題となる。かつて YouTube で，ある生徒の作ったビデオを見たことがある。そこでは高等代数学の教師が机に座って，OHP に細かい説明を書いて進めているのだが，生徒は好き勝手なことをやっていた（ビデオを録画することもそれに含まれる）。もしこの教師が，パートナー方式の教授法を用いるとするならば，（一対一で指示を与えたり，自分に対して違った役割を選択しながら）以下のいくつか，あるいは全部のことを行ったかもしれない。

1. クラスのトップ5の生徒が完全に証明を理解するようにする（証明は宿題やオンラインで行わせることもできる）。
2. クラスをグループに分け，それぞれグループのリーダーを選び，リーダーの責任においてできる限り速くグループの全員がわかるようにする。
3. 何人かの生徒と協力して，あるいはクラス全員で，チーム間の楽しい競争をやってみる。その際の生徒やチームの能力は，クラスによって評価してもらう。
4. クラスの中を巡回して，学習が計画通りに行われていることを確認し，必要ならば個人的なサポートを行う。

> **PARTNERING TIP** ▸▸▸ パートナー方式のヒント
>
> 最近あなたが教えたクラスのことを考えてみてほしい。どれだけあなたは解説・説明したか？　あなたの声は生徒にどれだけの比率で届いたと思うか？　話すことを控えめにし，生徒が教材を理解するのを助けたか？　どのように助けたか？

質問と討論

　私たちがパートナー方式の教師に，「解説・説明」中心の授業を避けるように求めるにしても，また何も話さずに生徒に敬意を払って耳を傾けるのが最適とされる場合があるにしても，パートナー方式の教師には生徒に対して話すことがまだたくさんある。ただし，黒板の前で講義をし，生徒は座って聞いているという形ではない。パートナー方式の教授法を行う教師は，たくさんのことを口頭で行うことができるし，またそれをしなければならない。これには，質問（特にソクラテス的問答法）をすることも含まれる。生徒との討論を取りまとめたり，ときには自ら意見を述べたり，生徒のプロジェクトについて（他の生徒とともに）フィードバックを行うことも含まれる。

　授業において，話して教えること（すなわち，直接的教育）と，たとえば，問いかけや討論といったそれ以外の会話とを区別することは重要であり，パートナー方式の教師はつねにこのことを念頭に置いておかなければならない。そうすることによって教師は自分の振る舞いを監視することができる。

> **PARTNERING TIP** ▸▸▸ パートナー方式のヒント
>
> ほとんどの教師は，自分がどれだけ多くの間実際に話しているかを知ると驚くだろう。これをチェックする方法としては，あなたの授業をビデオ撮影すること（定期的にやることによって，カメラがあることを忘れ，カメラの前でも自然に授業できるようになる）や，生徒に頼んでMP3プレーヤーやパソコンに音声を録音してもらうことが挙げられる。フォローアップとして，生徒と一緒に録画（録音）を分析して，教師がどれだけ話を

> しているか，さらにはどれだけ指示を与えているかについて調べることができる。これを何度も繰り返すことによって，解説・説明しないで授業を進めるというやり方に，あなたと生徒は慣れていくだろう。良い結果は褒めてあげるようにしよう。特に，試験の点数が良くなったときには。

パートナー方式をやりやすくするために，あなたの教室を配置換えする

　教室を物理的にいかに配置換えするかというのは，パートナー方式の教授法をうまく機能させるための要である。そこでは，パートナー方式をやりやすくするように，教室を配置換えすることが効果的であり，必要に応じて何度もやることになる。

　あまりにも多くの教室で，机や椅子を平行に並べるやり方が好まれている。この配置は，しばしば劇場やホールの設営と称されるが，解説・説明中心の授業のためのものであり，パートナー方式をしやすくするものではない。過去においては，この並列式の配置は多くの施設で使われていた。私が1960年代後半にニューヨークの高校で教えていたときは，すべての教室の机は，折りたたみ式の椅子のついた固定式の机が並んだものだった。机上にはまだインク壺の穴があった！私は春休み全部を使って，（許可を得て）机の配置をいろいろアレンジできるように，教室全部の机のネジを手で外した。

　皮肉なことに今は，教室の机や備品等を自由に動かすことはできるのに，この利点はしばしば活かされていない（ただし小学校では，机の配置等は固定されていない場合も多い）。高校や大学の教室は，独立した，動かすことのできる椅子なのだが，やはりしばしば平行に並べられている。

　以下の文章と図（2.1～2.5）では，どんな教室もパートナー方式をもっと実行しやすい環境にするための机の配置例をいくつか提案している。ここでの配置例を一つ選べば，その後ずっと使い続けても良いというように考えてはいけない。いろんな活動の要求に従って配置は変わるものである。加えて，配置をしばしば変えるのは，生徒の興味関心を維持するのにも役立つ。また大切なのは，学習しやすくするために机の配置をどのようにしたいか，生徒，つまりあなたのパートナーの意見を聞くことである。

特に，生徒が自分のパソコンを持っている場合，あるいは，2人ないし3人で1台のパソコンを共有する場合，机やテーブルを馬蹄形に教室の三面の辺に沿って隣同士に並べるのが良い（図2.4）。そして，生徒は（多くの会議でのように）馬蹄形の外側に座るのではなく，その内側に座る。このような配置で，生徒は1人で，あるいはグループで，コンピュータの作業を行うが，彼らは壁やスクリーンに向かい合うことになる。教師は，教室の真ん中の，どのスクリーンで何が起こっているかを見る最良の位置に立つことで，どの生徒のところにもすぐに行って助けてやることができる。教師が討論を行う場合には，生徒は椅子を回転させて教室の真ん中を向き，教師と生徒同士が向かい合うかたちになることで，コンピュータに気が散るのを避けることができる。もしあなたが何らかの理由で「馬蹄の外側」に座る配置をとらざるを得ず，変えることが非常に難しい，あるいは不可能だと言われた場合は，あなたは部屋の真ん中からでもスクリーンを見ることができるように壁を鏡で覆うと非常に効果的である。そのために高価な壊れやすいガラスを使用する必要はない。反射するポリエステルフィルムのロールをメートル単位で安く買うことができるので，それを長い帯状に切って，簡単にテープで壁に留めることができる。

　また，あなたは配置をいろいろと組み合わせることもできる。この場合，2名，4名，6名あるいは8名の生徒が作業をしやすいような場所を作る。教室の残った部分は，馬蹄型の縮小版として配置できるだろう。そこをクラスの1/3あるいは半分が同時に使うことができる。この種の配置は，アジアの多くのゲームセンターで見ることができる。

PARTNERING TIP　　　　　　　　▸▸▸ パートナー方式のヒント

　配置換えに時間を取られすぎないために，あなたのクラスにできるだけ速やかに机の配置を変えるための練習をさせよう。配置換えの時間を計って，レースのピットでのタイヤ交換のクルーのように，生徒に素早く作業ができるようにさせよう。

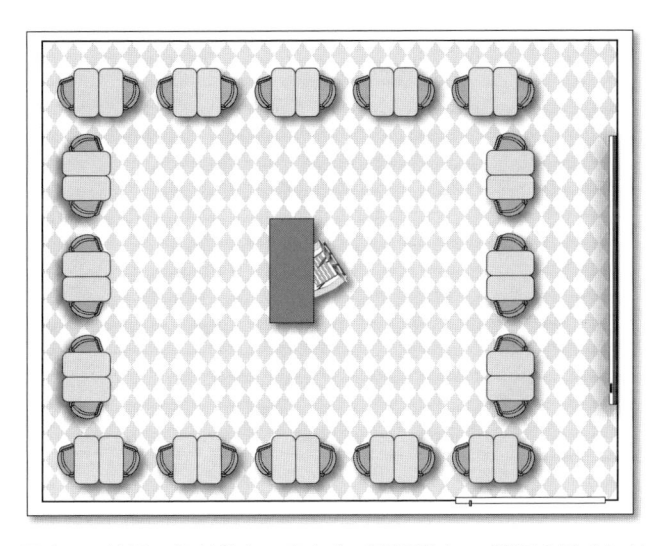

図 2.1 教師の机が教室の真ん中(意図的に,黒板の近くには置かない)。周りに生徒が個々にあるいはグループで取り囲むように配置

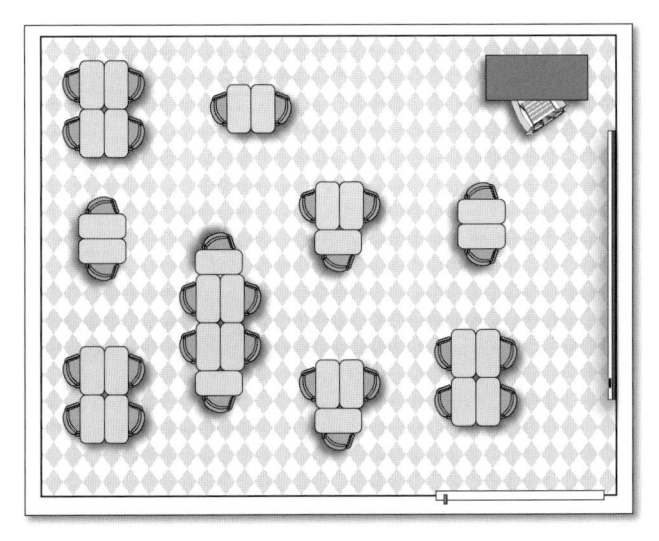

図 2.2 チームでの作業をしやすくするように,小さなグループ状に机を配置

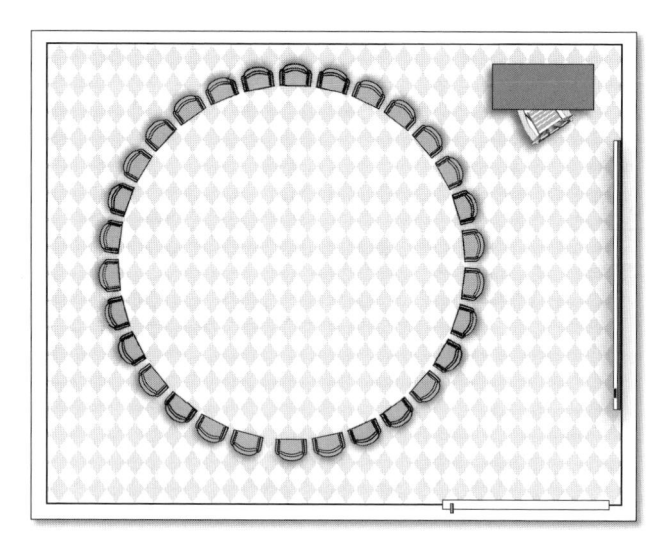

図2.3 討論をするために，椅子を円形に配置（ポジティブで公平な配置として，生徒からしばしば評価される）

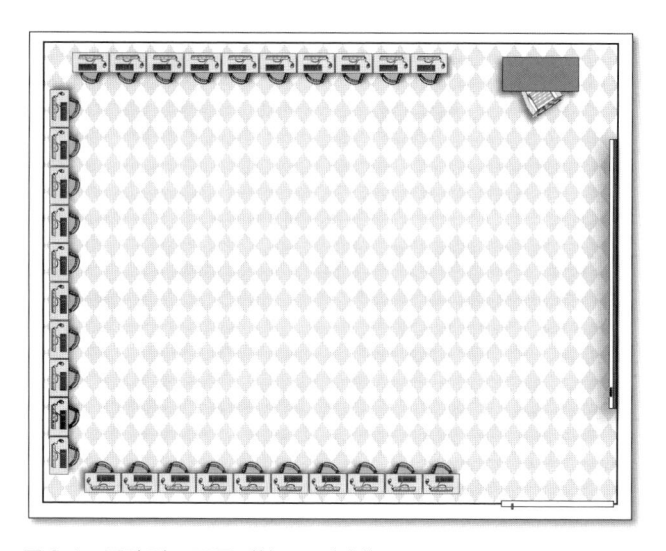

図2.4 馬蹄型の配置（椅子は内側）

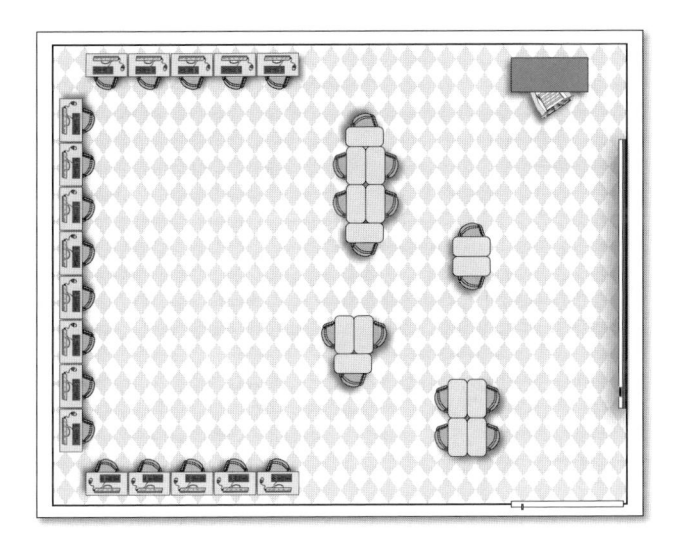

図2.5　混合配置：教室全体にいろいろな配置が混在

■ あなたのレベルに合ったパートナー方式を選ぶ

　たいていの物事でも同じではあるが，すべての生徒，すべての状況に合うようなオールマイティのパートナー方式はない。なぜなら，われわれが教鞭をとるアメリカ合衆国では，校区や学校は，能力，準備，動機，家庭環境やその他の要因が非常に異なる多様なクラスや生徒を扱っている。これらの生徒全員がパートナーになるためには，つまり，彼らが私たちのガイドを通して自分で自分を教えることができるような状況を，教師はいかにしてうまく設定することができるだろうか。

　パートナー方式をさまざまな状況にフィットさせる方法についてわかりやすく説明するために，パートナー方式の3つのヴァリエーション，あるいはレベルについて論じてみたい：基本的パートナー方式，ガイド式パートナー方式，（問題解決学習，プロジェクト学習，あるいは事例体験学習の）上級用パートナー方式の3つである。たいていの教師には，まず基本的パートナー方式から始めることをお勧めする。ガイド式パートナー方式は，一人で作業することや，

特定の課題をすることが困難な生徒に向いている。上級用パートナー方式は，教科書に沿ったカリキュラムから一歩踏み出して，もっと長期的で複雑な学習プロジェクトに手を広げることができるような教師，生徒用である。

　これらのパートナー方式のレベルを詳細に説明する前に，すべてのレベルに共通する一般的原則を紹介しておく：

1. パートナー方式のすべての行程は，計画を立てるところから評価に至るまで，できる限り，参加者としての生徒と一緒に行わなければならない。さもなければ教師と生徒はパートナー関係にはなりえない。この関係が構築されなければならない。クラスでの討論の場を設けたり，計画を練る際の補佐役となる生徒を任命したり，あるいはその両方を実行するなどして，パートナー方式のための体制を整える必要がある。
2. 大切なのは，パートナー方式の生徒を，自分たちが何をすることを求められているかについて，たとえ教師が何も言わなくても，つねに認識している，あるいは自分で見つけることができる状態に置いておくことである。これは，要求される課題や，提案された，もしくは課せられた活動，求められる明確なアウトプット，スケジュール等を掲示したり紙に印刷して配布したりすることなどによって実現することができる。これらの情報は，生徒の求めに応じて，オフラインもしくはオンラインでどこからでも提供可能でなければならない。

PARTNERING TIP　　　▸▸▸ パートナー方式のヒント

「何をしないといけないかわからない」という生徒に対する教師の最良の答えは，「私もわからない。＊＊＊をチェックしてみて」と答えることである。生徒はすぐに質問するのをやめて自分で見つけだすようになる。

基本的パートナー方式

　基本的なパートナー方式で一番簡単なのは，生徒にパートナー方式のための質問を投げかけ，一人ひとりにあるいはグループで作業するようにさせ，それ

に答えさせる。その後で討論し、まとめる。これはしばしば「探求学習」(inquiry-based learning) と呼ばれているものである。一つ例を挙げると、稲光やそれがなぜ起こるのかについて講義する代わりに、あなたは生徒に「なぜ稲光があるの？」と尋ねてみて、そして生徒に答えを見つけさせ、生徒自身に発表させるのである。

パートナー方式の教師がこれをするためには、従来の解説・説明中心の授業で教えられてきた教科内容を、一つないしはいくつかのセットからなるパートナー方式のための質問へと置き換えることである。それらの質問は、典型的には、一つないし二つの、オープンエンドの（つまり、決まった正解のない）ハイレベルな質問と、それに付随する詳細な質問からなる。たとえば、従来のコンマの使い方について教えていた授業をパートナー方式にするのであれば、「なぜ私たちは話すときに休むのか？」と問いかけた後に、「書いたときにこれをどうすれば表現することができるか？」と続けることになる。仮定法についての教科内容は、「起こるかもしれない、起こらないかもしれないことについてどのように話すのか？」と問いかけ、それに続いて、「これを英語でどのように表すのか？」や「文学から5つの例を見つけることができるか？」といった質問を投げかけるのである。

パートナー方式のための質問が適切かどうかの基本的な基準は単純だ。もし生徒が質問に正確に、知的に答えることができるなら、生徒は当該の質問の中身についてよく知っているということだ。パートナー方式のための質問は、正答や誤答が必ずしも設定されないので、私たちは概して、良く考え抜かれた、根拠に富む、つまり、＜知的な＞回答を求めることになる。もちろん、あなたは教師として、生徒の回答の質と正確さを正しく判断する裁判官である。決まった正答がないのだから、答えを丸暗記して繰り返すような能力に基づいて生徒を評価するようなことには決してならないのである。

PARTNERING TIP	▶▶▶パートナー方式のヒント
時々、特定のテーマに関しては、パートナー方式のための質問のいくつか、あるいは全部を生徒から引き出すのが理にかなっている場合がある。	

> たとえば，生徒に次のように尋ねることができる。「誰かの人生を調べるための，あるいは女性の参政権や市民権のような歴史的問題を調べるためのパートナー方式のための質問とはどんなものだろう？」生徒が自ら質問を作ることは，時として質問に答えるのと同じくらい価値のある経験となる。

　基本的パートナー方式のエッセンスとは，一定の時間の枠内で，パートナー方式のための質問を生徒に与え，彼らに答えを見つけさせ，発表させ，答えについて討論させることである。この時間の枠は，質問の内容に応じて，授業1回分でおさまることもあれば，もっと長くなる場合もある。プロジェクト学習（project-based learning）と問題解決学習（PBL：problem-based learning））を区別し，前者には数日しか使わず，後者には数週間あるいは数ヶ月を要するとしている教育者もいる。私は，この問題解決学習を上級用パートナー方式の一つに分類し，章の後半で詳細に述べることにする。

　パートナー方式のすべてのレベルにおいて，そこで問われる質問や課される課題は，パートナー方式のための質問を介してカリキュラム内容とつながっている。これらの質問を設定することに加えて，それに対する答えを見つける方法はすべて生徒に委ねられているという点も，基本的パートナー方式の特長である。生徒は，最先端のテクノロジーから図書館の本に至るまで，利用可能であればどのようなツールでも使って良い。

　質問に応じて，生徒は個人で作業したり，あるいはいろんな規模のグループで作業したりする。「あなたの家族の文化的遺産は何ですか？」のような質問に関しては個人的に調べるかもしれないが，他方，「文化とは何？」という質問に対しては，グループで調べることになるだろう。教師は，どのようなツールを使えば良いかとか，どのようなことを決める必要があるかといった事柄について，生徒に指導することができる。しかし，これらの指導はしばしば個人ないしは小さなグループに対してなされるのであって，クラス全体に向けてアナウンスされるものではない。教師はまた生徒のグループ構成を指定したり，グループを入れ替えたりすることもできる。あるいは生徒自身の好みや選択に

基づいてグループ決めをしても良いだろう。こちらは生徒が好むやり方である。

多様性を提供する

　教師が，基本的パートナー方式のやり方にのっとって毎日まったく同じことをやると，教師も生徒も当然飽きてくる。パートナー方式における教師の重要な役割の一つは，授業に面白い変化をつけることである。以下のようなやり方で多様となる。

- 学習する題材や分野，用いる言語に基づいて，物理的に離れた場所や教室にいる生徒（あるいは大人）を学習グループに加えてみる。
- 質問の答えを見つけるのに，生徒にいつも同じ方法やツールを使わずに多様なツールを使うことを試させ，使い方を覚えさせてみる。地理の質問だと，たとえば，地図帳から Google Earth, GPS に至るまでのさまざまなツールを使ってアプローチすることができる。
- クラス全体でのゲームやシミュレーションを通して，題材にアプローチする。
- 現実の問題に対して現実的解決方法を生徒に立案させる。
- 可能であれば，教室を出て実際に訪問したり，あるいは仮想で訪問したりしてみる。

結果を共有する

　基本的パートナー方式では，生徒は自分たちの発見を，自分が選択した方法やツール（テキスト，音声，アニメーション，マルチメディア，そしてゲーム・デザインなど）を用いて，教室の仲間や教師と共有することが勧められる。自分（たち）の発見や成果を発表したいと思う生徒やグループは多いかもしれないので，短く簡潔なプレゼンテーション（1，2分程度）が望ましい。簡潔で内容のあるプレゼンテーションを制作して発表する能力は，それ自体生徒にとって役に立つスキルであり，練習とともに上達する。

> **PARTNERING TIP** ▸▸▸ パートナー方式のヒント
>
> いわゆるエレベーター・プレゼンテーション（あなたが影響を及ぼしたい，あるいは説得したいと思っている重要な人物とエレベータの中で偶然乗り合わせたとする。あなたは1分間に何を言うだろうか？）は，ビジネスにおける重要なツールになっている。あなたの生徒のプレゼンテーションに1分間（あるいは最大2分間）の制限を設けてみると良い。このことによって生徒は，簡潔で，ポイントを押さえた，説得力のある内容を考えなくてはならなくなる。これらの規準に照らして，生徒や教師は，各自のプレゼンテーションがどの程度効果的なものであったかについて評定することができる。パートナー方式においては，生徒のプレゼンテーションはすべて，音声や，できればビデオで記録しておくほうが良い。これは生徒の仕事である。生徒や教師によって批評し合った後は，ポートフォリオや評価のために保存しておくべきである。

あなたの学校がどのようなものを標準的な学力として想定するかにもよるが，すべてのパートナー方式の生徒は，書くことも含めていくつかのプレゼンテーション・メディアを最低限使いこなせるようになることが求められる。

> **要チェック！1**
> 「国際教育工学協会」（The International Society for Technology in Education）の「全米教育工学能力基準」（National Educational Technology Standards）は，以下のサイトで入手可能。
> http://www.iste.org/AM/Template.cfm?Section=NETS

パートナー方式の授業では，そのための質問とその答えについて，また，生徒がどのように作業しているか，進捗具合はどうかについて，しばしば討論が行われる。できる限り頻繁にこれを行い，そこでの内容は，生徒が記録する必要がある。まず教師がやり方を示した後，生徒同士で互いに批評を行う場合もある。このやり方は，慣れてくるとうまくいくようになる。

基本的パートナー方式はどんなカリキュラムにも適用することができるが，そこではあなたの生徒が非常に自発的であることが求められる。あるいは，もしあなたがちょうどパートナー方式を採り入れようとしているのであれば，あ

なたの生徒は自発的になることを学ばなければならない。自らによる方向決定（self-direction）というのは生徒が学び修得すべき，すばらしいスキルである。

バックグランドが違っても，たいていの生徒は基本的パートナー方式をすることによって成長していく。私は，基本的パートナー方式が，公立学校や，私立学校，神学校，チャーター・スクールで採り入れられているのを見てきた。しかし，すべてのクラス，すべての生徒に対して有効なやり方というものはない（特に最初のうちは）。そこで，基本的パートナー方式以外のやり方が必要となる。検討に値する重要な選択肢の一つが，ガイド式パートナー方式と呼ぶものである。

> **要チェック！2**
> 生徒による批評のすばらしい事例は，以下を参照。
> http://tinyur1.com/yck7ewa

> **要チェック！3**
> ウェストヴァージニアで採り入れられているパートナー方式についての記事は，以下のサイトを参照。
> http://wvde.state.wv.us/news/1716

ガイド式パートナー方式

生徒が自由に自分のやり方を選ぶ。その自由さは基本的パートナー方式を特徴づけるものであるが，あらゆる状況において機能するわけではない。特に，パートナー方式を初めて実践するクラスでは，うまく事が運ばないことがある。たとえば，何人かの生徒は，独力で作業したり，グループ作業をしたり，調べ物をしたり，あるいは読んだりすることさえ難しいかもしれない。そんな生徒のために，基本的パートナー方式と同じアイデアと理想に基づくが，より方向づけられた，ガイド式パートナー方式のやり方がある。基本的パートナー方式と同様に，ガイド式パートナー方式もまた，パートナー方式のための質問で始まり，多かれ少なかれ生徒は一人で，もしくはグループで作業し，プレゼンテーションすることによって，これらの質問に答えることになる。ガイド式パートナー方式は，基本的パートナー方式とは違って，生徒が取り組む作業の選択肢がより整理整頓され，生徒が用いるプレゼンテーションの種類がより特定化

されているという点である。教育の専門用語で言うと，このパートナー方式のレベルは，足場作りがなされたパートナー方式（scaffolded partnering）と呼べるかもしれない。

> **要チェック！**
> Teaching Matters（www.teachingmatters.org）と類似のサービスを提供している他の団体としては，Buck Institute for Education（http://www.bie.org），New Media Consortium（http://www.nmc.org）

整理整頓された，あるいは足場作りがなされたガイド式パートナー方式は，落ちこぼれの恐れのある生徒を対象にしたプロジェクト学習や探求学習というかたちで，これまでに多くの教師によって行われている。ガイド式パートナー方式を実践する教師を支援する団体の一つに，Teaching Matters（www.teachingmatters.org）と呼ばれるニューヨーク市の組織がある。この組織は，パートナー方式のプロジェクトとしてパッケージ化された解決法を提供しており，その内容はさまざまな題材をカバーし，綿密に計画されたものとなっている。彼らの計画には，パートナー方式のための質問が含まれているだけでなく，これらの質問に答えるために生徒が行う活動に関する内容も含まれている。彼らはまた教師の役割についても言及している。市民権についてのパートナー方式のプロジェクト（http://rights.teachingmatters.org）を例にとってみよう。このプロジェクトは，まず生徒に「市民権」とは何か定義するように求めることから始まり，不公平の理解，行動を起こす方法，市民運動の描写，キャンペーンの創造へと進み，何かを変えることについて学んでいく。この事例の場合，特定の資料へのリンク先や，授業のスケジュール，行動計画といった情報が提供されることになる。

> **PARTNERING TIP　　▸▸▸パートナー方式のヒント**
> 　いくつかの地域や機関，またいくつかの州は，州が定めた教育カリキュラムに直接関連する，パートナー方式の入念な案を作成している。あなたの地域ではどうか，管理者に聞いてみよう。

上級用パートナー方式

　パートナー方式への3つ目のアプローチ（長期的に見ると生徒にとって一番役立つと思われる）は上級用パートナー方式である。たとえば，しばしばメデ

表2.1

学年／教科	質　　　問
就学前児童－1年生	どうやったら「オオカミから守れる」家を作れる？　誰がクッキーを盗んだの？　嵐の準備はどうすれば良い？　なぜカボチャは赤いの？　どうして歯でかまれると痛いの？　どうやったら良いペットの家が作れる？
2年生－3年生	白血病の人を助けるにはどうすれば良い？　博物館の展示でインディアン文化を一番うまく紹介するにはどうすれば良い？　環境を壊さないで地域から毛虫を退治するのを助けるにはどうすれば良い？　1万ドルの予算で一番良い運動場をデザインするにはどうすれば良い？
4年生－6年生	特別な家のための中庭を特別価格で作るにはどうすれば良い？　月面で行うバスケットボールのルールを作るにはどうすれば良い？　宇宙旅行の料金はどうやって計算する？　ランドマークを保存するか移転するかどうやって決める？
7年生－8年生	家庭の病気についてどうやったら学ぶことができ，どうやったら家族を助けることができる？　どうしたら，スポーツに関する既存のデータを使って，ベストのチームメンバーを選出することができる？　どうしたらもっと良い通貨をデザインできる？
高校　数学	どうすれば舗装のための材料を最小に抑えて道路が作れる？　どうすれば最小の材料でフェンスが作れる？
高校　英語	「～について成功するための本」の企画書の書き方は？　新製品のマーケティングのやり方は？
高校　科学	人体のさまざまな部分で内部から外部への通過や，人体内の移動を，どうすれば見ることができるだろうか？　離れたところから医学的な診断を下し，治療するのはどうすればできる？
高校　社会	国務長官として，大統領にある一連の行動をとるように勧めるにはどうすれば良い？

出典：Problem-Based Learning in K-8 classrooms, by Ann Lambros (Corwin); Problem-Based Learning in Middle and High School Classrooms, by Ann Lambros (Corwin).

ィカルスクールやビジネススクールで用いられる事例体験学習，プロジェクト学習，あるいは本書ですでに議論した問題解決学習（PBL）といったように，上級用パートナー方式のいくつかの例は聞いたことがあるかもしれない。これらは，基本的パートナー方式をより発展させた手法である。基本的パートナー方式との違いの一つは，上級用パートナー方式は標準的なカリキュラムや教科書のカリキュラムに含まれる多くの基本的内容が統合されたものであり，生徒はすべてにまたがる問題や事例を解決することを通じて長期的に学びを深めていくという点にある。ここでのPBLの事例やパートナー方式のための質問例を表2.1に示しておく。

　上述のようなケースや問題に基づく上級用パートナー方式は，論理的に展開された題材中心のカリキュラムというよりは，現実密着型学習である。これはしばしばメディカルスクールやビジネススクールで用いられている。そこでは生徒は，病気や問題を個々に学ぶというよりは，何かの病気や何かのビジネス上の課題について学ぶために，特定の症状の患者のケースや問題のある会社のケースを利用するのである。

　上級用パートナー方式の生徒が享受できる有利な点は，1回の授業では収まらない複雑な論点や問題に取り組んで，現実の場面に即した決定を下せることであり，これらを現実世界の現時点の問題として扱えることである（そのため，答えが初めから決まっておらず，授業を進めていくうちに，うまくいけば見つけられて使えるようになる情報も出てくる）。

　PBLは，アメリカ合衆国や他の国（たとえば，シンガポール）の多くの学校でポピュラーになっている。それについてはインターネットやハウツーものの本から豊富な情報が手に入る。それらには有用な質問が豊富であり，パートナー方式のための質問や関連資料が含まれている。

　PBLを採り入れるうえで一つ注意がある。それは，PBLが州や学校が定める学習の標準レベルとカリキュラムを満たしていることを保証するために，教師は生徒が取り組んでいるさまざまな問題がそれらを満たしているか

> **要チェック！**
> 「問題解決学習」をキーワードとしてオンライン検索をすると，最新の情報が得られる。

どうか，注意深く見続けていく必要があるという点である。また，PBL で扱う問題はいろいろな異なるカリキュラムの要素や基準を含むように注意深く作らないといけないので，それらは一人ひとりの生徒の現実的な問題や関心とすぐには結びつかない場合が生じる。教師はこの点について絶えずチェックしないといけない。

上級用パートナー方式の他のタイプ

多くのグループが独自のパートナー方式を提案している。たとえば，以下のようなものがある。

- プロセス指向型探求学習（process-oriented guided inquiry learning：POGIL）：化学一般，有機化学，物理化学向き。全米科学財団によって提供
- チャレンジ学習（challenge-based learning）（文化的アイデンティティ，無関心，戦争，食料・資源・エネルギーの持続的発展性などの題材を含む）：アップル社が提唱
- テクノロジーに基づくアクティブ・ラーニング（technology-enhanced active learning：TEAL）：物理学入門。マサチューセッツ工科大学により開発。
- クエスト型学習（quest-based learning）：ニューヨーク市が開発した，「クエスト型学習」学校のための実験的プログラム

ここで，アップル社が提唱するチャレンジ学習は，アップル社の説明によれば，「切実な問題について学び，現実的な解決策を提案し行動を起こすために，教師と生徒が共同で学習する体験」とされている。この内容は，私たちがこの場で議論していることに非常に近いという点を指摘しておきたい

> **要チェック！**
> 上述のようなパートナー方式についての事例および情報に関しては以下を参照。
> http://new.pogil.org
> http://www.nmc.org/pdf/Challenge-Based-Learning.pdf
> http://icampus.mit.edu/projects/TEAL.shtml
> http://www.q2l.org

（原注13）。これらのパートナー方式のヴァリエーションはすべて考慮し導入するに値するものであり，あなたの学校や校区，州がこれらの一つに投資している場合はぜひそうする価値がある。

> **PARTNERING TIP** ▸▸▸ パートナー方式のヒント
>
> あなたの州のWebサイトをチェックして，州の学習基準に基づいて作成された既成のPBLの例などを探してみよう。可能なら，そのリストにあなたの取り組みを加えてもらおう。

　ここまでさまざまなパートナー方式のタイプを取り上げてきたが，それらを区別する主要な点は，生徒に対する指導や足場作りの程度とパートナー方式のための質問の範囲にある。後者が決まれば，1回の授業や実践に費やす時間も決まってくる。パートナー方式のための質問は，その日の授業で答えられるもの（「なぜ雨は降るの？」）から，1学期をかけて答えを探すようなもの（「世界の天候を予測する最良の方法は？」）まで広範囲に及ぶ。

　既成の検証済みの事例を利用するのは，パートナー方式を始める良い方法ではあるが，成功するパートナー方式のための料理本はない。結局のところは，自分と自分の生徒に最も合ういくつかのソースを組み合わせながら，自分自身のパートナー方式のやり方をカスタマイズし完全なものにしていくことになるのである。

■ テクノロジーとパートナー方式

動詞スキルと名詞ツール

　どのようなパートナー方式のレベル，タイプ，ブランドを選ぶとしても，あなたの生徒はパートナー方式のための質問の答えを探すために，いくつかのディジタルテクノロジーを使用することになるであろう。ディジタルテクノロジーは，パートナー方式の教授法という21世紀のルネッサンスの背景にある偉大な促進剤である。あなたの教室でどのようなレベルのテクノロジーが使える

かによらず（たとえそれをまったく用いないとしても），パートナー方式をやることは可能であるが，生徒が使えるテクノロジーが多ければ多いほど，パートナー方式もたいていうまくいくといって良い。生徒にあなたの教室で使えるテクノロジーを最大限利用させることが，パートナー方式では求められる。しかし，2つの重要な問いがここで生じてくる。

1. あなたは，利用可能なディジタルテクノロジーをどのように用いながら（もしくは使用せずに），パートナー方式に取り組んでいくのか？
2. あなたが教えようとすることを越えない範囲でうまくディジタルテクノロジーを使うにはどうすれば良いのか？

この2つの問いに答える最良の方法は，学習のための「動詞スキル」と「名詞ツール」を考えることである。

動詞スキルとは，生徒が学び，実践し，マスターしなければならないものである。これらは，私たちがこれまで授業を通して身につけて欲しいと思ってきたすべてのことを含む。教師はどんな教科を教える場合でも，生徒が批判的に考え，論理的に発表ができるようになり，コミュニケーションがとれ，意思決定ができ，自分に厳しく，内容と文脈が理解でき，誰かを説得できるといったような動詞スキルを上達させて欲しいと思っている。動詞スキルはある意味で学習の基礎をなすものであり，教授法とはそもそも動詞スキルに関わるもの，すなわち，生徒が必要とする教科特有のおよび一般的なスキルを身につけさせる方法のことなのである。

特に注意しなければならない重要なことは，学習に重要な動詞スキルというのは，時代が変わっても変わるものではないということ，変わるとしてもほんの少しだけだということである。

これに対して名詞ツールは，生徒が何かを学び実践する，つまり動詞スキルのためのツールである。名詞ツールには，本やエッセイのような伝統的ツールから，インターネットのようなもっと21世紀的なツールまで含まれる。一般的に名詞ツールとは，コンピュータやパワーポイント，ウィキペディア等々，人々が一般に連想するディジタルテクノロジーである。名詞ツールにはハード

ウェアもソフトウェアも含まれ，あなたの生徒が実際に利用するツールである。教室でのデジタルテクノロジーの使用について書かれた本の多くは，ポッドキャストやWiki，あるいはブログなど，まず現在利用可能な特定のツール，つまり名詞ツールの紹介から始まり，いろんな教科を教える際にどのようにしてそれらのツールを用いれば良いかについて説明しているものが多い。しかし，名詞ツールは目的を達成するための手段の一つに過ぎない。

　動詞スキルの学習とは違って，名詞ツールは次第に頻繁に変化するものになってきている。

　たとえば，パワーポイントはプレゼンテーションする（動詞スキル）ためのツール（名詞ツール）である。しかしパワーポイントは，私たちの生徒が生きている間に，Flash（第7章，44参照）や他のもっと良いプレゼンテーションツールに置き換わりそうである（すでに置き換わっているケースも多い）。EメールはコミュニケーションツールでAる。しかし，それは多くの生徒の間では，すでに携帯メールやさらにはツィッターに置き換わってしまっている。（「Eメールは年寄りのものだ」と多くの生徒は言う。）ウィキペディアは学習のツールだ。しかし，YouTubeやより高度な検索のようなツールに取って代わられようとしている。

PARTNERING TIP ▸▸▸ **パートナー方式のヒント**

　動詞スキルと名詞ツールというコンセプトについて生徒と討論しよう。生徒がそれらの違いを理解し，どこに焦点を当てるべきかを認識していること，つまり，動詞スキルに焦点が向いていることを確認しよう。

　年度や学期の始めに，生徒がクラスや研究室で使うことのできる名詞ツール（ハードウェア，ソフト，インターネットを含む）を調べて一覧表を作らせよう。次に，そのリストを，たとえば壁に掲示するなどして公表し，誰でも簡単に参照できるようにしよう。他のツールも，使えるようになった時点でそのリストに追加していこう。それからどの名詞ツールがどんな動詞スキルに役に立つか，リストにして生徒と一緒に討論しよう。

　パートナー方式の生徒がパートナー方式のための質問に答える際に，そ

> こで取り上げられる動詞スキルに応じて使用する名詞ツールを選ぶことになる。1学期あるいは1年間のコースの間に，すべての生徒がすべてのツールを使えるようにしよう。

動詞スキルから始めよう！

　パートナー方式の教授法に取り組み，学習プロセスを促す際に，生徒の学習がディジタルテクノロジーに振り回されてしまうのを避けるために，名詞ツールでなく，動詞スキルに焦点を合わせよう。解説・説明が中心の教育からパートナー方式の教育へと転換を図ろうとしている教師にとっては，個々の名詞ツールにこだわりすぎるよりも，生徒が教科内容を学習することのできるようなさまざまな動詞スキルについて考えることから始めるほうがはるかに良い結果につながる。生徒に習得して欲しい動詞スキル，すなわち，ほとんどの教育者（そして，教育分野以外の雇用者のような人たち）が生徒に知っておいて欲しいと思うスキルは，たくさんある。現代の教育では，動詞スキルは私たちが教える教科内容と一体になっている。
　動詞スキルに焦点を当てることの大きな利点は，そうすることによって，教師は「なぜこれを学ばないといけないの？」という生徒がたびたびする質問に答えるのが非常に楽になることである。生徒が口にする「これ」は，授業で扱う題材や内容の一部を指している場合が典型的である。しかし，もしあなたが，すぐに使うことができる，あるいは将来必要になるスキルを自分たちは実践し勉強しているんだということを生徒に示せれば，彼らはもっと聞く耳を持つようになるだろう。

学習のための「動詞スキル」とそれに関連する「名詞ツール」

　私たちが必要とし，生徒が学んでほしい「動詞スキル」は50近くある。それに，生徒がパートナー方式の取り組みの中で利用することのできる名詞ツールは100を越える（表2.2参照）。注意しなければならないのは，これらの動詞スキルのすべてが，ディジタルテクノロジーが登場するずっと前から存在しているということである。もう一つ注意する点は，どの動詞スキルにも，それ

を学習し実践するのを助けるツールやテクノロジーがたくさんあるということである。効果的なパートナー方式の指示を計画するためには，特定のどのようなテクノロジーやツール（つまり，名詞ツール）を使うべきかを急いで見つけだそうとするより，生徒が取り組む課題に適した動詞スキルをリストから選び，生徒が一緒に学ぶグループを編成し，動詞スキルと教科内容とテクノロジーがうまく融合した授業を目指すことに焦点を当てるべきである。

　リストをながめるとき，あなたが教えようとする事柄に一番役立つと思われる動詞スキルはどれだろうかと考えてみてほしい。どれを選ぶかによって，パートナー方式におけるパートナー，つまり，生徒と教師の役割が決まるのである。

　おそらく，すべての名詞ツールをすべての生徒が使えるとは限らない。「あなたの学校やクラスで，どんなテクノロジーでも使える（使えない）としたら，どのようにパートナー方式に取り組むか？」と質問されたら，その答えは，まず動詞スキルを考えることから始めて，何でも良いのでそのときクラスや学校で使える名詞ツールを使って取り組ませてみるということになる。

■ パートナー方式と必修カリキュラム

　すべての教師が従わなければならない必修のカリキュラムを教えるのに，パートナー方式が使えるか否か？　よく尋ねられるこの質問に対する答えは，もちろんイエスである。パートナー方式の教授法は，カリキュラムに何ら変更を加えないで採り入れることができる。なぜなら，あなたがどんな教授法を用いようとも，生徒が答えなければならない質問と，生徒がマスターしなければならないスキルの中身は，変わらないからである。その変わらないものこそが，われわれが生徒に課すべき質問なのである。教師が権利章典について説明しようが，生徒自身がそのことについて学習しようが，その文書がどういう内容なのか，なぜ重要なのか，どの点がアメリカ合衆国憲法のいろんな修正条項と関係しているのか，そしてより高いレベルでは，これらの点に関連する論拠をどのようにして分析するか，これらの点について生徒が学ぶ必要があることには変わりがないのである。

表2.2　動詞スキルと関連する名詞ツール（訳注6）

情報を探索し操作する動詞スキル

分析する：表計算ソフト，テキスト分析，構文解析ツール，スペリング・文法チェッカー，特徴分析，因子分析，最適フィッティング，統計，批評
調査する：サーチエンジン，ハイパーリンク
読む：インターネット，オンライン・リーダー，音声・テキスト変換ツール，高速逐次視覚提示（RSVP），ケータイ小説，グラフィックノベル
検索する，発見する：サーチエンジン，リーディング・ツール，RSVP，スピードアップツール，マッピングツール，Really Simple Syndication（RSS），リストサーブ
検証する：リサーチツール，事実確認調査員
視聴する：ポッドキャスト，YouTube，Big Think，TEDトーク，ビデオサーチエンジン，オーディオ・ビデオクリップのスピードアップツール，音声・テキスト変換ツール

効果的に考えるための動詞スキル

計算する：電卓，携帯電話，表計算ソフト，プログラミングツール
比較する：比較ツール，人工知能ツール
決定する（意思決定する）：意思決定支援ツール，ゲーム，質問の自動生成ツール，比較の自動生成ツール
倫理的な問いかけをする：シナリオ，ケーススタディ，ビデオ
評価する：ロジックツール，買い物のための比較サイト，評価ツール，自己評価ツール，ルーブリック
実験する：データ収集ツール，ディジタルカメラ，プローブ，バーチャルラボ，シミュレーター
モデル化する・モデルを使う：3Dプリンター，シミュレーター，表計算ソフト
観察する：ディジタルカメラ，ビデオカメラ，ゲーム
予測する：シミュレーター，予測ツール，シナリオ
問題を解決する：決定木，科学的方法，データ分析
熟考する：書く活動，事後の検討会，報告会，Wiki，ブログ，Intuition
ソクラテス的問答法：ロジックツリー，質問自動生成ツール，人工知能ツール
批判的に考える：アウトラインツール，ブレインストーミングツール，Intuition
論理的に考える：アウトラインツール

コミュニケーションとプレゼンテーションのための動詞スキル

簡潔に報告する：パワーポイント，Flash，マルチメディア，ビデオ，ポッドキャスト
協同する：コラボレーションツール，Googleドキュメント，テレビ会議ツール

コミュニケーションとプレゼンテーションのための動詞スキル
組み合わせる：マッシュアップ，ビデオ編集ツール，マルチメディア制作ツール
つなげる：ソーシャルネットワーキングツール，系譜作成ツール，ロジックツール，携帯電話
協力する：Wiki，ブログ，ゲーム，コラボレーションツール
討論する：リサーチツール，オンライン・ディベート・ツール，ブログ，YouTube，交渉ツール
対話する：Eメール，ショートメール，ブログ，携帯電話，Wiki，YouTube
自分の意見を表明する：デザインツール，CADツール，ディジタルカメラ，ビデオ，批評，Eメール
聴く：ポッドキャスト，ビデオ，Skype
交渉する：交渉ツール，リサーチツール，歴史的ビデオ
ネットワークを作る：インターネット，SNS，携帯電話
共有する：リストサーブ，YouTube，スペシャル・インタレスト・ブログ，携帯電話
書く：アウトラインツール，スクリプトライティングツール，辞書と類語集（シソーラス），ブログ，ゲーム

構成し創造するための動詞スキル
適応する：モッド（mods），ハードウェアモッド，「ソフト」モッド
組み合わせる：マッシュアップ，マルチメディアツール
競争する：ゲーム，コンテスト，競争
デザインする：ブレインストーミングツール，デザインツール
模倣する：暗記ツール，ビデオ，ポッドキャスト，録音図書，演劇，スピーチ，TEDトーク，Big Think
導入する：プロトタイピングツール，イテレーション（反復）
作る：ライティングツール，ビデオ，プログラミングツール，マシニマ，グラフィック，ゲーム制作ツール，ゲームモディングツール，CADツール
モデル化して試す：構成主義者ツール（constructivist tools），製図用具，ブレインストーミングツール，ディジタル知育玩具
パーソナライズする：インターフェースツール，多重知能ツール
計画する：プロジェクトプランニングツール，アウトラインツール
プログラミングする：ゲーム制作ツール，ロボティクス，プログラミング言語
慎重に危険を冒す：ゲーム，シミュレーション
シミュレーションする：シミュレーション，ゲーム，ロールプレイングツール

パートナー方式の教授法と従来のやり方の唯一の違いは，生徒がこれらの質問やスキルを学ぶ方法である。パートナー方式では，まず問いかけから始まり，生徒は，仲間や教師の支援を受けながら，自分で答えを見つけスキルを学んでいく。(これは教科書中心の授業の進行とは逆の順序である。)

　パートナー方式の教授法とカリキュラムは，パートナー方式のための質問と動詞スキルへの焦点化の2点によって橋渡しされる。この2つが一緒になることで，生徒に明確な学習目標を提示できるのである。生徒が学習目標を明確に知っていれば，生徒は各自のやり方でこれらの目標に到達することがずっとやりやすくなる。生徒は，次のようなことをしばしば私に言う。「どこに私たちを連れて行きたいのかを教えてくれるだけで良い。後は自分たちでそこに行かせてほしい。」これらカリキュラムとパートナー方式との重要な結びつきについては，第5章でもっと詳細に述べることにする。

結合を確実にすることができるようになる

　どんな教授法においても，生徒の取り組みとそこでの学習内容を結びつけることは，自動的に成立することではないし，当然のことと思ってもいけない。もちろん自分でそれらの関連性を見つけることができる生徒も多くいるだろうが，生徒の活動と学習内容の関連性を指摘し，それを確かなものとするのは，やはり教師の仕事である。したがって，パートナー方式の教授法を授業カリキュラムと結びつけるうえでの教師の仕事は，パートナー方式のための質問に対する生徒の答えを，討論やプレゼンテーション，ブログへの書き込み，その他の方法を用いて，何度も繰り返しレビューすることであり，生徒（一人ひとりでもグループでも）が見いだした答えの質や正確さ，そして答えが導かれた文

表2.3　解説・説明が中心の方式　vs.　パートナー方式

解説・説明が中心の教授法	パートナー方式の教授法
達成目標 講義 ワークシート 試験	パートナー方式のための質問 動詞スキル 名詞ツール フィードバック／反復

脈についてフィードバックを与えることである。
　パートナー方式の教師はまた，折に触れて，学習の背景にあるスキルを（再度）強調しておくべきである。表 2.3 では，従来の説明中心のアプローチと，新しいパートナー方式のアプローチを，いくつかの側面に沿って比較対照している。

パートナー方式の教授法と教科内容を結びつける際の生徒の役割

　忘れてならないのは，生徒もまた，生徒が行うパートナー方式の取り組みとカリキュラムあるいは教科内容を結びつける役割を担っているということである。以下の点が，この結びつける際に生徒が演じなければならない特別な役割である。

1．生徒は自分を「パートナー方式のプロ」と考える必要がある。つまり，自分が勉強しているどの教科においても，重要な問いは何かということに気がつき，この問いに答えることが，プロとしての生徒の仕事である。
2．生徒は，この質問に自分らしいやり方で答え，しかるべき時には協同し，他の生徒が理解するような答えを見つけだし，自分で自分が誇りに思える作品を作ることができる一人の生徒とみなす必要がある。
3．生徒は，取り組みの一部として，かつ，教科内容との関連において学習し実践している動詞スキルを意識し，要求される幅広いスキルを上達できるように，個々のスキルに一生懸命取り組まなくてはならない。

　パートナー方式の教授法を教科内容や学習に結びつけるために，先生と生徒が，討論や実践を通して，自らの役割を十分に自覚していれば，そしてその役割を継続的かつ効果的にこなしていけば，より多くの，より効果的な学習が，私たちの教室で実現するのである。

> **PARTNERING TIP** ▸▸▸ パートナー方式のヒント
>
> 上述のプロセスにおける生徒とあなたの役割を，クラス全体で考える時間を取って欲しい。そうすることで各々がやるべきことが明確になり，結果も伴うだろう。

■ パートナー方式への最初の（あるいは次の）ステップ

　パートナー方式とは，あなたのような教師とあなたの生徒との間に新しい関係を構築することであるといえるだろう。あなたがパートナー方式に向けて最初のステップを踏み出すとき，あなたがこれから何をやろうとしているかについて，またなぜそれをやろうとしているのかについて，まず生徒と話すことから始めるのが良い。あなたがまずやろうとしていることについて生徒と相談することによって，あなたと生徒の関係を，伝統的なトップダウンの関係から対等のパートナー関係へと，たちまちにして変えることができる。

　このようなことを一度もやったことのない教師にとって，黒板の前に立って生徒を指導するという伝統的なポジションを離れるのはしばしば怖いものである。バンジージャンプでは，ロープが堅く結ばれており，あなたは底知れぬ穴に落ちるのではないということが保証されていることで，安心してジャンプできる。これと同様に，パートナー方式への転換に成功した教師と話す，パートナー方式の取り組みの成功例が紹介されているビデオを見る，パートナー方式が行われているクラスを訪ねるなどの準備をしておくと，安心してパートナー方式の導入へと踏み切れるだろう。

　しかし，あなたの生徒もまた，教師と生徒の新しい関係に慣れて受け入れなければならないということを忘れてはいけない。生徒も最初は懐疑的であり，あなたが本気で取り組もうとしているとはなかなか信じてもらえないかもしれない。教授法に関して自分たちがどのような意見を持っているか，どういう学び方が好きか，あるいはそもそもどんなことを学びたいのかといったことを，生徒が教師から尋ねられることなどめったにない。だから，生徒の考えを知りたいと教師が切実に訴えかけながら，実際にそのようにされると，生徒はポジ

ティブな反応を示す。2人で何か新しいことを始める際，最初はぎこちなくても，一度そこを乗り越えることができれば，後は往々にして上手く事が運ぶものである。

　最近，ある学校の生徒に，以下の3つのうちのどの授業に参加したいかを選ばせてみた。
（1）伝統的なインストラクター主導型の授業
（2）小グループで，ビデオによる解説とパワーポイントのハンドアウトを見て作業する授業
（3）個人で，ビデオによる解説とパワーポイントのハンドアウトを見て作業する授業

驚くことではないが，誰一人として，インストラクター主導型の授業を選ばなかった。

ゆっくり始めよう

　最初の授業からいきなりパートナー方式を導入することも可能ではあるが（この方がエキサイティングで好ましいと思う教師もいるかもしれないが），多くの教師は少し時間をかけてパートナー方式を採り入れていった方が良いと思うようだ。「どうすれば私たちの学校を良くすることができる？」とか「どうすれば私たちのコミュニティを良くすることができる？」といったようなパートナー方式のプロジェクトを立ち上げることから始めてみると良いかもしれない。学校として，あるいは校区全体として，このような取り組みを実践している地区もある。あるいは，まず1つか2つの単元か，あるいは1つか2つのクラスで，基本的なパートナー方式を試してみるのも良いだろう。すなわち，生徒にパートナー方式の質問を提示し，動詞スキルに注目させ，生徒には自分で答えを見つけさせ，クラス全体で答えを精査する，といったことを実践してみるのである。まず，ある1つの単元もしくはクラスでやってみて，そこでの反省点をもとに，次の単元やクラスでの実践内容を改良していけば良い。

　あなたはまた，たとえば，先述のTeaching Mattersのサイト（本書 p.62）で紹介されているような事例のように，より指導的で，より構成された，あるいは足場作りがなされたパートナー方式のレベルから始めることもできる。あ

るいは，PBL を扱った書籍や Web サイトで見つかる事例を参考にして，PBL プロジェクトをやってみることもできる。また，ちょうど教えたばかりの授業の内容を，パートナー方式のための質問に変えるという作業を生徒と試みても良いかもしれない。そうすることで，生徒はあなたがこれからやろうとしていることがわかる。同様にして，次の授業の内容もパートナー方式のための質問に変えてみよう。そして，あなたが生徒に解説・説明するのではなく，生徒が自分で答えを見つけられるように，生徒を導いてあげよう。

大事なことは，どこからでも良いので，まず取り組んでみることである。そして，最初の結果がどうであれ，決してあきらめないことである。

初心者向けのパートナー方式の教授法のコツ

- この本を最後まで読む。Web 2.0 と PBL について書かれた他の本にも目を通してみてほしい。
- パートナー方式に取り組んでいる他の人を見つけて話そう。
- まず始めてみるために，どれかの授業（あるいはプロジェクト）をピックアップしよう。
- パートナー方式のための質問と評価のためのルーブリックを作成しよう。
- あなたが何をやろうとしているのかについて，生徒と話し合い，そこからヒントを得よう。
- そこでは，どんな名詞ツールが使用可能か，生徒と話し合って決めてみよう。
- 1日から3日程度，まずはやってみよう。パートナー方式のための質問を配り，あなたがコーチ役を務めながら，生徒に自分で学習させ，発表させよう。
- 結果について討論し，評価してみよう。
- 反復しよう。
- ギブアップしないこと。

その他の障壁を克服する

　もしあなたがパートナー方式の初心者なら，最も重要なステップとは，従来の教え方を止めて，違うやり方に沿ってスタートするということだろう。その際，管理職からサポートしてもらい，勇気づけてもらい，あなたが望む必要な援助やアドバイスをもらえれば理想的である。そうしなければならないし，多くのケースで実際にそのような状況になりつつある。しかし，いつもそのようになるとは限らない。

　一旦あなたがパートナー方式に取り組むと決めたなら，その強い意思こそがこの問題を解決するのを助けてくれる。なぜなら，パートナー方式こそが生徒に最も利益をもたらす教授法なのであり，それゆえに，あなたの行く手を塞ぐいかなる外的な障害（あるいは，言い訳）も許してはならないからである。十分なテクノロジーがない。それだったら，今あるものから始めなさい。学習の責任を生徒自身に負わせると生徒が大変だろう。それだったら，まずは徐々に始めてみて，そしてパートナー方式の利点を生徒に発見させなさい。次に何をすべきかわからない。それだったら，誰かに助けを求めなさい。保護者や他にも反対している人がいる。それだったら，こっそりとやりなさい。残念なことに，もしあなたが誰かがぶらりとやってきて背中を押してくれるのを待っているのなら，絶対スタートすることはできない。

　あなたが教え方を改善しようとするのを誰も禁止することはできない。多くのパートナー方式の活動も，元々はそのやり方がうまくいくと考えた一人の教師から始まったのだ。もしあなたが成功すれば，パートナー方式はすぐに周囲に広まるだろう。

　パートナー方式は，個人的であれ，グループに向けてであれ，生徒に対してつねに問いかけ，生徒と話しをすることにつきるということを忘れないでほしい。このことはいくら強調してもし足りないくらい重要であるし，教師にとってし過ぎるということはない。次の章では，あなたが生徒と話しておくべきいくつかのこと，特に，生徒一人ひとりの情熱について考える。

3

クラスより生徒一人ひとりについて，学習内容より彼らの情熱について考えよう

> **考えてみよう**
>
> 1. 生徒一人ひとりがどのようなことに情熱を傾けているかを知ることはなぜ重要なのだろうか？
> 2. この情報を用いて学習の差異化を図るにはどうしたら良いだろうか？
> 3. 生徒と教師がパートナーの役割を実行し，新たな習慣を身に着けるにはどうしたら良いだろうか？
>
> *Guiding Questions*

　教育される側の観点から考えてだが，教育において究極的に重要なのは，標準化された試験の点数でも授業の内容でもカリキュラムでもない。真に重要なのは一人ひとりの生徒である。その一人ひとり（すなわち，私たちの生徒）は，自分がその能力の限界まで成長できるようにするために必要なことを学んでいるだろうか。

　確かに，私たちが成績評価をするときなどは生徒一人ひとりを相手に仕事をする。しかし，教えるということについては，生徒は一人ひとり違っているのだと考えるよりも，クラス単位で考えるむきがある。これは，一般的にそうした方が望ましいとか，またはその必要があると思われるようなさまざまな理由

からである。実際に，教育や学習に関する専門書の多くは，クラスにおける（つまりグループでの）教育や学習に関するものがほとんどである。私たちは20～40人で構成されたグループの中で生徒について考えることに慣れすぎているため，生徒というのは一人ひとりの人間であり，それぞれが情熱や関心，満足させたい要求を持っているということを忘れてしまうことが多い。残念なことではあるが，教師がそのことを忘れてしまうと，子どもたちはこれに気づいてしまうものである。最悪の場合，生徒は，自分たちは教師から名前を覚えてもらえず，個性のない「サランラップキッズ」（すなわち，生徒は教師にとってサランラップのように透明な存在である）とみなされたり，「良い子」，「怠ける子」といったありきたりな型に分類されていると報告したりする。

これほどクラスごと，学校ごと，または国ごとの試験の点数を集計し，比較することに注目が高まっているなか，私たちは実際にどの程度生徒一人ひとりについて知っているだろうか。生徒のことばを借りれば，それはとても十分とは言えない，ということになる。

通常，生徒は，自分のクラスがどうなっているのかなどにはまったく関心がないものだ。関心があるのは自分自身がどうなっているのかである。これは理解に難くない。あなた自身が授業を受けていた頃を想像してほしい。クラス全体の平均点や，それが昨年に比べてどの程度上がったかなどに，どれだけ関心があっただろうか。あなたの関心は，自分がどれほど学習できているかということと，自分の望んでいることが充足されているかということに絞られている。この点では，現代の生徒と過去に学生だった私たちに違いはまったくない。ただし大きな違いが一つある。それは，こんにちの生徒は，日々の生活領域の大部分を，たとえば，音楽，コンピューターゲームやその他のテクノロジーなどに個人として接してきているので，個人のニーズが満たされないことに対する忍耐力が大人に比べて低いことである。

学校の外では，若者は一人ひとりの個性が尊重されることを願い，また，それぞれが個性を発揮する手段を有している。衣類，靴，音楽，映画，ビデオ，携帯電話などを扱う企業は，一人ひとりの子どもたちがそれぞれの個性を発揮できるようにと，さまざまなスタイルやモデル（とはいっても，流行のファッション様式に限定されることが多いのだが）を提供している。生徒は，学校の

外ではそのようにそれぞれ個別に扱われることを望んでいるのだから，学校の中でも彼らを別個の人格をもった人間としてみなす必要があるし，指導に関しても個別的に行われなければならない。

もちろん個別指導ということばは，今や重要な教育の専門用語である。だが，それぞれ個人としての生徒に接し，同時に動機づけを行うための最適な方法については，さほど広く議論されていない。その方法とは，私たちの生徒の情熱，つまり彼らが心から関心を抱くものを通して得られる。つまり，パートナー方式においては，生徒の情熱こそが彼らを授業に積極的に参加させ，目標の達成度を上げる鍵となるのである。

■ 生徒の関心と情熱を学べ

あなたが受け持つすべての生徒一人ひとりが，あなたと同じく，主要な関心や情熱を持っている。それらの情熱は，自然やスポーツ，読書，音楽，自動車，歴史，医療，宇宙探索など，非常に多様で，予測不可能だ。自分の情熱の対象が何か，生徒自身がわかっていないということもあるかもしれない。また，情熱を向ける対象を複数持っている生徒も多い。

生徒一人ひとりの情熱が何であるかを表面的にではなく，深く本質的な部分において知ることは，パートナー方式の教師にとって非常に重要である。なぜなら，生徒の心に響き，彼らの人生に役立ち，さらに学びたいと思わせるような個別化された学習を教師が作る際に道筋となり，その道筋を示す標識となるのは他ならぬ生徒の情熱だからである。

こんにちでは，「情熱に基づく学習」(passion-based learning)（原注14）という新しい専門用語が普及している。

生徒一人ひとりの情熱を見つけよう

生徒の情熱が何に向けられているかを発見するための唯一の確かな方法は，彼ら一人ひとりに対して個別に質問していくことである。可能な時であればいつでも，そして少なくとも一学期に一度かもしくはそれ以上，彼らの情熱について質問してみることをお勧めする。もし，学習者が「情熱とは何ですか」と

返答したなら，以下のようなすばらしい定義を提案することができる。「あなたの情熱の対象とは，あなたが誰にも邪魔されずに自由に使える時間をそれに費やしたいと思っているもののことだよ」と。

　私は最近，個人向けの調査用電子機器や「クリッカー」(第7章,21参照)を用いて，200人の教師と校長に以下の質問をした。その質問とは，「何%の教師が，生徒一人ひとりの情熱を理解しているか」というものだ。1/4は，「10%以下」と回答した。また，半数以上の教師は「20%以下」と答え，「40%以下」と回答したものは全体の3/4に上った。全体のうち，わずかに2人だけが「70%以上」と答え，「90%以上」と回答した者は一人もいなかった。

　ある教師が，次のように述べていたことを思い出す。「私は，教育に情熱を注ぐことに対して非常に多くのエネルギーを費やしています。生徒が同じように情熱を持っているということに私は気がついていませんでした。なぜ，私が時々ある話題について話したときに，何人かの生徒が突然顔を上げて話を聞きはじめるのか，今になって理解しました」と。

　多くの生徒は何かに情熱を持っており，それが何に向けられているのかと聞かれると簡単に教えてくれるが，その一方で，情熱を傾ける対象がわからないか，もしくは明確に表現できない生徒もいる。まだ何に情熱を持てるのかを発見できていないのかもしれない。そのような生徒には，それはそれで良いのだと自信を持たせてあげてほしい。しかし，何に情熱を持っているのかを発見し，それを考え続けることがいかに肝心であるかを教えることもまた重要だ。なぜなら，何かに情熱を持ち，それを追求することは，生徒の人生の成功における重要な鍵となるからだ。他の子どもたちが情熱について話しているのを聞かせるだけでも，まだそれを見つけられていない生徒が情熱の対象を見つけることに役立つ場合もあるため，同じような関心や情熱を持つ生徒同士で，互いの情熱の対象について考えさせ，話し合わせるのも良いだろう。

PARTNERING TIP	▸▸▸ パートナー方式のヒント

> 初回の授業の日に，私たちと生徒が互いに自己紹介をする際，生徒一人ひとりにどのようなことに関心を持っているか，または，どのようなことに情熱を持っているかを尋ねてみよう。これを書き留めて，その内容を真剣に受け止めてみよう。そうすることによって，生徒が夢中になっていることを通して生徒一人ひとりに近づき，必要なときには，共通の関心に合わせて生徒をグループ分けする方法を計画できる。夢中になることを見いだせない生徒には，さまざまなグループに試しに入らせて自分の関心事を探してみるように励ますのも良い。

　生徒の情熱を知り，それを用いることは，生徒だけでなく，教師であるあなた自身にも役立つということを忘れないでほしい。生徒は，自分がどのようなことに情熱を持っているのかを教師に把握してほしいと思っている。そうすることで，自分たちがどのような人物であるかを少し知ってもらえるからである。私たち教師が生徒の関心を把握し，授業で教える教科の内容だけでなく生徒の関心にも注意を払っているということに気づいている生徒は，やりたくないことに対してもやる気を出すことがある。同時に，生徒の情熱を知ることは，私たち教師が最も優秀なコーチかつガイド役となるのにも役立つのである。

毎日の指導を個別的に実施するために生徒の情熱を生かす

　生徒の情熱を知ろうとするもう一つの理由は，生徒一人ひとりの情熱を生かして，指導を生徒ごとに個別的に（すなわち差異化）することができるということだ。一般的に生徒は，半分以上の授業のうち，半分以上の時間で退屈しているという報告を聞いて驚く人はほとんどいないだろう。生徒は退屈を感じている時間に，おそらく自分の関心のあることについて考えているのだろうから，生徒一人ひとりの関心を授業の内容と関連づけることができれば，それに越したことはない。彼らの情熱を知ることは，そのような関連づけをするうえで最も役に立つツールとなる。

　では，生徒の情熱を知ることが，どのように生徒一人ひとりに合った指導の助けとなるだろうか。第一に，各生徒のことを個別に，つまり私たちのパート

ナーである一人の人間として考えるための動機づけとなりうる。私たちは毎日，本質的には生徒一人ひとりとともに仕事をしていると考えて良い。プロとして学習に携わる仕事である。プロの法律事務所やコンサルタント事務所の場合とまったく同じで，社員（生徒）は各自の行うべき仕事を行っているが，事務所（教師）の眼は方略全体へも向けられていなければならない。授業も同じである。生徒は仕事上のパートナーであるのだから，当然仕事をどうすべきかについて意見を述べることができる。また，生徒も人間である。一人ひとりの調子の良い日も悪い日もあるだろうが，仕事を達成する限り，私たち教師は仕事のパートナーとしての生徒には敬意を払わなければならない。また，生徒は一人ひとり異なっている。生徒一人ひとりの仕事と学習は，個々人の好みや情熱，好き嫌いというフィルターを通した結果である。

　第二に，生徒一人ひとりの情熱を知ることにより，教師は，生徒の関心が多くの教師が想像するよりもはるかに広範囲にわたることを認識できる。私たちは生徒の関心を生かして，学習にさらに多くの多様性をもたらすことができる。

　最後に，生徒一人ひとりの情熱を知ることによって，生徒が持つさまざまな関心やその関心を持つに至った道筋やリソースに合わせてパートナー方式のための質問（あるいはより具体的な質問）を作成することができる。

生徒から学べ

　生徒が情熱を持つ話題はたくさんある。その一つがテクノロジーである。そして生徒のほうが教師よりもそれらの話題について多くのことを知っているかもしれない。このことは，私たちの脅威としてではなく，むしろ良いこととして捉えたら良い。なぜならば，パートナー方式の教授法においては，私たちは教師であると同時に生徒でもあるからだ。こんにちの生徒は，単に知識を得るだけでなく，自分が知っていることを，教師を含めた他の人と共有することを望んでおり必要としている。ある生徒はこう言っている。「先生がやりたいことを生徒にやらせようとするなら，私たちにも好きなことをさせてほしい」。

　生徒の方が教師よりも上手にできることを理解し，それを指導の向上に生かそうとするのは，パートナー方式の重要な一部である。生徒の方が得意なこと

(テクノロジーの使用，同級生への指導，関心のある方向へ進ませることなど)を生徒に自由にさせることにより，教師はその仕事から解放され，余った時間でこれまでなら忙しくてできなかったような仕事ができ，より優れた教師になることができるのだ。実際に，生徒に「あなたの関心は何？」と尋ね，彼らの関心を発見するだけで，授業の初日から大きく前進することができるのである。

> **PARTNERING TIP** ▸▸▸ パートナー方式のヒント
>
> オンラインであれオフラインであれ，どちらでも良いが，生徒一人ひとりの情熱に気づいたら，生徒に接近するためのアイデアとともに記録しておこう。それらの記録を，たとえばWikiなどを使って同僚と共有してみよう。他の教師が生徒の関心を生かす方法についてどういう提案をしているか，インターネットで検索してみよう。少数の教師のグループだけであっても，時間をかければ膨大なリストを構築できるだろうが，世界中で得られた経験を用いることでより良い結果を生み出せる。ツィッターはそのようなことをするための一つの有用な手段である（第7章を参照）。あなたも他の教師の動向に目を配ったら良い。

反復が鍵

デザイナーにしろ，マーケティング担当者にしろ，ゲーム制作者にしろ，顧客と良好な関係を持っているプロフェッショナルはすべて，一つの製品や広告やゲームをいったん設計したら，あとはそれを繰り返し，永久的に用い続けることができるとは考えていないものだ。たとえ，最初のときには信じられないほど成功したとしても，それを永遠に使い続けることはできない。教師として，私たちは成功した他の業種のプロがしていること以上のことをする必要がある。それは反復である。ここで言う反復とは，何かを設計したら，それを実際に試してみて，それがどのように働くかを確かめ，そしてうまく働かない部分が出たらそれを即座に変えるということである。教師の場合，「即座に」というのは，次の授業までにということを意味する。私たちは，生徒がさまざまなものに対して情熱を抱き，関心のレベルもまたさまざまであることを知っているわけであるから，当然異なったことを試してみて，指導を頻繁に変えてみたくな

るはずである。そして生徒も私たちがまさにそうすることを望んでいる。

　生徒の情熱に基づいた反復的なアプローチを採ることで，私たち教師は多くの新しいやり方で生徒に接近することができるようになる。たとえば，教室で騒いでいる生徒がいたとしよう。その生徒に気をつけなさいと注意する代わりに次のように言うこともできるのだ。「テイラー，君は先生が教えていることに興味がないと思っているかもしれないね。でも，先生は君が何に関心をもち，情熱を抱いているか，知っていますよ。私たちが今話していることが，君の関心や情熱とどのようにかかわるのか考えてみようよ。駄目？だったらちょっとヒントをあげる。君はこの授業の題材と結びつけることができる何かを見たことがある？　みんなの中で，それを見たことがある人はどのくらいいる？　なるほど。じゃあ，みんなはその結びつきって何だと思う？」

> **PARTNERING TIP　　　▸▸▸パートナー方式のヒント**
>
> 　あるコースである箇所を複数回教えることがあるだろうか。もしそうであれば，2回目の授業では同じことをしないこと，そして次のクラスのためにこの授業をどのように改善できるかを，授業が終わるごとに生徒に聞くことにしよう！
> 　すべての授業について少なくともその一部を，教えることについての実験の場にしてみよう。生徒に，この授業は実験です，授業に対する反応を聞きたいと，生徒に伝えよう。授業の後，実験がどうだったか，率直に意見を述べてもらおう。「こういう授業は嫌いだ」という反応は，「こういう授業が好きだ」という反応と同等に貴重である。TVゲームの業界では，テストプレーヤーがある部分について「ムカつく」というような意見を出した時には，その原因となる部分は即座に取り除かれることになる。

フィードバックを定期的に

　反復を実現するためには，生徒にとって何が効果的で，何がそうでないのかを継続的に見つけだし，効果的でないものは即座に中止してやり方を変えなければならない。これをするには，定期的にフィードバックを求めることになる。
　仮に，あなたが受け持つのが20～40人の教室ではなく，テイラー一人だっ

たとしよう。そのときあなたは何をし，どのように指導したら良いのか，想像してみてほしい。つまり，あなた自身がテイラーの家庭教師になった場合を想像するのである。教室での振る舞いと比較して，どんなふうに振る舞えば良いだろう。おそらく，あなたがほぼ確実に行うことの一つは，その生徒が思ったり，感じたりしていることについて，あなたと彼との間で定期的にフィードバックを行うことだろう。そうすれば，授業をうまく導くのに役立つ。たとえば授業で何かがうまくいっていない時に授業のやり方を変えたりするのに役立つし，生徒が退屈せず，いつも楽しく作業や学習をしていることを確かめるのにも役立つ。

　これと同様のことを 20〜40 人の教室で行うとしたら，どのようにしたら良いだろう。一部の教師は，定期的に「生徒の体温を測る」ことを推奨している。それを行うのにはいくつもの方法がある。一つの方法は，裏表がそれぞれ赤色と緑色になったカードを配ることである。教師は好きな時に，生徒に「体温チェック」をしますと言う。そして，生徒が授業に引きつけられている場合は緑色の側を，退屈している場合は赤色の側を向けさせる。そうすることで，カードの色から教室がどんな状態か，どの生徒に注意が必要かを知ることができる。このようなカードは，必要に応じて，クラス全体から二極型の質問の返答を得る際にも有効なテクニックである。これと同じことをテクノロジーを使ってやるとしたら，クリッカーを使うことができる（または，携帯電話をクリッカーとして用いる方法［www.polleverywhere.com を参照］）や，携帯メールそのもので代用することもできる）。

　生徒には，E メール，携帯メール，クラスのブログへの投稿などによるフィードバックを促している教師が多い。また生徒に個別に返信する教師も多い。教師の中には，ツイッターのやり取りをリアルタイムに表示する仕組みを立ちあげ，それを電子黒板やスクリーン上でクラス全員に見せている者もいる。生徒は秒単位で授業への反応を投稿することができる。

> **PARTNERING TIP** ▸▸▸ パートナー方式のヒント
>
> 必ず，クラスの生徒から直接フィードバックを受けるための手段を確立しよう。フィードバックは，「体温チェック」，Eメール，携帯メール，クラス内の投票を通して得られるし，比較的頻繁に実施するなら，アンケート方式でも良いだろう。もしくは，「この題材・プロジェクト・学期で何をどのように学習し，どのように指導を受けたいのかについて考えがあれば何でも，机上の携帯のこの電話番号にメッセージを送りなさい」という指示をつけて教室を去るのも良いだろう。
>
> フィードバックを得るのに，学期や年度の最後まで待ってはいけない。それまで待つとフィードバックは，生徒にとって無意味になるからだ。パートナー方式の教師として，私たちは授業で行っていることを定期的に反復し，向上させる必要がある。そのためにはリアルタイムでのフィードバックを行う必要がある。

もちろん，日単位，さらには分単位で生徒からフィードバックを得るとするならば，最初のうちは教師には図太い神経が必要となるかもしれない。そうしたフィードバックに常時さらされるとなれば，私たちはみんな，教師としていらいらさせられるだろう。同様に，生徒の行動や学習状況に対して批評しフィードバックを行うのであれば，生徒の神経についても同じように考慮しなければならない。ここで，生徒からフィードバックを受けることは，生徒から評価されることと同じではないと理解することが重要である。パートナー方式ではフィードバックとは，むしろ生徒に対する指導力を向上させることに通じる道なのである。

ひとたび教師と生徒の間に，双方向的に誠実なフィードバックを行い，コミュニケーションを取り合う流れができれば，生徒の関心は高まり，指導と学習はほとんど例外なく向上する。そのことは，私がこれまで話してきた教師，教頭，校長の大多数が報告してくれている。もっと言えば，生徒が何を考えているかを知ることで，指導が向上するだけでなく，よりやりやすくなることに気づいている教師は多い。

> **PARTNERING TIP** ▸▸▸ パートナー方式のヒント
>
> もしあなたが，生徒からの批判に特に敏感だとするなら，建設的なフィードバックを得るのに良い方法がある。生徒に次のように言うことである。「この授業と同じことを再度（明日，次の学期または来年）ほかの生徒たちに教える予定です。その生徒のためにこの授業を改善するなら，どこを改善したほうが良いですか？」

効果的に相互にフィードバックを行う過程で，さらにもう一つの重要な教育の機会が得られる。それは，特に否定的なフィードバックや意見をする場合に，どのようにすれば適切で効果的に行えるかを生徒に学んでもらう絶好の機会となる。今の時代，信じられないほど攻撃的なフィードバックが公共のWebサイトや論壇に投稿される。しかも大人がそのような投稿をすることが多い。このような時代においては，生徒がこのスキルを習得することは非常に価値がある。

■ パートナーの役割を実行する

パートナー方式は，人生における多くの事柄と同じである。パートナー方式を学ぶためには，ただそれについて語るだけではできない。さまざまな役割を実行し，また試してみることに時間を割かなければならない。パートナー方式は，医師になるための実習と良く似ている。大半の医療系の学生は，介護する立場，患者を診る立場，患者と家族に説明を行う立場，生死を見極め宣告する立場など，多様な役割の立場に苦もなく自分自身を置くことができるように実習を十分に行っている。同様に，教師と生徒は，パートナー方式の教授法での新しい役割に適応するために，時間をかけて何度も実践しなければならない。

教師の役割を実行する
コーチとして

　コーチは，非常にパワフルな役割を担う。偉大なスポーツのコーチは，そのチームや社会から，偉大な教師と同様に，時にはそれ以上に認められ敬われている（実際には，偉大なコーチは偉大な教師でもあるので，「教師以上に」とはならないのだが）。なぜ，偉大なコーチはそれほどまでに敬われるのだろうか。この理由は，単にそのコーチが指導するチームや選手が勝つからということにとどまらない。コーチされる者を，スポーツの選手ばかりでなく人間としても向上させることもまた一般的に認められた役割であるためだ。

　パートナー方式でいうところのコーチとは，チーム全体が勝つことを目標とするサッカーのコーチというよりも，個人が勝つことを目標とするテニス，ゴルフ，陸上競技のコーチに近い。「皆さんに算数を教えます」と言うのと「算数を通して皆さんをコーチします」と生徒に言うのとでは，どのような違いがあるか考えてほしい。「コーチします」と言った場合の方が，一人ひとり助けに来たように感じられるだろう。そしてこれは，学習がうまくいくためにはコーチとコーチされる側の両者に等しく責任が課されることを意味する。

　一つ考えておかなければならないことは，従来の授業であれば，教師が教えても生徒が聞かないということがありえるのに対して，コーチの場合は生徒自身が何かをしなければコーチの指導自体が成立しないということである。一般的に，コーチの指導とは，フィードバックと動機づけに大きく依存するものであり，説明による指導はほとんどない。それゆえ，コーチとしての役割を果たすことは，より個別的で対人的な方法で生徒に接近し，生徒一人ひとりが自分の興味を見つけだして追求することを確実に手助けすることを意味する。

　コーチの役割に徹するための方法として，私がうまくいくのを見てきた方法が一つある。学校におけるすべての教師や管理職が，互いに呼び合うときも，生徒から呼ばれるときも，名前ではなく「コーチ」と呼ばれるようにすることである。人を名前ではなく役割で呼ぶと（私たちがいつも「大統領」とか「議長」などと呼ぶように），その人の役割と，その役割が持つ権力を強調することになる。コーチの仕事とは，そのコーチをする相手一人ひとりが成功するよう助けることである。教えるというのは，この目的を達成するための手段なの

である。

> **PARTNERING TIP** ▸▸▸ パートナー方式のヒント
>
> 　パートナー方式の教師が担うどんな役割でも同じだが，もしコーチの役割というものがあなたにとって未経験であり，コーチ役を担うことにしっくりこない場合でも，まずは試しに演じてみることはできるはずである。
> 　計画中のことを，細かく生徒と討論することから始めてみよう。あなたが新しい役割につくことにより，生徒の目にあなたがどう違って映るか，そしてあなたと生徒がどのようにパートナー関係を築いていけば良いか聞いてみよう。生徒がこれまで他にどのようなコーチやガイドを受けてきたか，それは良かったのか悪かったのか，そしてどういう点で良かったり悪かったりしたのか尋ねてみよう。生徒が教師にどのようにフィードバックを行えば良いか，生徒も何か役割を持つことができないか，聞いてみよう。その次に，一定の時間や日時，あるいはグループを設定して，その役割を試してみよう。その結果，どんなふうになったかを必ず報告してもらうこと。仮にすべてが望んだとおりに行かなくてもがっかりしてはならない。反復によって次回に改善できるからだ。

ガイドとして

　ガイドもまた，強力な役割である。字義通りにも比喩的にも，教師は生徒を学習の荒野を通って理解へと導く者である。しかし，ガイドはいらないと思っているグループや個人をガイドすることは非常に困難であるのは大半の人が知っていることである。これは勝手気ままな猫の群れを引率しているようなものだ。一方で，もしある場所に行きたいと強く思っているときは，すぐれたガイドがいることは並はずれて心強い。そうであれば，ガイドの役割とは，動機づけを行うというよりは，すでに動機を持った人を助けることであると言える。
　ガイドの役割を務めるためには，生徒自身がガイドを必要としており，喜んで手引きを受けたいという意志を持っていることが，コーチの役割を務める場合よりもずっと求められる。この理由から，あなたが生徒の情熱のありかを理解した時に，最も効果的にガイドの役割を担うことができる。もし生徒を案内

しようとしている場所が，（教育に関する文脈において）生徒自身も行きたいと思っている場所であるならば，生徒があなたについてくる可能性はずっと大きくなるだろう。たとえば，生徒に代数を教える際，生徒の情熱が音楽にあることを知っていれば，歌もうまく釣り合ったいくつかの部分から作られた方程式であると考えさせると良い。国語を教える場合であれば，彼らが興味を抱いている領域について読み書きを行い，またそれに関連するようなWebサイトを見つけて投稿するよう勧めることができる。生徒が何にも熱心に取り組まず，もしくは何に熱心に取り組んでいるのかわからない場合は，その生徒にまず自分で選んだいくつかの領域から10の驚いたことを見つけるように提案し，そうして熱心に取り組めることを探させることもできる。

指導のエキスパート

　指導のエキスパートであるというのは，パートナー方式の教師の役割の中で最もおなじみのものである。もちろんドリルを使ったり解説・説明するということもあるが，パートナー方式の教師が伝統的なスキルのすべてをつぎ込むものがあるとすれば，この役割においてである。この役割を担うには，あなた自身をパートナーであるとみなし，学習を効果的で魅力的なものにするために知識や想像力，独創性のすべてを発揮しなければならない。

　生徒は教科書を用いた紋切り型の授業を望んでいるわけではない。望ましいのは，パートナー方式の枠組みでの独創的なアプローチである。その中には教える内容を現在の出来事と結びつけるアプローチが考えられる（たとえば，「スペースシャトルが今日飛び立ちました。8人からなるクルーを作り，それぞれのメンバーに得意分野をあてがったうえで，それぞれの役割に従って調査しながら，クルー全員で以下の質問に答えてみなさい」）。他には生徒が興味を抱いていることと結びつけることもできるだろう（たとえば，「アメリカ合衆国（または世界）で，最もすぐれたデザインのスポーツスタジアムはどれですか。どうしてそれが一番なのですか」）。さらに，生徒の身近な出来事に結びつけるアプローチもある（たとえば，「学校の駐車場を改修するとして，収容できる自動車の台数を10％増やし，かつ安全のために必要な空きスペースを保持するにはどうすれば良いですか」）。

指導のエキスパートという役割は，大半の経験豊かな教師にとって最もほっとする役割だろうが，パートナー方式の教師はこの役割で済ますことはできず，コーチやガイドのような他の役割とのバランスを保つことが重要である。また指導のエキスパートの役割が以下の5つであることを知っておくのも良い。

(1) デザイナー
　こんにちの生徒は，それまでになかった新鮮なものをできる限り，多くの場合ほとんど毎日求めている。パートナー方式の教授法の枠組みにおいてこの多様性を提供するのは，デザイナーとしての教師の仕事である。教師は題材と関連したパートナー方式のための質問を投げかけた後，その解答を導くように，読書，オンライン検索，映像の検索，ゲームのデザインといった多様な活動を提供したり示唆したりできる。デザイナーという仕事は，パートナー方式において最も創造的な仕事の一部であり，教師自身の関心や視点からだけでなく，生徒の多様な関心や視点から新しい事柄にアプローチするのに役立つ。たとえば，「数学，科学，国語，社会の観点からみて，良い歌とはどんな要素を含んでいるのか，考えなさい。皆さんも良い歌が作れますか？」という質問は，どのクラスであっても音楽好きの生徒の関心を引きつけるだろう。
　パートナー方式の教授法を導入するために助けが欲しいとか必要だと感じたりするかもしれない。しかし，たいていどの学校にも，すでに何年にもわたってこのタイプの「パートナー方式のための学習デザイン」に取り組んできた教師がいるのである。それは，美術や技術の教師である。つい最近，一度ベテランの技術科教師と話をしたことがある。彼は，自分の重要で，そしてやりがいのある仕事をこんなふうに説明してくれた。それは，生徒に学んでほしいと思っているスキルのすべてを一体的に組み入れながらも，課題の達成方法やスキルの習得方法の点では生徒一人ひとりの違いに十分に目を配ったプロジェクトを出すというものだった。パートナー方式においては，これはすべての教師の仕事であり，私たちはこういった役割で経験豊かな同僚に助けを求めることができる。
　美術の教師からも，解説・説明に一方的に頼らず指導するやり方において助言をもらうことができる。美術教師は，授業のほとんどが講義形式でなく，し

かも大半とまでは言えないが、多くの場合、私たちが考える意味で最も熟練したパートナー方式の教師である。美術教師は通常、どの色の組み合わせがよく合うか合わないかということを生徒に理解させたい場合、その良し悪しについて話して聞かせたり記憶させたりすることにはあまり時間をかけない。美術教師が簡単なガイダンスの後で真っ先にするのは、生徒自身にサンプルを作らせ、それを他の生徒や教師に評価させることである。

(2) 質問者

「人の判断は、彼がどのような答えをするかではなく、どのような質問をするかによってするように」とはヴォルテールの至言である。教師の解説・説明を避けるための最適な方法は、たぶん、できる限り巧みな方法で質問することだろう。教師が習得し実践できる質問の技法はたくさんある。それは、選択回答形式の問題を避ける方法から、「どうすれば生徒は宿題に時間をかけるようになるか？」「それはなぜか？」といったソクラテス流の（思考を促す）内容の質問に至るまで実に幅広い。

またパートナー方式の教師は、クリッカーを使うにしても色分けされた解答用紙を使うにしても、すべての生徒が質問に答えるように気をつけてほしい。「答えられる人、手を挙げて」という生徒の自発性に訴える方法はやめてほしい。これでは生徒の多くが答えなくて済んでしまうからだ。さらに上手に質問する力を向上させるために、生徒と教師がパートナーとなって、質問のルーブリックを作成し、教師の質問と生徒の質問の両方を評価し合うことでより良い質問作りを目指すこともできる。このやり方では、作成した質問を次のような観点から評価することになるだろう。「その質問は答えが限られていませんか？」「その質問は質問された人に深く考えさせて総合的に判断させるものになっていますか？」「答えを正しく導く複雑な理解を要する質問となっていますか？」「質問された人が自分の立場を考え直すような質問となっていますか？」「『これは良い質問ですね』と言わせるような質問となっていますか？」

> **PARTNERING TIP** ▸▸▸ パートナー方式のヒント
>
> すぐに答えが返ってくるような質問ではなく，むしろ「良い質問だ！」と言わせるような質問を，できる限りたくさんしてみよう（私たちはしばしば「良い質問だ」と言うが，どんな時にそう言うのか考えてみると良い）。

(3) 文脈の設定

　パートナー方式では，生徒が自分自身で質問に答えることになる。その際，なかには情報や事実や結論の背景として不可欠な，より大きな構図，すなわち文脈を見落とす生徒も出てくるかもしれない。たとえば，広島と長崎の恐ろしい破壊は，第二次世界大戦という文脈で考える必要がある。遺伝に関する研究であれば，健康と医学という文脈で見なければならない。ある種の意思決定については，西洋の，あるいはその他の文化とモラルという文脈で捉える必要がある。こうした意味での文脈を，解説・説明とは違ったさまざまな方法で適切に提供することが，パートナー方式の教師にとって重要な役割となる。そして，このような文脈には教師も含まれるのである。というのも，著作権や知的財産権といった題材についての考え方は日々変化進展していくわけだが，教師は，そうしたいわば今日の文脈と明日の文脈に敏感に反応しながら，その文脈について生徒と討論することになるからである。この観点で面白い質問は，「盗作やカンニングは，インターネット，マッシュアップやその他の新しいテクノロジーの文脈において再定義されるべきか否か。それはなぜか。そしてもし再定義されるとすれば，どのようにか？」といったものかもしれない。

(4) 厳格さの表示

　ここでの厳格さとは，それ以下では許容できないという基準線を設定することを意味する。教師がこの役割を果たすということは，生徒に「基準以下」という烙印を押すことではない。生徒一人ひとりに課題を何度も反復させ，やり直させることで，どの生徒にも基準にどんどん近づくようにさせることである。パートナー方式による利点の一つは，基準線の上の生徒と下の生徒の間でのや

りとりをいっそう深めることである。課題達成が基準線の上か下かを生徒が自分で評価できるようになることが重要なのだ。その助けとなるのは、目標に達しているかどうかという観点から評価しうる事例を生徒にたくさん示すことである。そうしたうえで今度は、生徒が自分自身で基準に達しているかそうでないのかの事例を見つけだしてきて、そしてその理由を説明させることである。

(5) 品質保証人

品質保証人の役割とは、生徒の学習を評価し批評することだ。これはしばしば時間のかかる役割であるが、パートナー方式を採る場合、生徒と役割を共有することによって必要となる時間は減らせる。インターネット上では、生徒はすでに、芸術作品からブログの投稿、本へのコメントに至るまでありとあらゆる作品にコメントしたり星印でランク付けしたりしている。生徒には仲間同士で協力して評価をしてもらい、あなたはその結果を見るだけで良い。もし誰かにインターネット上にツールを設定してもらえば、オンラインでできる。この方法の活用例としては、すべての生徒に自分の成果をランク付けとコメントを許可しているブログに投稿してもらえば良い。仲間同士によるランク付けのWebサイトとしては、amazonのブックレビューやSlashdotを参照のこと。

PARTNERING TIP　　　　　▸▸▸パートナー方式のヒント

パートナー方式において教師がどのようにいろいろな役割を果たすか、またどんなふうに生徒と協働するか、考えてみよう。生徒が目標に達するのにどの役割が最も役立つだろうか。短期と長期では違った答えが出るだろうか。それぞれの役割のうちどの程度まで生徒と共有できるだろうか。

生徒の役割を実行する

調査員

情報の発見、評価、統合、発信に関わる調査員の役割は、できるだけ頻繁に生徒に実行させたほうが良い。生徒がしばしばもしくは継続的にインターネットにアクセスできなくても、教師と生徒の両者がこの役割を真剣に考えること

が重要である。調査員の役割は，生徒がインターネットにアクセスできることを必要条件としていないことに注意。アクセスできれば，役割の実行がより容易になるというだけだ。

　生徒が実際に調査員になろうとしているなら，実際に目的にかなった調査を生徒にさせることが重要である。生徒が自分の役割は新進のプロの調査員になることだと自覚し，かつその調査は実際に重要（たとえば，ブログやオンラインの出版物のように公開するためや，チームやクラス内でのコンサルティングのためにその調査が用いられる）だと思うのであれば，単に教師のために仕方なく役割をこなしている生徒とは振る舞いが大きく異なるだろう。生徒が食物の遺伝子組み換えや発展途上国における疾病や移民政策などの話題に関した映像をYouTube，SchoolTube，TeacherTubeなどに投稿すると，彼らの真剣な調査結果は，世界中のすべての人々によって視聴され，評価され，コメントを残してもらえる。そして重要なことに，その視聴者には生徒の親も含まれるのである。

> **PARTNERING TIP**　　　▸▸▸パートナー方式のヒント
>
> 　生徒の多くは，たとえば調査員が実際にいる専門的な職業であるということを知らないかもしれない。だから，直接であれインターネットを通してであれ，実際のプロの調査員に自身の仕事についての講演を依頼することは，パートナー方式の生徒に実に役に立つだろう。プロの調査員としては，図書館員をはじめとしてジャーナリストや事実確認調査員（訳注7）に至るまで多くの職業がある。その人たちに依頼して，生徒に話をしてもらうことができる。生徒が彼らに質問してみたいと思うような事柄を，授業を進めながら集めてみると良い。

　調査には，当然何が真であり何が真でないかの判断が含まれる。これは真実の発見とか事実確認と呼ばれることがあり，長年にわたってインターネット界の権威者であるハワード・ラインゴールド（Howard Rheingold）が「でたらめ探知」（crap detection）と名づけていることでもある（「でたらめ探知」という名称は，ヘミングウェイからの引用による。ヘミングウェイは「すべての

人間には，体内に自動でたらめ探知機が備わっている」と言った）。それを何と呼ぶにしても，事実と偽りとを区別できるようにするのは生徒にとって習得すべき重要なスキルだ。ラインゴールドは授業で使ったすべての教材と文献をネットに載せており，私たちは自由に利用できる。

> **要チェック！**
> ラインゴールドの「でたらめ探知 (crap detection)」の文献は http://www.sfgate.com/cgi-bin/blogs/rheingold/detail?blogid=108&entry_id=42805 を参照。

生徒にウィキペディアの使用を禁止することよりも，ウィキペディアの情報を生徒に事実確認させることの方がより効果的だ。またパートナー方式においては普通のことではあるが，情報と事実確認の問題が何かをことばで説明するよりも，生徒にそのような問題をリストアップするように言い，必要ならば教師がそのリストの不備を補い，その後彼らにリストに挙げられた問題点の具体例を見つけさせる方がはるかに効果的である。

テクノロジーのエキスパート

受け持ちのクラスに，テクノロジーのエキスパートでない生徒は，少なくとも初めはいるだろう。しかし，そうだとしても，テクノロジーのエキスパートとなって授業で使うことは，パートナー方式の生徒全員が担うべき役割である。生徒にこの役割を実行してもらうための最適の方法は，教師が生徒にすべてのテクノロジーを使わせ，生徒同士で学ばせ合うことであって，決して教師が生徒に代わって指導することではない。

私たちの生徒は，ディジタル時代に生まれており，定義上はディジタルネイティヴである。だからと言って，生徒がすでにコンピュータや他のテクノロジーに関してあらゆることを教わったり，全員が自分自身で学習してきているわけではない。生徒がテクノロジーのエキスパートの役割を果たし上達するためには，学習の遅れている生徒が仲間から学び，そして追いつけるように，教師はできる限り生徒同士で知識や技能を共有して学び合うようにする必要がある。

生徒にテクノロジーに触れさせ，それを使った課題を与えるためには，まず生徒がその使い方を学び習得するのを待たなければならないと考えるのは，大

きな誤りだ。むしろ，生徒が共同で作業し，互いに教え合い，そして教師に教えることによって習熟させたほうがずっと良い。実際，自分があるソフトウェアに習熟するまで何週間も待ってから課題を生徒に与えた教師がいたが，結果としては，その教師が想定したソフトウェアを用いて当の課題に取り組もうと考えた生徒は一人もいなかったというエピソードもある。

> **PARTNERING TIP** ▸▸▸ パートナー方式のヒント
>
> テクノロジーについての生徒の知識や理解度が，あなたが必要と考える水準に到達していない場合，ショートクラスの時間を授業中に設けてみてはどうだろうか。その時間中に，その水準に到達している学生が到達していない学生に教えるのである。このとき，教える側の生徒には，すべての学生が習熟したと確実にいえるまでフォローアップするように責任を持たせること。

思考する人

　パートナー方式の生徒は，自分の仕事が，情報を単に受動的に聞いたり見つけたり受け取ったりすることにあるのではなく，むしろ批判的，論理的，創造的に，つまり能動的に考えることであることを知り，継続的にそれを思い起こさなければならない。生徒が思考する人の役割を実行するのを教師が手助けする方法としては，優れた思考ができ討論できる質問を与えるというやり方がある。良い（あるいは悪い）思考の例をできる限りたくさん生徒に示した方が良い。ある学校や教師の中には，ブレインストーミングやマインドマッピング（訳注8），エドワード・デ・ボノ（Edward de Bono）の"六つの思考の帽子"（原注15，訳注9）のように問題解決と思考のツールや技法からなるさまざまな「思考の工具箱」を提供し，生徒に練習させ習熟させている。パートナー方式の教師は，NPRのCar Talk（訳注10）のMCに倣って，毎日，毎週，難問を出しても良い。単に雑学的なものではなく，本格的な思考を伴う必要がある問題を出してみるのである。

> **PARTNERING TIP** ▸▸▸ パートナー方式のヒント
>
> 　どのようなことが優れた思考を構成するのかについて，指導するクラスのレベルに応じたかたちで討論の場を持つことを検討してみよう。その討論では，次のような質問が出るだろう。「なぜ，ある質問は他より良い質問だと言えるのか」「クリティカルシンキングとは何か」「論理とは何か」「帰納法とは何か，または演繹法とは何か」など。生徒に期待する思考法の具体的事例をいくつか提示したうえで，生徒自身に別の具体例を探させよう。
>
> 　良い例，悪い例を含んだ多数の事例を，教師と生徒で一緒に詳しく検討してみよう。そうすることで，生徒はどちらが良い例であるか，そしてその理由はなぜかを知ることができる。次に，生徒に良い例と悪い例の両方を探させ，それを定期的に投稿させてみよう。

世界の変革者

　この役割を実行するにあたり，生徒は学習するすべてのことを，何かしらの点で世界を良くすることに関連させるよう努めなければならない。パートナー方式の教師は生徒にそうするよう促そう。生徒に個人的にノートを取らせたりブログを活用させたりして，生徒の提案を集めながら，上記のことが実行できているかを頻繁に尋ねると良い（これらをすべて学校のブログや公開ブログで収集し共有できればすばらしい）。

　「すべては世界を変えるために」という観点をもつことは，実現不可能な空想ではない。たとえば，ニューヨーク市立大学シティカレッジは，現在「インターネットを駆使して世界を変える」という科目名で1年生向けの必修の講義を設けている。しかし実際には，生徒に世界の改革者の役割を実行させるのは大学では遅すぎ，小学校から始めるのが良い。小学生であっても，ネットでの書き物を通して世界を変えることはできる。ネット上の意見を支持したり他に広めたり，あるいは公共の情報提供サービスを目的としたビデオや「マシニマ」を作ったり，自分自身で考案した独自のキャンペーンを立ち上げたりできるのである。生徒が作ったものが「ネット上で広まる」と，どんなものであっても何百万人もの人に届くことになるので，生徒はそのようなものを作ろうと

努力するはずである。そして、そのことが生徒の学習に良い効果をもたらし、彼らの学習の支えとなるはずである。

自分自身が教師であること

ロバート・メイナード・ハッチンス (Robert Maynard Hutchins)（シカゴ大学総長，1929〜1951）は、「教育の目的とは，生徒が自身を教育できるようになるための準備を整えてあげることだ」と述べた。理想としては，生徒はすべての授業において，自分が必要としていることや知りたいことを自分で自分に教えることができる新しい方法を学ぶことである（「生徒が必要としている知識」とは，教師によるパートナー方式のための質問や，生徒の情熱，世界を向上させたいという欲求によって定義される）。

私たちが，生徒に生徒自身が教師であるという役割を果たすことを期待すればするほど，そして生徒を過保護に扱うことがなければないほど，それだけ生徒はより上手にこの役割を担うようになるだろう。生徒が自分自身の情熱によって学ぼうと動機づけられているのであれば，物事をより良く効果的に行うための新しい方法やテクニックを見いだすことができ，かつその内容は彼らにとってきわめて興味深いものとなるであろう。そしてこの能力は，生徒の人生にとって有用なものとなるであろう。

電子機器や家電，さらには自動車を含めて，自分の買い物でも両親の買い物のためにも，どの製品を購入するか決めるためにインターネットを用いる若者がますます増えている。こんにち，住宅の購入や病院でのヘルスケアのオプション，保険の契約，志望大学の決定，職業やアルバイトの選択など，自己教育の能力が求められる事柄は多く，しかも時間をかけずに学ばなくてはならないのである。

一時的に生徒を特定の状況に置かせる

創造的な教授法のデザイナーである教師は，生徒が現実世界におけるプロの職業の役割を実践できるような多くの状況を用意してくれるだろう。生徒が可能な限り頻繁にこの役割を担い，それに関するスキルを真剣に訓練することは，彼らにとって非常に有益な体験となるだろう。生徒にこれらの体験を促す方法

として，ロールプレイ・シミュレーションの活用がますます盛んになってきている。ロールプレイ・シミュレーションは，「認識論的（epistemic）」ゲーム，つまりある職業の専門家の観点から物事を理解し実行するゲームである。ロールプレイ・ゲームの例としては，SimCity（市長の役職）や Roller Coaster Tycoon（テーマパークをデザインし運営する）の他，航空会社をはじめ，客船，カジノ，トレーラーカーの駐車場運営に至るまでほとんどすべてのビジネスを経営し運営する多くの「大物実力者」(tycoon) ゲーム（訳注11）がある。同様に，エマージェンシー＆ペットパル（獣医）のような医療や健康ケアの専門職のシミュレーションをするゲームもある。デイヴィッド・ウィリアムソン・シェーファー（David Williamson Shaffer）によって書かれた『TV ゲームが子供たちの学習にどう役立つか』（How Computer Games Help Children Learn）では，「認識論的ゲーム」のプロトタイプとして，The Debating Game や Escher's World や Digital Zoo などが挙げられている。

単に教室での課題としてこのようなロールプレイの状況を使うのも良いが，より有効なのは，現実世界のパートナー関係や徒弟関係を想定したり，現実世界の聴衆に向けて実際に何かを提供するプロデューサーを想定したりすることである。このような事例は，オーソン・スコット・カード（Orson Scott Card）の著書『エンダーズ・ゲーム』（訳注12）においても取り上げられている（多くの学校でこの本は必読となっている）。この本では，学習の課題として用いるシミュレーションのために，生徒は現実世界の本物のツールを使用することになるだろうと述べられている。現代においては，生徒が CAD（コンピュータ支援設計）のソフトウェアを使って，自分たちの学校や教室，コミュニティセンターや公園を再設計してみるのも良いだろう。あるいは Web サイトを制作し，実際の団体やビジネスにそれを販売したり寄付したりするのも良い。工作機械を使える生徒ならば，特定の製造会社の仕様書に合った部品を作成し，その部品を必要としている業者に対して販売しても良い。

どのような状況や授業においても，生徒は表2.2に列挙した動詞スキルを一つもしくは複数学び，実践し，完成させることになるだろう。生徒はぼんやりとせず，意識的に，そして思慮深く，これらのスキルを実践しなければならない。教師は生徒に，自分たちが取り組んでいる動作が何であるかを意識させ，

自分たちの学習について内省することを求めながら教えていかなくてはならない。生徒は読み書きを行う場合は，深く考え，自問し，論理的かつ批判的に思考するといった動詞スキルを実践していることを自覚しなければならない。ディジタルテクノロジーを生かしたプロジェクトについている生徒は，分析し，立証し，モデルを作り，決定し，問題解決をしているということを意識する必要がある。パワーポイントのプレゼンテーションを行う生徒は，発表を行い，要約し，結びつけ，デザインをしているのだということを意識すること，そして科学の実験を行う生徒は，分析し，調査し，立証し，観察し，予測を行っていることを意識しなければならない。

PARTNERING TIP　　　›››パートナー方式のヒント

年度の初めに，これまで述べてきたような教師と生徒の役割について，生徒と話し合ってみよう。生徒がその役割についてどう考えているか理解しよう。教師が自分の役割について検討するのと同じように，生徒にも自分たちの役割についてじっくり考えさせてみよう。役割の間で対立するものはあるだろうか。一つであれ複数であれ，どのような役割が生徒が成功するのに最も重要なのだろうか。その答えは生徒一人ひとりによって違うだろうか。あるいは何か他の要因があるだろうか？　短期的に見た場合と長期的に見た場合とでは，答えは違っているのだろうか？　こういった話し合いを成功させようとして，生徒はどういった提案を出すだろうか？

■ もっとアイデアを

開かれたチームワークと生徒同士の学習を促す

公開討論会で私が話す機会のあった大多数の生徒が，何かを行うときは一人よりも他の誰かと，特に他の生徒同士で行う方が良いと答えた。チームワークは，まさに生徒がこれからの人生においてどのような職業や専門を選択したとしても必要とされることである。21世紀ではほとんどすべての仕事がグループ化され，それもディジタルテクノロジーによって促進されるだろう。それゆえ，同僚との協働はこれまでもつねに重んじられてきたスキルであるが，この

先も今以上に重んじられることは間違いない。

　しかしこんにち，仕事上のチームは同年齢の仲間やクラスメートだけで構成される必要はない。一つには，ネットワークのおかげで，出身，年齢を問わずに，どのような人々でもグループで仕事をすることが可能となっている。そのため，少なくともある程度の台数のネットワーク化されたコンピュータがあるクラスでは，教師が生徒に，たとえば，生徒と教授のようなある分野の専門家と，少なくとも一人は70歳代が入ったチームを作りなさいと言っていけない理由はない。ネットワークテクノロジーがなければ，学校でこの種のチームワークを行うことはほとんど不可能だろう。だが，それがあれば簡単だし，経験を積めばどうということもなくなるだろう。専門家と現実世界で経験を積んできた人と一緒に作業を行うことで，生徒の学年によらず，どれだけ利益を得られるかは考えるまでもない。

　以前と比べると，今や祖父母と同居する子どもの数は極端に少なくなっているが，年を重ねた人の幅広い経験は，生徒の学習にとって貴重な資源であるのに，ややもすると放置されたままになっている。しかし，年配者はインターネット上で急速に数を増しているグループの一つなのである。彼らの隠居先を訪問し，内容のある授業をやってもらうことはできるとしても，現実はなかなか難しい。しかし，コンピュータがあり，ネットへのアクセスが可能なクラスならば，簡単に年配者に接触できるし，その人たちの見方や経験を，社会や理科，作文，その他創造的な教師が思いつく限りのすべての教科に活かすことができる。もちろん，歴史保存や民俗学的データの収集も含まれるだろう。その際には，現実に見受けられるように，他からも情報を入手し事実検証したり，相互参照することで，より正確となる。

　生徒のチームワーク力を高めるためのもう一つの方法は，生徒同士による教え合い，学び合いをさせること，さらに上級生に下級生の個人指導をさせ，下級生の使う資料を作らせることである。友人や，年齢に近い人から直に学ぶのを好む生徒は多い（その場合のコミュニケーションや説明はより直接的であり，不安や恥ずかしさを感じることなく，より自由に質問ができるから，というのが理由にあるのだろう）。教師はできるだけそうすれば良い。パートナー方式においては，教育のすべての部分を教師が請け負う必要はない。もとより教育

が正しく成り立っているのを確かめるのは教師の仕事である。パートナー方式では，生徒がどこでどのように学ぼうとも，大切なのは生徒自身が行うということなのだ。

PARTNERING TIP	▸▸▸パートナー方式のヒント

生徒にグループまたはチームで作業を行う課題を与えるときは，そのグループやチームに，教授やお年寄りなどのクラス外からのメンバーを含めるようにさせること。両親や祖父母でも構わない。外部からの人物をチームのメンバーに入れさせることは，生徒に対し，「誰かにインタビューをしてきなさい」と述べるときとは異なったシグナルを生徒たちに送ることになる（実際にインタビューを行うことも有効ではあるかもしれないが）。教室内のチーム（すなわち生徒）のメンバーには，どのようにして外部のメンバーを見つけ，そしてその人たちをどのように参加させるかに関して創造的に考えるよう促そう。使えるならばどのようなテクノロジーでも使おう。たとえば，Skype は一人ひとりのコンピュータで外部のメンバーと話すのに使うことができるし，電子黒板やプロジェクターを Skype に接続すれば，外部の人を招聘して，クラス全体にプレゼンテーションをしてもらうこともできる。テクノロジーがないからといって，こうした取り組みをやめてはいけない。クラス外の人を含めるようなチーム作りをする方法はいくらでもあるのだ。創造的になろう。

怠け者ゼロのグループワークを作ろう

グループワークに関しての生徒の最も大きな不満（そしてこれが唯一の不満であることが多いのだが）は，チームのメンバーが作業を行っている間，楽をしようとする生徒がいることだ。しかし，この「怠け者」問題にはいくつかの解決方法がある。私の解答は，生徒自身に意見を聞くのが最適であるというものだ。生徒の意見は，互いの役割をきちんと果たしてくれる信頼できる相手と組めるように，自分のグループを自分で選択し，グループ内の一人ひとりが自分で決めた役割をどれくらいきちんと果たしているかに基づいて成績を評価するシステムが良いというものであった。したがって，もしグループの最終プレ

ゼンテーションで，たとえば歴史について述べる部分の説得力が弱かったり，欠落していたなら，誰に責任があるのかがわかる。

　教師の中には，いわゆる怠け者だけを一つのグループにまとめ，他のグループに打ち勝つようにけしかけることによって成功を収めた者もいる。怠け者になりそうな生徒がいたら，その生徒ががっかりさせたくないと思っているチーム内，もしくはチーム外のメンバーと一緒に組ませることも，良い結果をもたらせるものである。

　一般的に言って，怠け者ゼロのグループワークを産むにはどうしたら良いかを考えることは，あなたと生徒が共同作業のパートナーとなって一緒に創造的なアイデアや提案を見つけ合うためのすばらしい機会である。あなたたちが採った方法で他の人も恩恵を受けることができるように，あなたや生徒が実践した内容を短いビデオにして，YouTube, SchoolTube, TeacherTube に投稿し公開することも忘れずに。

> **PARTNERING TIP　　　　　　　　▸▸▸パートナー方式のヒント**
>
> グループワークによるプロジェクトでの怠け者問題は，単刀直入に取り組むのが最も良い。クラスで討論の場を持ち，この問題を説明し，生徒から提案を求めよう。そして，グループワークをより成功させるための仕組みや取り決めを作り，クラス全体でそれに賛同しておくと良い。

椅子を円状に並べて，学習についてのクラス討論とミーティングを行おう

　ほとんどとは言えないまでも多くの教師は，教える内容についてクラス討論を行う。他方，生徒の学習の仕方について討論する教師は比較的少ない。私は何年にもわたって，こうした生徒対教師の対話が容易にできるような取り組みを進めてきており，生徒はこのような討論が価値のあることだと気づくようになると保証できる。また，もしクラス討論が相互に敬意を払って行われ，話し合いの結果が実際に実行されるのであれば，学習は進展し改善すると自信を持って言える。

PARTNERING TIP	▸▸▸ パートナー方式のヒント

> 教室の椅子を，簡単に（しかも文字通り）円状に並べられるようにしておこう。これは全員の意見を平等に扱う配置であり，また生徒もいつでも積極的に発言できる配置である。時間を見つけては生徒に質問しよう。「私たちが教室で行っていることは，みんなの学習にとって最適なやり方だろうか？」「授業でもっとあったら良いと思うのは何だろう？」「逆に，ない方が良いと思うのはどんなことだろうか？」「この授業はみんなの期待通りだろうか？」

アシスタントとしての生徒

　学校に通っていた頃，学校の安全パトロールや黒板係をしたのを覚えているかもしれない。これらは昔の時代の生徒とのパートナー方式の例である。こんにちでは何が相当するだろうか。それは，テクノロジーを点検し報告することではないだろうか。クラスの中で一番の生徒は誰か，ご存知ですか。テキサス州のある小学校教師は，私のとあるプレゼンテーションを見せるために，二人のトップ・アシスタント生徒を誇らしげに連れてきてくれた。彼女は「この二人がいなければ，授業はできません」と言う。

　生徒と教師は，しばしば教室のコンピュータや電子黒板などが故障すること，また教師がそれを直すすべを知らないこと，修理されるまでに長い時間が空いてしまうことに不満を抱いている。このような場合，アシスタントの生徒（パトロール役）がいて，その生徒に頼めばはるかに時間を節約できる。このことは，たとえそれが小学校の場合でも当てはまる。

　テクノロジー点検係の生徒は，学校のその部門の責任者から彼の知識とスキルがどの程度のものであるか，調べてもらっても良い。彼に学校のすべてのテクノロジーがトップギアで稼働できるような状態に調整する仕事を持たせても良いし，実際に任せている学校も多い。新しいテクノロジーが導入された時には，グループでトレーニングを受けさせ，その後教師に対するトレーニングを任せても良い。どんなものでも故障したら，その修理を任せても良いし，他の生徒がそれを乱用しないように監視する仕事を任せても良い。ある取扱責任者

が教えてくれたことだが，コンピュータ室の調整を任された生徒は，自分の仕事に非常に真剣に取り組んでいて，また，他の生徒の馬鹿げた振る舞いや手荒な扱いに我慢を重ねていると説明してくれた。このような生徒にとって，テクノロジーは情熱なのである。このようなグループなら，学校でどのテクノロジーが使えるかをつねに把握しているものだし，教師がそれをもっと利用するのを助け，また利用する教師のビデオを作成してインターネット上で公開する手助けをしてくれるだろう。

アシスタントに任せることは，扱うテクノロジーの数が少なくても効果を発揮する。たとえば，教室に1台しかコンピュータがなくても，毎日交代で違った生徒に，授業の間コンピュータの前に座らせ，クラス討論で出てきた事柄を調べさせる仕事をさせても良い。私が参観したある歴史の授業では，古代ギリシャの貨幣に関する授業を行っていた。その授業では，コインの価値，ギリシャ語の意味，それらの硬貨を今日入手するとしたら，どこで，いくら位で手に入るのかといった質問や，さらに教師が答えを知らないような他の多くの質問に対して答えるために，アシスタントが活躍していた。

> **PARTNERING TIP** ▸▸▸ パートナー方式のヒント
>
> 生徒の中から，技術面に強いアシスタントをできるだけ多く集めておこう。最もテクノロジーに詳しいのは誰かを，生徒に聞いて見つけだし，仕事を与えよう。その生徒は仕事をしっかりと実行すると信じよう（そのような信頼を得ていないということが生徒にとっての大きな不満となっている）。自分のクラスのアシスタントを，他のクラスのアシスタントや，テクノロジーの取扱責任者とミーティングさせよう。その後，教師と校内のテクノロジーの利用を向上させるために何ができるかについて討論させよう。

最後にまとめておこう。あなたが生徒を一人ひとりの個人と考え，それぞれが情熱を持った人間であると考えれば考えるほど，そしてその情熱を生徒の動機づけに利用すればするほど，これまで距離があった生徒を含めてどの生徒にも，ますます接近することができるだろう。パートナー方式によって，教師は

教壇上の賢人として時間を費やすことから自身を解放し，生徒や生徒の情熱に応じて一人ひとりを個別的に扱うことができるようなコーチやガイドなどの役割を担うことになる。その結果，すべての生徒に接近することが可能になる。
　次章では，一個人としての生徒にいっそうの動機づけをもたらし，生徒が自分自身の情熱を見つけ，それを利用することができるようになるための，さらにもう一つの方法を見ていくことにする。それは，単に生徒自身に関係があるからというばかりでなく，現実と結びつけて学習する方法である。

4

関係性だけでなく，つねに現実性を

> **考えてみよう**
>
> 1. 現実性と関係性の間の違いは何か？
> 2. どうすればつねに現実的であることができるのか？
> 3. 未来に向けてどのように教えることができるのか？
>
> *Guiding Questions*

　あなたは，アメリカ南北戦争における交戦についての学習と，アフリカでの内戦を止めるために南北戦争から教訓を得る学習とでは，生徒はどちらにより興味を示すと思うだろうか。遺伝性の病気についての学習と，自分の家族におけるその病気のリスクについての学習とではどうだろうか。宇宙探査についての学習と，実際に探査に行った宇宙飛行士と話すのでは？　あるいは，外国語の会話を暗記するのと，同年齢のネイティブスピーカーと会話をするのでは？こんにちの生徒は，ほぼ全員一致して後者を選択するだろう。なぜなら，それらの選択肢が生徒にとって「現実的」（*real*）だからである。

　近年，教育者の間で関係性（relevance）と真正性（authenticity）についての話題が多く挙がっているが，私はそれらがこんにちの生徒すべてが必要とし求めているものであるとは思わない。生徒が本当に求めているのは，教育が「現実的」であることである。

関係性（あるいは真正性）と現実性との違いは何だろうか。関係性が高いとは，子どもたちが，教えられたことをすでに有している知識と関連づけることができることを意味する。たとえば，昔のものよりは最近の映画やテレビ番組を参考に出す，あるいはポロなどの競技よりは X ゲームの話をする方が関係性が高いと言える。また，読み物を，古い教科書よりは最近の新聞から採り上げることは関係性があると言える。

　もちろん，関係性があることは悪いことではない。状況が身近であれば，より容易に理解できるようにはなる。問題は，しばしば関係性があるだけでは十分でない場合があることである。

　他方，現実的であることは，関係性があることよりもさらに多くのことを含んでいる。現実的であるとは，つねに（少なくともできる限り頻繁に），学習内容と，それを現実世界において役立つように利用しようとする自身の能力との間のつながりが意識されていることである。

　学んだことを利用するためには何かにつけ，大人になるまで辛抱強く待たなければならなかった従来の環境とは異なり，こんにちでは子どもたちは毎日そのつながりをじかに体験することができる環境にある。ダウンロードや，携帯メール，ツイッターのやり方を学んだ子どもたちは，クラウドソーシング（第 7 章，29 参照）のような，重大な社会的変革に直接関与することができる。あるいは，重大とまではいかなくとも American Idol（訳注 13）に投票などはできる。複雑なゲームのやり方を覚えた子どもたちは，今度は世界中の人と協力したり競争したりする。興味のあることについてブログに書き込めば，世界中の人に閲覧してもらえる。ツイッターのキャンペーン（たとえば，*The New York Times* のライターであるディヴィド・ポウグ（David Pogue）が成功した，携帯電話会社に留守番電話の際の無駄な説明メッセージをやめさせるためのキャンペーン）に参加することで，大企業の企業理念の変更に一役買うことも可能である。

　パートナー方式の教師にとって，すべての教授内容について生徒が現実世界とのつながりを生み出すことができるようにすることが重要な仕事の一つである。以下にその例を挙げる。

関係性	現実性
「このことは，環境問題と関連していますね。」	「X社のカーボンフットプリント（訳注14）を調べて，エコによる節約を推進しましょう。」
「ハリーポッターを読んでみましょう。今がちょうど良いでしょうから。」	「興味のある本を読んで，自分の人生を変えるのに役立ててみましょう。」
「科学技術の進歩がイランの選挙制度をどのように変化させたかについて話し合ってみましょう。」	「イランからのツイートを見て，私たちもそこにツイートしてみましょう。」
「これは，野球と関係がありますね。」	「これが起こった昨夜の試合を観ていましたか？なんと，ぴったりの例ですね。」

■ 新しい観点

　関係性という観点だけでなく，いったん現実性という観点を持つことができれば，学習内容を生徒の生活に直接役立たせることができるような方法を数多く見いだすことができる。生徒は，Xゲームのスノーボードのハーフパイプジャンプにおいてどんな力が働いているのかを分析することもありうるが（関係性），「もし自分が滑るときにより高くジャンプするためには，その情報をどう使ったら良いだろうか」という問いを立てることもできる（現実性）。生徒は説得の技法を学習することはできるとしても（関係性），実際に知っている誰かを説得して何かをさせることはできるだろうか（現実性）。オンライン経済について学習することはできるとしても（関係性），オンラインビジネスを上手に行うことはできるだろうか（現実性）。自国のインフラの劣悪化について学習することはできるとしても（関係性），特定のインフラがいつダウンするのか，またどうしてそうなるのかを実際に推定することはできるだろうか（現実性）。もしくは，科学的見地から，家族の食生活習慣を変えたり，地域の飲料水の水質を向上させることはできるだろうか（現実性）。こんにちではこれらの現実的な事例に取り組んでいるクラスがいくつもあり，この現実性こそが，生徒を学習に非常に強く引き込むものなのである。

■ 教科を現実的に

　想像力を働かせることによって，＜すべての＞教授内容についてすべての生徒のために現実性を高めることは可能である。「カリキュラムに含まれているから教える」という考えを越えて，「理論的で関係性があるというだけでなく，いかに現実的にカリキュラムと世界との関連づけを行うか」という観点に至ろうとする願望とそのための能力は，生徒からも教師に対して高く評価され認められるものである。

　学習の（関係性だけでなく）現実性を保つためにパートナーである教師ができることでベストなのは，すべての教授内容を学習者の今日の，もしくは明日にかかわる世界から直接的に採ってくることである。もちろん，単に生徒の世界というだけでなく，そのなかでも生徒が情熱を傾けているような領域が望ましい。さらに，パートナー方式の教師は単に生徒の世界に関するものだけでなく，その世界の変化，改善に関わるものまで学ばせる必要がある。「なぜこれを学ぶのか？」という問いに対して，「自分の世界をより良いものにするために」という答え以上のものが考えられるだろうか。

　パートナー方式自体が，世界とは切り離された典型的な存在である従来の教室での学習と比べ，より現実的である。パートナー方式を実践するなかで，生徒は現実世界のツールを使い，皆で共有できる情報にアクセスしそれを分析する（そのような情報は，学校用に作られる教科書とは正反対である）。生徒が誰にでも開かれたWebサイトを利用し，もしそのサイトに問題があると感じたならば，Wikiを書き直す，メッセージを送るなどの行動を起こすことは現実的であり，自身の作業を他人の閲覧用に投稿したならば，それもまた現実的なことである。

　あらゆるものごとについて以上のように行うことが可能であり，また，そうしてもらいたいと思う。あなたの想像力をかき立てるため，どうやって始めたら良いか，以下提案しよう。

歴史と社会

　歴史や社会の学習を現実的にするにはどうしたら良いだろうか。フランスもしくはアメリカの革命についての学習を考えてみよう。遠い昔の出来事を，こんにちの子どもたちが興味を持つように関連づけるには，どうしたら良いだろうか。おそらく，今の子どもたちがどんな革命を経験しているかを考えることから始めると良いかもしれない。インターネット，IT，ナノテクノロジー，人間強化（human enhancement）（訳注 15）などの革命である。それらの革命は子どもたちにどのような影響を及ぼし，また，子どもたちはそれらにどのくらい興味を持っているだろうか。

　そこからスタートし，フランスやアメリカの革命に遡ることは可能だろうか。バスティーユ襲撃，恐慌時代，テルミドールのクーデター，バレーフォージでの冬，独立宣言，アメリカ合衆国憲法といった史実は，現代ではどんな出来事に相当するだろうか。ジャコバン派，ロベスピエール（Robespierre），ジョージ・ワシントン（George Washington），トマス・ジェファーソン（Thomas Jefferson），ラファイエット（Lafayette）といった人々は，こんにちでは誰に当たるだろうか。また，その理由は何だろうか。

　ディジタルテクノロジーの発達によって，パートナー方式での社会学習では，歴史的文化財や遺跡をネット上で疑似体験的に見学することが可能となってきている。これができるようになったのは，オンラインがますます幅広く利用可能となり，また相互利用的になってきたことによる。もし興味があれば，場所と時代に関してさらなる情報を受け取ることができるよう登録を申し込むこともできる。実際に歴史遺跡を見学に行くときには，マサチューセッツ州のレキシントン（Lexington）やコンコード（Concord）のように，携帯電話を使ってツアーガイドを利用できる場合も多い。

　さらに現実的なこととして，生徒が他の人のために遺跡を追記したり，地域のツアーを考案したりすることができる。ゲティスバーグやアンティータム（Antietam）などの歴史上の戦跡の学習と合わせて，生徒は実際の戦いを再現するシミュレーションを用いてさまざまな司令官の役を体験することができる。

　また，生徒に実際に活動を行わせることで，現実性をさらに高めることがで

きる．ネット上で疑似的に体験するにしても，または実際にそこに行くにしても，生徒は歴史遺跡の修復や汚染除去の支援を行ったり，採掘跡復旧の遠征や建築物の発掘に参加したりすることが可能である．資金やその他の資材をオンラインで募集すれば，教師やその他のパートナーとともに，自分の町や近隣の町の歴史保存団体をつくることも可能である．地域や国の実際の歴史記録を調査し（これもますますオンラインで行うことが可能になってきている），人口の推移や名前の付け方のパターンの変化を調べてグラフにするようなこともできる．系図を調べる Web サイトやソフトウェアもますます洗練されており，生徒は自身の祖先を探し当てたり，歴代の家系や系図をたどることができる．携帯電話やその他の録音・録画機器を利用して，親類や高齢の人々から口伝の歴史記録を収集することも可能である．暮らしがどれほど変化してきたのかを見て，過去の文明から有用なものを探し，未来に役立つ提案を行うこともできる．

　生徒はすでに Web カメラを通して，世界中の人の現実の生活を見て，自身の生活との違いや，両者をより良いものにする方法を探すことができる．多くの場合，ePals のような E メールサービスを利用して，他の家族や生徒とコミュニケーションを図ることができる．Skype や Web カメラを通して家にこもりがちな年長者とのコミュニケーションを図ることにより，コミュニケーションがさらに親しみのあるものになるかもしれない．また，C-SPAN（訳注 16）を通して生徒が見学できる政府の会議も数多くあり，ときにはネットを通してそれに参加することさえできる．

　生徒が世界的な指導者や歴史上の著名人の仮想のフェイスブックのページを作成し，それぞれの役割を担ってメールやツイートのやりとりをすることもできる．その指導者のアドレスを見つけてメールを出せば，返信をしてくれる場合もあるかもしれない．生徒は，現実に起こっている出来事に，その場所に居合わせている人とのメールやツイートによって何度でも参加することができる．

　歴史や社会学習が生徒にとって「何が起こったのか？」でなく，「私たちの生活をより良いものにするために，自分たちとは異なる文明，時代，場所，文化，人々から何を学び，利用できるだろうか？」という問いに関するものになるとどうなるだろう？　一つの大きな歴史的な例を，近代のオリンピックの創

立にみることができる。19世紀末，クーベルタン男爵が古代ギリシャのオリンピックから刺激を受け，国際競技を提唱し，これが最初の近代オリンピック大会となった。あとは知っての通りである。あなたの教える生徒は，過去からどんな良いものを現在にもたらしてくれるだろうか。

数学

　2007年にミネアポリス州で橋の崩壊が起こった日，私は心の中で「これを今日，アメリカのすべての数学の授業で例として使ってほしい」と思ったものだった。数学的計算（この場合，橋の骨組みとリベットにかかる圧力の計算）が生徒の生活において生死を分ける可能性のある，なんとも申し分のない現実的な実例であろうか。アメリカのすべての子どもたちが，同様に崩壊するおそれのある建築物の近くに住み，その上を歩いている。それらの建築物を利用するとき，何を考えたら良いだろうか？　幾何学，統計学，力と圧力の分析などを学ぶ導入部分として，なんとすばらしいだろう。

　数学を現実的にするためには，すべての問題を実際に起こりうるものごとに関するものにすれば良い。橋の崩壊もしくは建設は力と圧力の計算に，進行中の選挙は確率と百分率に，宇宙船の打ち上げは軌道・燃料消費・速度率・加速率に，ゴルフは放物線に，野球やフットボールは統計に，歌の録音はタイミング・音調・圧縮・サンプリング周波数に，などのように関連づけが可能である。

　子どもたちは数学を，現実世界やそれと関連する経験だけでなく，今まさに起こっている＜現実＞の経験と関連づける必要がある。近くに建設中の道路や建物はないだろうか。あるならば，土木技師から，数学をどのように使うのかと，できれば実際の計画も調べ，子どもたちに同様の計算をさせて同じ解答が得られるかどうかを確かめてほしい。宇宙船の打ち上げについては，実際のNASAのデータ（サイト www.nasa.gov で"data"を検索）を入手して，計算してみてほしい。足し算から微積分学までいろいろなレベルで可能である。あなたの生徒は，現実的な計算や統計をしてみたいと思ってはいないだろうか。毎日ニュースで流れている国家予算のデータを用いてみよう。生徒に計算を行わせて，誰が正しくものを言っており，誰が誇張しているのかを調べさせてみよう。そして，異なる集団がどのようにして，同じ事実をもとに異なる結論に

至りうるのかを討論させてみてほしい。見積もりや大数（large numbers）には，ニュースで見る実際のスポーツ選手やスター歌手（もしくは，宝くじ当選者）の収入と支出について試してみてほしい。生徒に，もししっかりとした管理を行わなければ，いとも簡単に財産がなくなってしまうことを理解させるのである。

　数学を現実的にするために，もう一つ重要な領域がある。プログラミングである。プログラミングには，コンピュータやロボット等の機械を思い通りに動かすための応用数学が用いられている。機械の持つ力がますます大きくなってきている現在の世の中では，生徒はもっとプログラミングに取り組まなければならない。また，プログラミングは，即座に現実的な結果とフィードバックを得られる点で数学の学習に有効である。マルチメディアのプログラミングとFRC（二足歩行ロボットの世界大会）（訳注17）やヒト型ロボットのコンテストのようなロボットコンテストの両方が，生徒に現実性を感じさせるものであり，生徒の数学学習への動機づけを高めることができる。私はある教師が，「どのようにしてそれを行いましたか？」と質問したところ，生徒が「タンジェントの逆関数を使いました」と答えたのを一度聞いたことがある。興味深いことに，ヒト型ロボットに手足を動かしたり踊ったりさせるようなプログラミングが可能になるにつれ，女の子がプログラミングおよびその背景にある数学に興味を持ち始めている。

科学

　科学を現実的にする良い例がある。NASAから空中分解事故を起こしたスペースシャトルコロンビア号の実物の破片を入手できた教師が，故障分析の授業でその破片の分析を行わせた。その授業では後に，分析結果をNASAの科学者に提出した。

　こんにち，生徒はパートナー方式によって，現実の科学者によって行われる地球外知的生命体探索計画（Search for Extraterrestrial Intelligence：http://setiathome.berkeley.edu）や分子（タンパク質）のフォールディング解析（molecule foldings：http://folding.stanford.edu/）（訳注18）のような実際の，世界規模での実験調査に参加することが可能である。生徒は自然環境から現実のデ

ータを収集することができ，それを実際の科学者によって使用されるデータベースに加えることができる。微気象（microweather）と気候を記録，分析したり，気候変化の証拠として森や魚の減少率を計算することもできる。

科学は生徒の毎日の生活に付随している点で，最も現実性を高めやすい教科の一つである。小型イヤホンをしている生徒がいたら，こう尋ねてほしい。「それは何でできていると思いますか？ なぜそう思いますか？ どのような仕組みでしょうか？ 他のイヤホンより高価なのはなぜでしょう？ 音が大きすぎると何が起こるでしょう？ 音楽がミュージシャンの頭の中から演奏とレコーディングを経て流通し，あなたのiPodに入ってあなたの耳に聴かれるまでのステップはどのようなものでしょうか？」

クラスで誰かミクロ繊維の服を着ている人はいないだろうか？ その人たちに，ミクロ繊維とは何なのか，どのように作られるのかを調べさせてほしい。生徒の携帯電話の中身はどうなっているだろうか？ 隣のクラスにメッセージを送ったらどうなるだろうか？ 自分たちの学校のパソコンの動作がたびたび遅くなるのはなぜか？ どうしたら速くなるのか？

科学を学ぶこんにちの生徒全員が，実際に会ってもしくはSkypeなどを通して頻繁に，科学者と話をしてほしいものである。科学者は，生徒にプロジェクトを提案したり，自身のプロジェクトに関連した仕事や解決すべき現実的な問題を与えてくれるかもしれない。科学を学ぶ生徒は，国際的なチームに加わったり，ロボットコンテストに限らず，科学ゲームや宇宙探索，その他の科学技術に関するコンテストに参加することができる。新しいコンテストや賞が日々発表されており，継続的に調べると良いだろう。

州におけるバイオテクノロジー技術者の不足を解消するために，アリゾナ州では高校で現実的な，最先端のバイオテクノロジーのリサーチツールを教えるプログラムを設置してきた。高校における先端技術職教育。非常に現実的である。

国語

国語はどのように現実的にできるだろうか。あなたの生徒は，携帯メールを使っているだろうか。（「当たり前でしょ」などと彼らは言うだろう。）生徒に，

私たちのことばを特定の状況で使うことばの様式に変える作業を与えてみよう。たとえば，フォーマルな文書をテキスト・スピーク（textspeak）（訳注19）に翻訳させたり，逆にそれを元に戻させることもできる。生徒は，入手可能な種類の英語はすべて題材とし，どの種類の英語をどの場面で使うのが適切かという問題に集中することができる。たとえば，生徒に，結婚式の招待状に，テキスト・スピークの様式，またはスペルミスのある英語を使うことについてどう思うかを尋ねてみてほしい。そして同じことを，履歴書を書くときにも当てはめて考えさせてほしい。

　国語は，物事を現実的にするにあたっては実にシンプルな教科である。なぜなら，読む題材と課題を生徒の情熱と結びつけるのはかなり容易だからである。こちらがすべきことは，それを妨げることなく促してやるだけである。生徒は，自身が情熱を抱いていることなら何でも読み，書き，スピーチを行うことができる。それはクラスの中だけでなく，世界に向けてオンラインで発信することさえ可能である。また，公共サービス情報（public service announcement）を書き，録音，録画をして，オンラインで他の人が利用したり真似したりできるようにしておくこともできる。

> **要チェック！**
> 子どもたちの作成した公共サービス情報については，
> http://www.youtube.com/watch?v=uWxNBuNPS1I を参照してほしい。

こんにち，国語を学ぶ生徒は，より多くの本がオンラインで利用できるようになってきたという現実的な変化を体感することができる。以前は読むことのできなかった自分の興味のある本が近年になってAmazonやGoogleによりスキャンされたおかげで，それをオンラインで見つけて読むことができるのである。本が絶版になる理由と，本をオンラインで読めるようになるという変化について話し合い，さらに多くの本をスキャンしたり，それらの本をレビューするサイトや番組を立ち上げることにより，この変化へのさらなる参入が可能である。

　国語を学ぶ生徒は，自身の実生活をブログに書き込むことができ，それには友人からコメントが付され，文法や文章構成，内容についての批評を受ける。

また，フェイスブックや Web サイト，動画，正式の履歴書等を使って自身の，もしくは身内等の生活史を書いたり編集したりできる。さらに，異なる種類の申請書の中から，提出するのに相応しいフォーマットはどれか選び出すこともできる。求人案内を探して，書いた書類を提出することもできる。

国語を学ぶ生徒は，専門ジャーナリストの実際のブログにコメントを書いて投稿することができる（返事が来るかもしれない！）。また，自身が強く興味を持つ話題の編集者に実際にオンラインで手紙を送ることも可能である。生徒は，紙上またはオンラインで実際に記事を書き印刷することもできる。生徒が強く興味を持つ事柄を扱う刊行物について記事を書くよう促すと良い。

以上のようなことを行うなかで，特にオンラインで，生徒は適切で創造的なやり方で自己表現を行うことができるし，また行わせれば良い。そのような目標を達成する一つの方法は，生徒に不適切なオンライン投稿を批評させることである。Slashdot のように，ユーザーに適切性や有用性という点から他人のコメントを評価させるようなサイトもある。生徒にも同様のことを行わせると良いだろう。

外国語

語学は，いろいろな意味で子どもたちにとって最も現実的な教科であってほしい。なぜなら，語学は仲間との実際のコミュニケーションに関わるものだからである。生徒はおよそ文学や文法についての語学学習は嫌がるが，仲間と話したり別の場所に新しい友達を作ることは好む。すでに彼らは自身で，ツイッターや Skype，YouTube の動画を使いあらゆる言語でそれを行っている。

パートナー方式の教師が，Second Life を利用して２つのクラス（アメリカと日本から１クラスずつ）を集め，共同で仮想の島をつくらせた。子どもたちは携帯メールや音声を通して両言語でコミュニケーションを行い，直接会うまでに互いを良く知る関係になっていた。

こんにちの語学学習は，教科書的な対話やその真似事ではなく，現実の，すなわち実際のコミュニケーションでなければならない。生徒はインターネットによる手軽な翻訳が可能な時代に生きているため，たとえば，ゲームやファッションのサイト等のように，子どもたちが読みたがる実際の文書を自動翻訳さ

せたりするのは，スタートとしてすばらしいことである．こんにちでは，生徒はEメールやYouTube，ツイッターや他のアプリなどを通して，他の場所にいる学習言語の話者とのコミュニケーションが可能であり，それは頻繁に行われている．語学の教師は生徒に好きなゲームの外国語版をプレイさせたり，学習している言語を話しているオンラインゲームのチームに加わらせると良い．生徒はオンラインで，学習言語で書かれたグラフィックノベル（第7章，52参照）を読むこと，およびそれを自ら描いて投稿することさえ可能である．

こんにち，語学学習はもはや「いつかそこ（その言語が使われている場所）に行くため」のものではない．外国語の授業では，生徒は仮想的に「そこ」を訪れ，現実的な生活や興味と外国語とを結びつけることが可能であり，できる限り頻繁にそれを行ってほしい．

未来を現実的なものにするために

学校では未来について考えることに時間が割かれることはなく，少なくとも十分でないのは確かである．しかし，生徒は未来に関わる現実の問題をたくさん抱えている．パートナー方式の生徒は，以下のような問いについて考えることにより，遠くの未来について考えると良い．
- 石炭，石油が枯渇するまで何年あるか？　また，代替資源は何か？
- iPodの容量（何曲の歌や他のメディアを入れられるか）は最終的にどのくらいになるか？　また，どのような形状になるか？
- 2050年，2100年，3000年のコミュニケーションの手段はどのようなものか？
- 惑星間空間探査（deep space explorfation）の数学，科学，心理学とはどのようなものか？
- アメリカ合衆国憲法で廃れていく，もしくは新たな解釈が必要となる部分はどこか？
- 映像はいつか文書に取って代わるか？
- 人工知能はいつ，どのようにして人間の脳と同等になるか？

また，以下のような問いにより，近い未来についても注目すべきである．
- コミュニティーにおいて整備されるべきインフラ施設は何か？

- 私たちは資源をどのように使うべきか？
- 学校や他の機関は，予算削減や追加予算にどう対応すべきか？

SF 物語（近い未来のことだとコリイ・ドクトロウ作『リトル・ブラザー』(Cory Doctorow "Little Brother")（訳注 20），ウィリアム・ギブソン作『パターン・レコグニション』(William Gibson "Pattern Recognition")（訳注 21），遠い未来のことだと，アイザック・アシモフ (Isaac Asimov)，グレッグ・ベア (Greg Bear)，デヴィッド・ブリン (David Brin)，オーソン・スコット・カード (Orson Scott Card)，レイ・カーツワイル (Ray Kurzweil)，その他）を読み，討論を行うことで，生徒は自身の生涯において直面するであろう，われわれ大人にとってはまるで SF 的であるような問題について考えることができる。

物事を現実的にするためのさらなる方法

この 21 世紀初頭という時代には，学習上の課題や単元の一つひとつを完全なかたちにまとめ上げる必要はなく，また，過去に起きたことばかりを学び，生徒の現在もしくは未来とすっかり切り離した学習にする必要もない。なぜなら，生徒の学習と，彼らの生活や興味とのつながりをつくる方法が数多くあるからである。

生徒につながりをつくらせる

あなたが，いかにつながりをつくり出し，学習内容を生徒にとって現実的なものにできるかという点で迷った場合，それが一般的な場合でも特殊な場合でも，まず知っておいてほしいのは，それを一人で行う必要はないということである。オンラインでつながりを探してみてほしい。さらに良いことは，それを生徒にやらせてみてほしい。パートナー方式の生徒にインターネットアクセスのような検索ツールが用意されれば，学習活動の本質的な役割として，彼らに現実世界と学習内容との間のより多くの，より深いつながりを見つけさせることが可能となる。生徒にはそれを促すだけでなく，要求すれば良い。

もし，あなたと生徒が共同で作業を行い，数多くリサーチを行っても，カリ

キュラムの題材と現実世界との間に一つもつながりをつくることができなければ，管理職にその題材をカリキュラムから削除するように伝えても良い。

同じ情熱を持つグループをみつける

　生徒一人ひとりの違いに応じた個別的指導は，目標として誰もがおおむね認めるものであるが，限られた時間で 20～40 人の生徒にそのような学習デザインを適用するのは，必ずしも可能ではない。一人ひとりの生徒を違ったやり方で教えることはつねに可能なわけではないが，それでもすべての生徒の教育を現実的なものにする方法の一つは，生徒の情熱と関心に合わせて，グループ作業を行わせることである。このような方法で生徒をグループ分けすることができるのは，生徒が情熱を注いでいることは何かと尋ね，それを記録する最初の授業にかかっている。スポーツに熱い生徒もいれば，音楽，人間，世界の救済に熱意を持っている生徒もいることに気づくかもしれない。

　歴史における文明についての学習を考えてほしい。あるグループは，それを音楽から，また他のグループは，実業や交通，医療，スポーツ，軍隊，もしくは建築から学べることに気づいて授業を楽しめるだろう。

　もしくは，科学における法則の学習を考えてほしい。あるグループはその法則をスポーツに，他のグループは別の法則を映画やビデオ，あるいは医療，音楽に適用することはありうるだろうか？

　このように，生徒を同じ情熱によってグループに分けることはあまりないと思うが，多くの生徒はそのようなグループ分けを面白いと感じるようである。また，情熱に基づくグループ分けは，まだそうした情熱を持てず，今現在それを探している生徒にとっても刺激的である。試しにいろいろなグループに入れてみるか，探している最中のグループを作るのも良いだろう。以上のようなグループ分けを行う前には，必ずそれについてクラスで話し合いの場を設けてほしい。

　多くの場合この種のグループ分けは，多重知能理論を基礎とするプログラムに従う学校の考え方を反映したものであり，能力や才能に基づくものではない。好みによってグループ分けをしたり計画を立てるのが容易であるのは，それらが純粋に生徒の関心に基づいているからであり，また，知能や才能についての

仮定を必要としないからである。

　私たちは，生徒の潜在能力を過小評価してしまうことが非常に多い。それは，その生徒の人生が成功するかどうかは，後になってわかることだからである。多くの生徒が，成長して私たちを驚かせることがある。したがって，生徒の才能や潜在能力についてあらかじめ想定するのは，一般的に言って誤りである。ケン・ロビンソン卿（Ken Robinson）が著書『才能を引き出すエレメントの法則』（*The Element*）（訳注22）でうまく指摘しているように，人の能力が完全に現れ始めるのは，その人が最終的に自身の強い情熱の対象を見いだしたときである。したがって，パートナー方式の教師には，すべての生徒がすばらしい能力を秘めており，自分の仕事はそれぞれの生徒にものごとへの情熱を見いださせ，引き出すことであると考えてほしい。

仲間とのつながり

　生徒が級友とつながりを持ち，互いに学び合うやり方が，低学年時には多く見受けられるのに，学年が上がるにつれて互いに孤立していくのは，なんとも皮肉である。私は，この種の学習が将来さらに多くなると確信しているが，現在は比較的行われることが少ない。

　その原因の一つが，試験システムである。これは，生徒が自力で身につけた知識に対して賞を与えるようなものである。言わずもがな，このシステムは大人の世界での仕事のやり方とはまったく異なる。私たちは共同で仕事を行うこともあれば，互いに尋ね合ったり，調べたり，同僚から学んだりもする。どんな仕事に就くにしても，生徒は将来，かなりの程度テクノロジーに仲介された仲間との共同作業，共同学習に関わることであろう。したがって，直接会って，そしてテクノロジーを介して，できる限り仲間同士で互いに学び合うやり方を身につけさせるのは，生徒の関心にかなったことなのである。

　語学の授業だけに限らず，すべての教科において，生徒は世界中に仲間とのつながりを求めている。パートナー方式の教師は，学んでいる教科・題材の文脈に留意し，生徒がどのようなつながりを求めているのか，誰とのつながりを求めているのか，何を伝えたいのか，何が学びたいのかを見いだすための時間を設けてほしい。その後には，生徒がそれらを達成するために助力してほしい。

世界中の生徒とつながりを実現する際には，その技術的手段だけでなく，そのつながりの内容について学習することが重要である。自分とは違う場所にいる子どもが何を考えて，相手が自分と同じ関心や視点を共有しているかどうかに耳を傾けることから，その内容について学んでいけば，生徒の動機づけが高まるような現実的文脈を設定できるだろう。

現実世界の実践者とつながり，モデルとしよう

　パートナー方式の教師にとって，生徒が現実世界で働いている人，実践している人たちとできるだけ多くのつながりをつくるのを手助けし，そうした人々を彼らのモデルとして提供することは非常に重要なことである。どんな教科においても，授業の一部で数日おきに違う職業の人が来て，10〜15分程度の質疑応答を行うことは，ほとんどの生徒にとってカリキュラム内容の学習よりも価値がある場合がある。もしこれを直接的に行うことが困難な場合でも，ディジタルテクノロジーを利用することで仮想的に行うことがますます容易になっている。携帯メールやSkype，あらかじめ録音・録画されたプレゼンテーション，ブログへの投稿，フェイスブックのメッセージ，その他新たな発展途上のものを含めたさまざまな方法を通して，クラスまたは生徒個人と専門家とのつながりをつくることが可能である。

　著名な専門家でさえ，しばしば生徒のために時間を割くことを望んでいる。たとえば，あるクラスでは，ニューヨークタイムズ（*New York Times*）のコラムニストであるトム・フリードマン（Tom Friedman）の著作『フラット化する世界』（*The World is Flat*）（訳注23）についてのブログを開設したところ，著者自身がそれについてコメントを寄せてくれた。すべての政治家と多くのジャーナリストのEメールが公的に利用可能であり，実際その人たちとコンタクトを取った場合，回答が期待できるのである。

PARTNERING TIP	▸▸▸ パートナー方式のヒント

> 生徒の両親の職業が何なのかを知ること，コミュニティー団体やそのリーダーと話すことに，そして一般的に見て，あなたのコミュニティーの中で誰が誰を知っているのかを知ることに，時間を割いてほしい。また授業参観したがっている人や，あることに情熱を抱く生徒のアドバイザーとなりうる人を見つけてほしい。クラスの皆のために情熱に基づく学習のためのアドバイザーを見つけてほしい。あなたと生徒は，オンラインで多くのEメールアドレスを入手することができ，また，さまざまな専門家にあなたが教えている内容をいきなりメールで問い合わせることもできる。「こんにちは，私は教員なのですが，…についてご助力願えませんか」と送れば，多くの反応があるだろう。

大学への準備としての現実性

　学習を現実的なものにしようとしているのは，幼稚園から高校（K-12）に限られるわけではない。カリキュラムに現実性という観点を採り入れ，「現実的な学習」を大きく売り出している単科大学，総合大学がますます多くなっている。たとえば，以下は各大学のWebサイトからの引用である。

カリフォルニア州ストックトン，パシフィック（Pacific）大学（原注16）
　「実生活学習（real life learning）」の機会は学生のイマジネーションを刺激し，大胆な発想を呼び，そしてパシフィック大学で過ごす時間だけでなく，その後の人生を形づくる助けとなる知的探求の道へ導くでしょう。
　主専攻，副専攻領域を問わず，当大学ではさまざまなインターンシップ，フィールドワーク，リサーチプロジェクトを通して，学生が実践的な技能と知識を獲得する機会を提供します。
　ワシントンD.C.における外交政策を取り扱うPRプロジェクトでのディズニーとの共同作業，もしくはストックトンのハギン（Haggin）博物館の歴史的文書の目録作成と保護の支援を行う，当大学を通したインターンシップは，学生が授業での学習を応用，発展させることを可能にする実生活での経験を提供します。

フィールドワークでは，写真学科の学生を，歴史的建造物の記録のためにストックトン中心部へ，水質調査のためにデルタ地帯へ，また刑事司法制度とその不公平性の考察のために，近辺の移民コミュニティーへ送り出しています。

リサーチプロジェクトは，学生の興味に応じて，タンパク質の生産からアメリカ移民政策の経済モデル，Aunt Jemima の広告の絵図におけるジェンダーまでさまざまに行われています。

ボストン，ノースイースト（Northeastern）大学（原注17）
　実生活学習は，ノースイースト大学における教育の中心であります。当大学の特徴である産学協同教育（cooperative education）プログラムによって得られる経験的な学習の機会により，大学卒業前に進むべき道を見いだすことが可能となります。このような広い経験によって，強い競争力が身に付きます。共同学習，カリキュラムパートナーシップ，サービスラーニング，研究室での研究，大学院入学に向けた準備など，他にはない教育を用意しています。

　地元学校の生徒への指導，社会福祉団体の活動地域でのボランティア，チャリティーイベントや基金調達の計画の支援を行うことが可能です。

　各専攻の先端コースであるキャップストーンプログラム（senior capstone）の学生は，授業での学習内容と，共同学習，研究，サービスラーニング，グローバルな経験を統合することが求められます。

アイオワ州シーダーラピッズ，コー（Coe）大学（原注18）
　サービスラーニングの経験に加えて，…当大学では多くの教室外学習の機会を提供しています。
- 協同コミュニケーションプロジェクト（Communicating Common Ground）―小学校と連携した多文化教育学習
- アフリカンアメリカン博物館
- 特別保留地におけるラコタの文化とコミュニケーション
- テレビ，ラジオ放送の基本

- スピーキングセンター（Speaking Center）—スピーキングセンターでは，スピーキングスキルの改善に興味を持つ学生との個人相談を行っています。教職員もまたセンターを利用し，オーラルコミュニケーションと教室での学習をいかに統合するかについて取り組む教授・学習ワークショップ（Teaching and Learning Workshops）に参加しています。
- ライティングセンター（Writing Center）—Coe ライティングセンターは会話と作文のための機関です。学生は，宿題から論文の最終案まであらゆる段階の文書を持ち込むことができます。
- バイスクルライティング（Bicycle Writing）（訳注 24）
- ネイチャーライティング（Nature Writing）—このコースでは夏期の期間ミネソタの Superior 国有林にある自然野外施設にて，インフォーマルなワークショップ形式で自然界についてのライティングの方略を研究します。
- ライターコロニー（Writers Colony）—5 月中にキャンパス外で集中的に行われるワークショップです。近年のライターコロニーは，ジョージア州 Tybee 島，内モンゴル，イングランドの湖水地方で開かれました。

公立学校であっても，幼稚園から高校まで，以上のような多くの体験学習を授業に同様に盛り込めない理由はないだろう。

■ つねに未来を考える

真のパートナー方式の教授法において重要かつ有用なことの一つは，コーチおよび指導者の役割を担う教師が，つねに生徒が将来出て行く世界について考え，その準備をさせてやることである。

21 世紀の教育と過去における教育の大きな違いの一つは，過去においては物事の移り変わりがそれほど急速でなかった点にある。したがって，教師は生徒に自分の過ごした世界とほぼ同じ世界への準備をさせればよかった。しかし

ながら，そのような状況は今，劇的に変化してきている。生徒が将来暮らし，働く世界は確実に，今現在私たちが暮らしている世界とは根本的に異なるものであるだろう。過去はもちろん尊重されなければならないが，生徒が将来生きる場所は過去ではない。

　パートナー方式は，これにどう対応できるだろうか。一つは，パートナー方式では，未来が現在とは異なるという想定を明確にし，対応を試みることである。したがってパートナー方式の教師は，生徒に試験の準備をさせながら，彼らの将来のためにも準備をするのである。その将来において，その試験の材料がどんなに重要でなさそうに見えるとしても，である。パートナー方式の教師は，子どもたちが卒業して大学に行くのを手助けする一方で，大学で，もしくは大学卒業後にやりたいことを見いだすために情熱を持てることを探す手助けも行う。また，生徒に，ほとんどの情報が書字によって記されている現在の世界に向けた準備をさせる一方で，情報が書字以外の形式になるであろう未来の世界に向けた準備を行わせる。これらは教師にとって大きく，新たな仕事である。そして私は，唯一パートナー方式を通してこれらの仕事が達成されるものと確信している。

　もちろん，私たちは同時にカリキュラムを練り上げなければならない。カリキュラムは伝統的に，教材と教授法の一覧であった。パートナー方式の教師の大方のカリキュラムの作成方法は，それら教材と教授法を，生徒がそれに答えることによって必要なことを学習するためのパートナー方式のための質問へと変えることによる。しかし，良いパートナー方式のための質問を作成するのは簡単なことではない。次の章では，この重要なパートナー方式の課題を取り上げる。

5

授業計画を立てる
内容から質問へ，質問からスキルへ

> **考えてみよう**
>
> 1. パートナー方式において授業計画を立てるとはいかなることか？
> 2. どのようにすればカリキュラムはパートナー方式のための質問に移行できるのか？
> 3. どのようにすれば適切な動詞スキルに焦点を合わせることができるのか？
>
> *Guiding Questions*

　パートナー方式の大きな利点の一つは，講義の準備のために授業計画を立てるという退屈な仕事や，過去に準備した講義を再利用するという繰り返しの作業から教師を解放することにある。しかし，旧式の授業設計がもはやパートナー方式の教授法に適していないからと言って，授業計画を立てること自体が時代遅れだというわけではない。──実際，時代遅れどころではない。それでは，パートナー方式の教授法において，授業計画を立てるとは何を意味しているのだろうか。

　パートナー方式の授業計画作成で最も重要なことは，学習する内容を質問の形にほぼ確実に移すことであり，その質問によって，講義調の説明に頼ることなく，必要な情報や学習に生徒が達するように導くことができることである。

その次に重要なことは，生徒がパートナー方式のための質問に答え学習内容を学ぶことと，それによって獲得され訓練される基礎的なスキル（もしくは動詞スキル）を明確に結びつける方法を考え出すことである。この章では，授業計画を立てるうえでのこれら2つの点を論じる。

■ パートナー方式のための質問の作成

パートナー方式と学習内容との第1の結びつき

　一般に質問とは，学習全体を組み立て，学習へと生徒を導き，最終的には評価するための工夫である。しかし，パートナー方式の教授法では，生徒に質問するのは，学習内容について生徒に説明をした後ではなくて，その前なのである。したがって，パートナー方式の教授法をカリキュラムに結びつけるときに教師が行う第一の仕事とは，その学習内容を一連の質問に変えることであり，生徒全員に学習内容について答えるべき重要な質問が何であるかを事前にかつ明瞭に理解させることなのである。

　パートナー方式の教授法においては，授業計画の作成は，つねに，生徒が答えるべき一連のパートナー方式のための質問を作成することから始まる。パートナー方式のための質問（駆動的な質問，探求的な質問，または挑戦的な質問などとも呼ばれているが）は，教師が教えるよう求められているカリキュラムをパートナー方式の教授法へと移行させる際の第一の関門である。

　教える教科や題材が何であれ，教師が真に求めるものは，その日の授業あるいはその題材を扱ううえで焦点となる重要な質問にすべての生徒が答えることができるようにすることである。生徒にとっては，質問が何であるかを知り，どの質問には答えられ，どの質問には答えられなかったかをチェックすることは，自分の進歩を自己評価し，試験勉強をするための卓越した方法である。そして，いったん生徒がそれらの質問に答えることができると，教師が出すどんな試験にも，さらに言えば，標準的な試験のどれにおいても好成績をおさめられるはずである。

　パートナー方式のための質問には，次の2種類がある。

1. 大きな，つまり全体を問う質問。それを授業（質問形式での授業）の達

成目標や目的と呼んでも良いかもしれない。いくつか例を挙げよう。
- 分数の掛け算（別のクラスであれば，二項式の計算）をするのはなぜか，そしてするとして，どのようにするのか。
- なぜアメリカ合衆国では南北戦争が起こったのか。
- 皮肉とは何か。私たちは皮肉をどのように使うのか。
- なぜ地球は動くのか。そしてどのように動くのか。

2．より詳細な発展的質問や補助的な質問。いくつか例を挙げる。
- どのように共通分母を見つけるのか。
- 奴隷制度は，南北戦争の勃発にどのような役割を果たしたのか。
- 『ロミオとジュリエット』の中で，どこに皮肉があるのか。
- 歳差運動とは何か。

PARTNERING TIP ▸▸▸ パートナー方式のヒント

授業計画を立てるときには，生徒に何を語り解説できるのかではなく，何を質問できるのかをいつも考えよ。もっとはっきり言えば，授業であなたが説明しなければならないことをどれだけ少なくできるかをつねに考えよ。話すことを半分カットしてみよう。そのうえでさらにもっと減らしてみよう。授業で何かを言うとしたら，解説・説明をするのではなく，質問を発したり討論をしたりするためにことばを発するように。生徒もあなた自身も，きっともっと伸びるはずだ。

パートナー方式のための質問をもっと磨こう

　パートナー方式のための良い質問を作るのは高い技量を要するため，教師はつねにより良いものを作るよう努力してほしい。できれば，何度も繰り返し検討しよう。できあがった質問を以下のチェックリストに照らして検討してみよう。

1．私の生徒は，このパートナー方式のための質問を理解することができるだろうか。

2. この質問は、さまざまな答え方が可能であり、複雑な解答を要求するものになっているだろうか。
3. 私の生徒は、この質問に答えるために、重要な知識とさまざまなスキルやツールを学ぶ必要があるだろうか。
4. この質問は、目下学習中の題材にふさわしい身近な文脈を作り出し、生徒に現実の出来事と結びつけて答えさせることができるものになっているだろうか。

（出典：Buck Institute for Education より。未刊行）

　最良の質問とは、一般的に「なぜ」という質問が先にきて、その後に「どのように」という質問が続く。特定のスキルを教えているときであっても、「なぜ」という質問が最初にこなければならない。「なぜ、私たちは内戦を起こしたのか。どのようにすれば他のそのような戦争を防げるだろうか」「なぜ、季節はあるのか。どのようにすればいつ季節が始まり、いつ終わるのかを予測できるだろうか」「なぜ、ある数は無理数なのか。どのようにすれば無理数を計算できるのか」「なぜ、私たちの都市や地域社会は痛んでいるのだろうか。どのようにすれば私たちは支援できるだろうか」「なぜ、私たちは湾曲した面積を測定する必要があるのだろうか。どのように測定するだろうか」

試験と教科書の順序を逆にしよう

　パートナー方式のための質問を考える良い方法は、あなたが教えている教材について生徒がどのくらい理解しているかを（たとえば試験で）チェックするとして、あなたや他の人がどのような質問をするだろうかと考えてみることである。それらの質問を、5問から10問程度の最も重要なものに絞ってみよう。そのうえで、あなたが教材を教える前に、すなわち生徒に解答を教える前に、プリントやネットで生徒に質問し、生徒に、この質問に答えられるようになることが、君たちの課題だと伝えよう。

　ときには作業の順番を逆にし、あなたが使っている教科書や学習計画からパートナー方式のための質問を取り出したり、引用しても良い。教科書の章の題名や小見出しは、必ずと言って良いほどその章の主題を表すため、これを質問

の形式に変えてみると良い。また，本の後ろに宿題として出されている質問を見るのも良い。その質問のうち，いくつがパートナー方式の授業のために役立ち，いくつが役立たないか検討してみよう。その質問を，以下の質問も考慮しながら，じっくりと考えてみよう。

- この質問は，私の生徒の関心をどのくらい喚起し，動機づけとなるだろうか。
- その度合いをもっと高めるには，どうすれば良いだろうか。
- この質問と生徒の情熱とを関連づけるには，どうすれば良いだろうか。
- この質問に答えるために，そして答えがわかったことを私に示すために，生徒はどのような興味深い活動をしてくれるだろうか。

PARTNERING TIP　▶▶▶パートナー方式のヒント

　授業計画を立てる時間の大部分を，授業毎に，全体を問う大きな質問と詳細な質問／発展的な質問を考え出すのに費やそう。それらを書きとめて，生徒に渡しなさい（オンラインでも構わない）。生徒にどのようにしてその質問に答えたいか，尋ねよう。もし生徒が「私たちに答えを教えてください」と言うなら，「もし私がいなかったら，君たちはどうやって答えを手に入れる？」と尋ねよう。そして彼らに自分で答えを見つけさせるのだ。

　パートナー方式で教える重要な理由づけの一つは，生徒に質問する人になるように促したいということである。だから，あなたが生徒に質問リストを与えるときはいつでも，生徒に，他にどんな質問を加えたいと思うか尋ねると良い。生徒には，あなたのやり方を見習って，すなわち全体を問う大きな質問から詳細で個別的な質問になる順序で，質問について考えるように勧めなさい。

パートナー方式のための質問例

　次に述べるのは，全学年，全教科で試用できるパートナー方式のための質問である。細かい質問もあるが，これは，実際に，上述したような作業を生徒に

させるときに役に立つ。あなたが教える教科や学年にかかわらず，下記の質問を利用したり，他の質問を作っても良いだろう。

- 生物の遺伝子組み換えの肯定的な結果と否定的な結果は何か。
- あなたたちの環境で植物はどのような影響を大気に及ぼすのか。
- 音はどのようにして作られるのか。
- 私たちは市民としてどのように地域社会をより良くすることができるのか。
- いつ戦争は正当化されるのか。
- なぜある人がヒーローになるのか。
- どうすれば学校や仕事のための最も良いネットワーキング・プランを設計できるのか。
- どうすればジェットコースターやミニチュア・ゴルフコースのホールを設計するのに数学を使うことができるのか。
- 地球温暖化は私たちの地域社会にどのような影響を及ぼすのか。
- 芸術や音楽や詩に私たちの都市の精神を描くことはできるのか。
- 湖の水質汚染を防ぐため，効果的なキャンペーンをどのように計画することができるのか。
- ティーンエージャが好きな本のWebサイトをどのようにデザインできるのか。
- 私たちの土壌は菜園にとって十分健康的か。
- 建築家はどのように幾何学を使うのか。
- 座席数を最大にするという仕様を満たす劇場は，どのようにして設計できるのか。
- テクノロジーはどのようにして戦争を多かれ少なかれ人間的あるいは非人間的なものにしているか。
- どのようにして幼少期の記憶は現在の私たちの姿を示すことができるのか。

    （出典：Buck Institute for Education より。未刊行）

たとえば「生物の遺伝子組み換えの肯定的な結果と否定的な結果は何か」という最初の質問を取り上げてみよう。教師からの講義がなければ、生徒は遺伝子組み換えとは何か、どこでどのように遺伝子組み換えは行われているのか、そしてそのメリットとリスクは何か、を自分たちで調べ始める。生徒がその題材に取り組むと、教師は生徒により詳細な質問を提示し、さらに彼らなりの別の質問を作り出すよう指導する。生徒は、私たちが生物の遺伝子組み換えをすべきか否かについて、自分たち自身の結論に達し、その結論を検証する。この結果がさらに授業の活発な討論のテーマとなるだろう。

この題材に取り組んだ中学1年生のグループは、アメリカ合衆国が「世界で最も大きな食物実験国」であり、しかも遺伝子組み換え食品の危険性は重大なので、その食品を食べるのは避けるべきだと結論づけた。そして彼らは、その立場から『遺伝子フランケン』(Frankengenes)（原注19）というタイトルのショートムービーを製作した。

悪い，良い，そしてもっと良いパートナー方式のための質問

パートナー方式のための質問を評価するのに役立ついくつかの基準がある。以下にあてはまれば，悪い質問である。
- 正しい答えで簡単に返答できる質問。
- 多様な解答もなく，生徒がさらに質問を作り出すこともできない質問。
- （広すぎたり狭すぎたりして）使える時間枠に合わない質問。
- 学術的すぎたり専門用語に基づく形式のことばで表されている質問。
- 生徒を動かすことがない，すなわちその解答を得ても，生徒に何も行動を起こさせない質問。

以下にあてはまるならば，良い質問と言える。
- 多様な解答があり，簡単な解答がない質問。
- 地域と全世界に重要な意味を持つ質問。
- 実践的な結果をもつ質問。

次のようなものならば，もっと良い。

- 生徒が「それは良い質問だ」と言って反応する質問。
- 生徒の持つ別の関心と情熱に応用できる質問。
- 生徒を世界を変える現実の行動に導く質問。

たとえば,「戦争は良いか」という質問は,「はい」「いいえ」で答えられるため,悪い質問である。「私たちはなぜ戦争をするのか」という質問は,良い質問となる。さらに良い質問は,「戦争をする理由を理解することは,どうして戦争を防ぐのに役立つのか」となるだろう。

パートナー方式のための質問によって,個別化と差異化を図る

　生徒に答えでなく質問を与えることの大きな利点は,それぞれの生徒(もしくはチーム)が彼らなりのやり方で答えを見つけようと取り組むことである。パートナー方式では,質問への解答(が正しいとしての話だが),その解答を生徒が得るのが,教師からであれ,教科書からであれ,検索サイトからであれ,あるいは仲の良い友達からであれ,まったく違いはない。大切なことはその答えが正しく,しかも生徒が学習しているかどうかということだけだ。

　したがってパートナー方式の授業を行う時は,一般に,授業内容や題材などの紹介や説明のために教師が黒板の前に立って時間を費やす必要はない。パートナー方式の教授法においては,教師はその日の質問——全体的な質問より詳細で発展的な質問の両方——を配布したり掲示したりするだけで良い。その後は,それらの質問に答えるために生徒が自由に本などの情報源を使うとき,コーチやガイドとして行動すれば良い(もちろん,生徒が質問に答える前に,質問それ自体を討論することに価値がある場合もある)。

　生徒は,一人ひとりで学習するかグループで学習するかを選び,学習するのに役立つさまざまな名詞ツールを組み合わせる(これについては7章で論じている)。一つの題材に全授業時間の1/3から1/2の時間を費やすことが多いが,一定時間が経過した後,質問に正しく答えたかどうか,その題材が習得されたかどうかを確かめるために,生徒は短いプレゼンテーションをしたり,教師(あるいは生徒)が討論を始めたりする。

　当然,毎日まったく同じ方法でこれをしていたら退屈してしまう。そこで,

教師や生徒はこれを基本的なアプローチとしたうえで，バリエーションを考える必要がある。たとえば，次のようなものがあるだろう。

- 生徒全員が，個人個人でまたはチームとなって取り組む。
- チームの人数を変える。
- チームや個人間で，より速くあるいはより完璧に答えを見つける競争をする。
- 全員が新情報源を探す。
- 全員が既存の情報源や根拠のない説の真相を暴く。
- 問題解決学習もしくは授業。
- あるツール（たとえば生徒が知らない，試したことがないツールだけ）に焦点を当てる。
- 検索サイト，ウィキペディア，もしくはコラボレーションは利用不可というような制約を設ける。
- ウェブクエスト（訳注25）といったインターネットをベースにした情報検索。
- プレゼンテーションのやり方（たとえば，パワーポイント，オーディオやビデオ）と時間（たとえば，30秒，1分，5分）を変える。

たとえば，一つの単元の全体的な質問が「詩とは何か」であれば，ある日はグループで生徒がその質問に答えようとし，別の日には，（「どうしてそれが良い詩なのか」という，より詳細な質問に返答しながら）一人ひとりがそれぞれ好きな詩を見つけて掲示し，他の生徒が良い詩の基準を探求する。そして，また別の日には，（「誰でも詩が書けるのか」という質問に答えながら）自分たち自身で詩を書き，級友同士で批評し合い，または教師から批評してもらうということがあるかもしれない。

パートナー方式のための質問と生徒の情熱を結びつける

すべての生徒にパートナー方式のための質問に興味を持たせ，すべての生徒をそれに答えるように動機づけるために行う教師の重要な仕事は，一人ひとり

の生徒が質問と自分の情熱を結びつけられるように手助けすることである。このための方法はさまざまであり，個人ごとに手助けすることも，グループ単位で手助けすることもある。また，授業の前にも授業中にも行うことができる。だが，その方法については事前に考えておくことが授業計画を立てるうえで重要な部分となる。「分数とは何であり，なぜ私たちは分数を必要とするのか」というパートナー方式のための質問を考えてみよう。この質問は，他の授業と同様に，音楽，スポーツ，コンピュータ，科学，芸術，さらには他の多くの生徒の情熱の観点から，教科に関わりなくさまざまな生徒やグループに投げかけることができる。

　パートナー方式の教師は，生徒一人ひとりを理解するために，多くの教師が慣れている授業計画の立て方とは違ったアプローチをする。クラスの生徒全員に授業計画を毎日準備する代わりに，パートナー方式では以下のように計画を立てる。

- これは，その情熱や進捗状況についてわかっていることを前提とした，生徒1のための私の授業計画である。
- これは，その情熱や進捗状況についてわかっていることを前提とした，生徒2のための私の授業計画である。
- これは，その情熱や進捗状況についてわかっていることを前提とした，生徒3のための私の授業計画である。

　毎日このように詳細に授業計画を立てるのは非現実的であり，不可能でさえあるかもしれない。たとえあなたが担当する生徒数がたった20人から30人であっても，いつも生徒一人ひとりのために，個々に計画を立てることは難しい。しかし，ありがたいことに助けがある。教師の話と生徒自身の情熱とを関連づけるのは生徒の責任であるということを生徒は知っている。だから，このことを明確にすることによって，生徒に教師と共同で授業計画を立てるようにさせることができるのである。実際，生徒を，毎日このような一人ひとりの情熱との関連づけをするように励ますべきだし，それを要求しても良い。個人のノートや，個人やクラスのブログは，生徒がこの関連づけを記録する良い場所とな

るだろう。教師はそれを記録し，将来のために活用したり同僚と共有できるようにしたりすべきである。

> **PARTNERING TIP** ▸▸▸ パートナー方式のヒント
>
> 一人ひとりの生徒に，ノートやブログ，または生徒が選ぶ他の方法で，「私が学習していることと私が好きなこととを結びつける」という題で文章を書かせよう。生徒が毎日1分か2分，書き込んでいるか，確かめよう。もし何も思いつかない生徒がいたら，教師やクラスの仲間が手助けすると良いだろう。

　私の考えをいくつかの例で示すことにしよう。
　たとえば分数を教えているとする。その日の重要な質問は，「最小公分母とは何か，そして，なぜ私たちはそれを必要とするのか」というものとしよう。音楽に熱意のある生徒は，音符の観点からこれを最も良く理解するかもしれない。スポーツマンは統計値から，政治ファンは世論調査から，コイン収集家はコインの価値の点から理解するかもしれない。また，アメリカ合衆国憲法修正第一条を教えているとしよう。音楽に熱意をもつ生徒は，歌詞の観点からこれを最も理解するかもしれない。スポーツマンは運動選手による政治的コメントから，政治が好きな生徒はテレビの政治キャンペーンから，コイン収集家はコインの広告や偽物の観点から，これを理解するかもしれない。

　そしてもちろん，あなたはこのような生徒の関心とのつながりを単に机上の理論だけのものとするのではなく，＜現実のもの＞とするように努めるだろう。生徒のそれぞれの関心や情熱を知ることは，教師にとって授業計画を立てるうえで大いにかつ即座に役立つだろう。このようなことに加えて，次のようなステップへ進んでも良い。

1. あなたが教えている教科に実際に情熱を持つ生徒のリストを作り，その生徒たちに生徒間学習のインストラクターとして協力を求める。

2．あなたが教えている教科が，あなたの生徒の関心・情熱とどのように結びついているかを調べ，これをもとにあなたの提案をもっとアピールする。

例
1．生徒の一人がコイン収集に情熱を傾けていることを知っているとする。では，この生徒にアプローチするときにどのような方法が可能だろうか。どの教科の教師かに応じて，方法が変わってくる。

- 数学教師として：この生徒に異なった通貨間の関係についての観点から質問できるだろう。コインの両替には掛け算と割り算の両方が使われる。古いイギリス通貨は，割り算の分母として 12, 20 を使う。もしあなたの教室でインターネットが使えるなら，もっとたくさん検索できる。
- 国語教師として：コインと関係する物語がいくつもあり，それについて読むことも書くこともできる。それについて質問することもできる。『アリババと 40 人の盗賊』や『ベニスの商人』のような，お金が顕著に関わる文学作品に生徒を導くこともできる。
- 社会科教師として：あなたが研究している時代や文化の貨幣制度を生徒に調べさせ，そこから人々，場所，文化的振る舞い，相対的な価値について何がわかるか，調べさせる。
- 科学教師として：物質科学や化学への導入として，そのコインが何で作られているのか（何で作られていたのか），そしてなぜそうなのかについて，生徒に尋ねても良い。
- 外国語教師として：生徒が学んでいる言語の文化史についてコインから何がわかるかを尋ねても良い。

2．音楽に情熱を傾けている生徒がいることを知っているとしよう（そのような生徒は確実にいる）。そのような生徒の関心に合わせて，どのように指導するか。

- 数学教師として：音楽のリズム，構成，その他の数学の利用という観点で質問できる。
- 国語教師として：音楽の歌詞やオペラの歌詞，他の音楽形式について尋ねることができる。
- 社会科教師として：その時代の音楽やその時代について書かれた音楽を通して，あなたが研究している時代や文化とどう関わるかを生徒に尋ねることができる。
- 科学教師として：人間の生物学や心理学の分野への入り口として，音楽の持つ効果とその音楽の認知の仕方を尋ねることができる。
- 外国語教師として：ある文化を形成する音楽や詩がどのように言語と関わるかを尋ねることができる。

　生徒一人ひとりの情熱の違いは，学習スタイルやハワード・ガードナーの言う多重知能（これら両者は，そもそもその存在さえ論争がある）の違いよりも，はるかに生徒個人個人で明瞭に区別できるし，同定することが簡単である。生徒はそれぞれ情熱を確実に持っているし，教師にそれが何であるかを教えてくれるだろう。繰り返すが，情熱に基づいて生徒一人ひとりを区別することにより可能となる（容易にすらなる）ことがあるのだ。それは，パートナー方式の場合，教師は自分ですべて調べだす必要がなくなるということである。生徒に質問して答えてもらえば良いのである。
　一度，生徒が学校での学習と自分の情熱とを結びつけることができれば，その生徒はさらにその関係を強めたくなる可能性が非常に高い。正しい方法で生徒の情熱について質問し，生徒とともに学ぶなら（それは，確かに時間がかかるし，教師も生徒もその正しい方法が何かを正確に理解するために繰り返しが必要だろうが），その結果に大いに驚きうれしく思うだろう。

答えにいたる道を生徒に選ばせる

　これまで見てきたように，パートナー方式の授業では，生徒やグループはそれぞれ質問に答えるための道を自分自身で選ぶようになる。そして，教師はそうなるように授業計画を立てることが必要になる。前に論じたように，教師は

教室内の座席などの配置を考え，チームが編成されたり解散したりするたびにその配置が変化すると考えるだろう。できれば一定数の生徒に授業中に図書室を使わせるために通り道を用意したいと思うかもしれない。また，いくつかのWebサイトへのアクセスを一時的に，あるいはできるならば，ずっと可能にしておきたいと思うかもしれない（これは技術コーディネーターと相談することで用意できることが多い）。YouTubeなどの役立つサイトへのアクセスが永遠にブロックされている環境だとしたら，自宅でビデオや他の教材を自由に録画したりダウンロードし，それを生徒に自由に見せたりできたら良いと思うだろう。電子黒板があるなら，生徒個人やチームに使わせて作業させたいと思うだろう。

　これまで述べたような授業方式は，一般に，教室内で聞こえてくる唯一の声が教師の声か，教師に呼ばれた生徒の声だけであるような従来の教室よりも，節度がなく，もっと騒がしいものになるのはほぼ確かである。教師は黒板の前にじっと立っているのではなく，歩き回りながら，生徒一人ひとりやチームにどこを注意すれば良いのか，どのようにして始めるのか，アドバイスやガイダンスや指示を与えるのである。教師は，生徒が調査をするために教室の外ばかりでなく校舎の外に出ることさえ許可しなければならないかもしれない（もちろん，このためには管理職の承認をとりつける必要があるが，この新しいスタイルの学習方法を理解し，共感し，支持する教育長や校長はますます増えてきている）。

　パートナー方式の授業は，教室をカオス的状況にすべきとか，カオス的状況になるだろうとかいったことをねらっているのでは断じてない。パートナー方式を導入するときには，生徒がこの方式を理解し受け入れているということを明確にする作業が含まれる。生徒はこれまで自分の学習に責任を持ったことがないかもしれないが，パートナー方式においては，生徒が自分自身の学習に責任を与えられているということ，しかも彼らは責任を持って行動しなければならないということを教師も生徒も理解する状態を作り上げることが重要なことなのである。生徒が責任を取るということが，この方式の授業での学習経験でとても大きな部分を占める。生徒が責任を取るということは，生徒にいつでも次のいわゆる＜教室の3つのルール＞に従わせることを意味する。

1．いつも倫理的に行動しなさい。
2．最善を尽くして学びなさい。
3．他の人がやっている最中に邪魔をしてはならない。

　生徒が自分の作業を行わないとしたら，それは倫理に反する。したがって，それは許されない。いい加減にすること，すなわち学習に最善を尽くさないということもまた許されない。騒がしくふざけたり，やるべき課題と関係のないビデオを撮ったりして，他の人の学習を妨げるのも同様に許されない。一方，全員が参加して，パートナー方式のための質問に焦点を当てて活発に論争したり討論したりするのは，たとえ大声になったり騒がしくなっても，すばらしいことなのだ。

■ 動詞スキルに焦点を合わせよう

要求されるスキルとの関連

　授業計画を立てる際に求められる，パートナー方式の教授法とカリキュラムとの間の2番目に重要なつながりは，パートナー方式のための質問への解答と関連する適切な動詞スキルに関わるものである。動詞スキルとは，カリキュラムで要求されているスキル（ほとんどのカリキュラムはますますスキルに基づくようになっている），パートナー方式の授業を通して生徒が学ぶスキルのことである。

　授業計画を立てる際には，これらのスキルがどんなものなのかをはっきりとわからせる方法を考案することがパートナー方式での教師の仕事である。なぜならば，生徒は自分たちが学んでいるのはスキルであり，単なる事実や学習内容ではないということを理解することが重要であるからだ。生徒は重要な日付を見つけたり学んだりするかもしれないが，それは表面上のことであって，その表面下では，調査方法の開発，検証，歴史的分析の実行，批判的思考といったスキルを練習している（しなければならない）のである。

　生徒は，自分がどんな質問に答えているのかをつねに知る必要があるが，それと同様に，それらの質問に答えるときには，どんなスキルを学び，練習し，

習得することを求められているのかをその都度正確に知る必要がある。攻略の難しいコンピューター・ゲームやビデオ・ゲームであれば，こうした点をプレーヤーは容易に理解できる。ゲームでは，プレーヤーの腕，つまりスキルに応じた点数やレベルが表示されるし，さらにレベル・アップするためには，すべてのスキルをもっと磨かなければならない。パートナー方式の教師も，同じである。学ぶ必要のあるスキルを明らかにし，生徒がそれぞれのスキルをどの程度習得しているのかを理解させなければならない。パートナー方式の教師は，生徒は行っている作業と学んでいるスキルとを頭の中で自動的につなげていると思ってはならない。このようなつながりは，いつもできるだけ明確にされる必要がある。

　この動詞スキルに焦点を合わせて授業計画を立てる段階では，教師はその学習内容で生徒に何をさせたいのかを考える。すなわち教師は，生徒がパートナー方式のための質問を受けて発見する答えを通して学び，練習し，習得してもらいたい基本的な，しかも優先的なスキルが何であるかを熟考し決定する。授業計画を立てデザインするときには，教師は動詞スキルに思考を集中させ，使用されるツールやディジタルテクノロジーにあまり先走りしないことがとても重要である。

　パートナー方式のための質問に答えて学習内容を学ぶときには，生徒はどのような学習スキルを訓練すれば良いのだろうか。リーディングだろうか（それはありうる），暗記だろうか（たぶん違う），分析することか，調査することか，批判的あるいは論理的に思考することか，意思決定することか，結びつけることか，討論できることか，協働することか。それとも生徒は学習内容で何をなすべきかを独力で発見すべきなのだろうか。

　授業計画作成の段階で，パートナー方式の授業を通して教え焦点を当てる学習内容に関わるスキルについて，まずは注意深く考える時間を取りなさい。そしてその学習内容で生徒に何かをさせるとき，あなたの関心はどの動詞スキルにあるのかを選択しなさい。こうすることで，あなたは適切なテクノロジーに導かれるだろう。

　すでに見たように，表2.2には本書で考察する動詞スキルのすべてが盛り込まれている。それぞれの動詞スキルは，有用で適切な個別の名詞すなわちツー

ルと関係している。いま一度，その表に立ち戻って詳細に調べることをお勧めする。

ここに，その表の使い方をいくつか示しておこう。

- すべての動詞スキルに目を通し，担当するさまざまな授業のどれに適用できるかを決めよう。
- 生徒が使い，練習し，上達してもらいたい特定の動詞スキルに焦点を当てよう。
- 現在の授業や学習内容のいくつかを取り上げ，その内容を生徒が学習していくうえで使用する動詞スキルを考えながらその授業や学習内容を再考してみよう。

2つの特別な動詞スキル

表2.2のほとんどの動詞スキルは自明であり，特別の説明を必要としない。しかし，頻繁な意思決定とソクラテス的問答法の2つを取り上げて，多少，説明しておこう。

頻繁な意思決定

おそらく驚かれるだろうが，ほとんどの生徒が授業であまり行わないことの一つは意思決定である。教師は質問をするとき，しばしば生徒に自発的に挙手をさせることで満足してしまい，生徒全員に意思決定を迫ることはない。そして，生徒というものは必要がなければ決定を急がないものである。これは生徒の学習にとってあまり良いことではない。なぜなら，意思決定すること，その後にその決定が良かったかどうかについてフィードバックを得ることは，私たちが学習する重要な方法の一つだからである。コルブのいわゆる学習サイクル（行動，観察〔もしくはフィードバック〕，省察，そして抽象）は，ほとんどの学習において用いられる方法として広く知られているし，承認されている（原注20）。

さらにもっと奇妙なことに，私たちが生徒に最も意思決定を迫る状況は，試験においてである。しかもその場合，意思決定は，フィードバックから切り離

されている（フィードバックがあるとしても，ずっと後になってからである）。結果的に意思決定は学習の助けにならない。もし生徒の学習にもっと頻繁に意思決定を導入したならば，それは生徒にとって十分に役立つだろう。（これは子どもがゲームから非常にとても上手に学ぶ理由の一つである。ゲームは，典型的には約 0.5 秒毎にフィードバックを伴う意思決定を必要とするのである。）

パートナー方式の教師が，より頻繁に意思決定を導入するために使えるいくつかの方略を示しておく。

1．もっと質問をしよう。
2．どの生徒にもあなたのすべての質問に答えさせよう。問うに値する質問であれば，すべての生徒に答えさせよう。とりわけパートナー方式のための質問には確実に答えさせるようにしよう。
3．生徒一人ひとりに自分の立場をはっきりさせるようにしよう。討論しているときは，どの生徒も自分の答えを明示するためにカード（たとえば一方が赤，他方が緑）を上げたり，インデックス・カードに答えを書いたりできるようにしよう。
4．もし学校にクリッカーがあれば，利用しよう。クリッカーは，それぞれの生徒に答えることを強いるからだ。クリッカーの代わりとして，携帯メールやツィッターを使用したり，または Web サイトの www.polleverywhere.com と組み合わせたりすることで，携帯電話を利用することもできる。
5．生徒に，短い時間に複数の意思決定をして，それについてフィードバックが得られるようなテンプレート（たとえば，パワーポイント）を作らせなさい（図 5.1 参照）。これはフラッシュ・カードに似ているが，問題と意思決定はもっと知的に洗練されたものである。たとえば，美術の授業では，どちらが本物の芸術作品でどちらが偽物かについて（そしてなぜ，生徒はそう考えるのか）の意思決定をさせる。国語の授業では，文章をふたつ提示し，どちらの文章が良い始まり方か，またどちらが良い終わり方か，さらにその理由は何か，ということに焦点を合わせて意思決定をさせる。

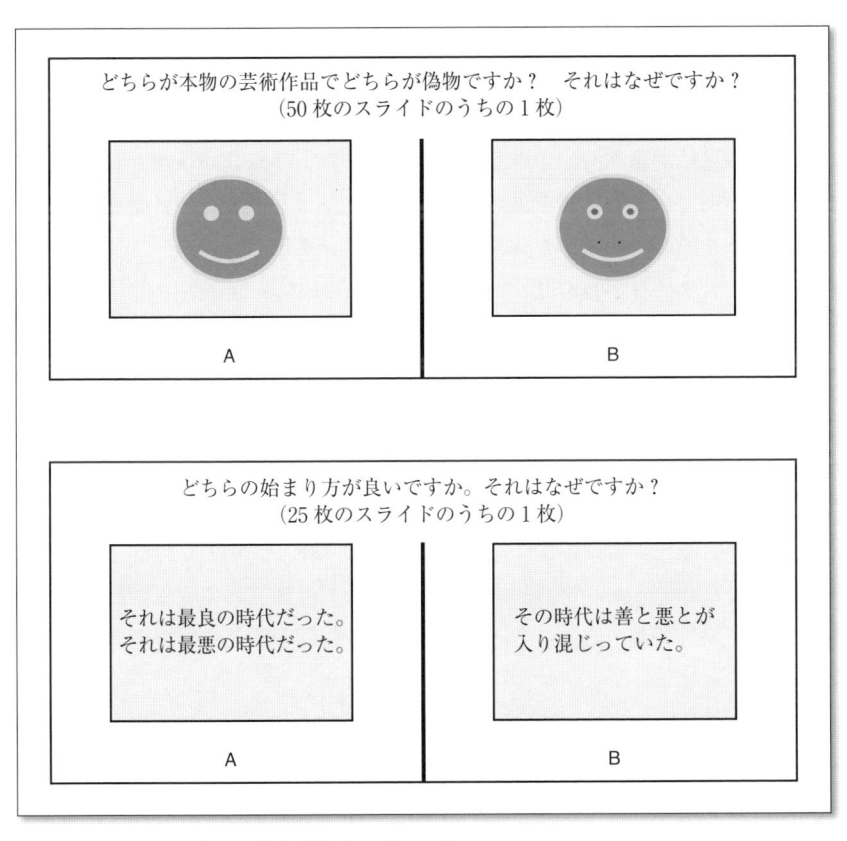

図5.1　フィードバック型意思決定のサンプル

> **PARTNERING TIP　▸▸▸パートナー方式のヒント**
>
> パートナー方式の授業の一部として生徒が意思決定する機会をもっと増やす方法を生徒と話し合いなさい。グループでもチームでも，彼らがどんな分野を学んでいるにせよ，意思決定能力を測るテンプレートを使って良い。

ソクラテス的問答法

　ソクラテス的問答法，つまり思考を誘発する問答法も，こんにちの重要なス

キルの一つだが，法学の教師以外はほとんど使わず，幼稚園から高校3年（K-12）までの教育でも滅多に教えられていない。「ソクラテス的」という言葉はよく使われるものの，一般には誤用されている。本当のソクラテス的問答法は，自分の見解が論理的に矛盾していることを答え手に認めさせ，討論している題材について自分の見解を再考させるオープンエンド形式の質問である。

　ソクラテス的問答法のすぐれた解説は，ミネソタ州，ノース・フィールド，カールトン大学の科学教育リソース・センターのWebサイトで得られる（原注21）。

　初期のギリシャ哲学者・教師であったソクラテス（紀元前約470-399年）に由来する，教育へのソクラテス的アプローチは，厳密に考え抜かれた対話の実践に基づく。指導者は，生徒と活発な対話を行うために，まずは自分が討論の話題について無知であると告白する。ソクラテスは，考え抜かれた質問を厳格に行うことで，学者／学生は考えを論理的に吟味し，その妥当性を決定できるようになると考えた。対話的アプローチとしても知られているこのような質問によって，対話者の誤った考えは是正され，信頼しうる知が再構成されるのである。

　ソクラテス的問答法は，単純に見えるが，実際にはきわめて厳密，厳格である。ソクラテスの弟子であったプラトンの著作に述べられているように，教師は問題としているテーマについて対話者から可能な限りの知識を得るために，そのテーマについて無知を装う。個々人は矛盾を認識する能力を持っているので，ソクラテスは次のように確信する。不完全だったり不正確だったりする考えは，周到に組み立てられた質問の過程の中で是正され，したがって漸進的にさらに偉大な真理と正確さに向かっていくだろうと。

　ソクラテス的質問による討議をしている間，教師は，生徒の見解を尊重し，その理解度を吟味し，生徒が考えることに真の関心を示す批評的思考のモデルとなる。教師は，与えられたテーマについて初心者である生徒が独力で思いつく質問よりも，もっと意味のある質問を提出する。教師は，知的に刺激する教室環境を創り，それを維持し，その環境の中で生徒の価値を認める。知的に開かれていて，安全で，要求度の高い学習環境の中で，生徒は挑戦を受けるわけだが，それでも仲間の前で正直に十分に質問に答えれば，それは心地よいもの

になるだろう。

　たとえば，教育について討論している時には，ソクラテス的質問は，「なぜ学校があるのか」となるかもしれない。第二次世界大戦について討論しているときには，「ヒトラーのドイツは何が良かったのか」という質問になるかもしれない。このようにして，パートナー方式の生徒はソクラテス的問答法のスキルを教えられ，自分でも使うチャンスを得るはずだ。つまり，一方で，教師はソクラテス的問答法を例証しながら実践できるし，またそうしなければならないのだが，他方で，生徒はこの問答法について探求し，互いに訓練ができるものでもあるのだ。

> **PARTNERING TIP　　　　　▸▸▸パートナー方式のヒント**
>
> あなたと生徒の間で，人々に自分自身の考え方を反省してもらえるように，完璧にソクラテス的問答法を使って討論してみなさい。

　パートナー方式のための質問を作り，適切な動詞スキルに焦点を当てながら，それに合わせた授業計画を立てる。その際，パートナー方式の教育における教師としてのさまざまな役割を思い出し，それについて考えなさい。確かに教師は教育の専門家だが，特にコーチやガイドの役割もある。もし学習内容よりもパートナー方式のための質問や動詞スキルの観点から授業計画を立てるとすれば，自分がこれら2つの役割，つまりコーチやガイドの役割を持った存在だと考える方が一般的にはるかに簡単である。

　パートナー方式のための質問への答えを見つけるのは，教師ではなく生徒である。これと同じように，動詞スキルもまた生徒のためのものであり，教師が生徒一人ひとりの関心に合わせて選択し活動させるにしても，その内容との関連において実践するのはあくまでも生徒であることを心に留めておこう。

　これらの学習活動を進めるため，生徒は多くのツールを使うことになる。その一部には，たとえば本のように，教師がよく知っていて，これまで何年も生徒と一緒に使ってきた従来のデジタル化していないツール（たとえば，本）が含まれるだろう。しかし，今後，新しいデジタルツールがもっと多くなる

だろう。そして生徒が使えるようになるディジタルツールの数や種類は増え続けるだろう。

　パートナー方式の教師として，学校で利用できるこれらのツールを最大限どうやって効果的に生徒の学習に生かすことができるだろうか。それが次章のテーマである。

6

パートナー方式での
テクノロジー利用

> **考えてみよう**
>
> 1. パートナー方式でのテクノロジーの役割とは何か？
> 2. 使えるテクノロジーのすべてを生徒に使わせるにはどうしたら良いのか？
> 3. 生徒が利用するのに適切な名詞ツールをどうやって選ぶのか？
>
> *Guiding Questions*

　前章で，私は学習の動詞スキルについて説明した。この章では，名詞ツール，つまりパートナー方式のための質問に答えたり，基本的または発展的なスキルを磨いたり，プレゼンテーションをしたり，その際に題材を学んだりするために，生徒が利用する実際のテクノロジーツールについて目を向けようと思う。
　私がなぜ動詞スキル／名詞ツールという重要で隠喩的な区別を強調するかというと，それがパートナー方式をとる教師（さらに言えば，すべての教師）が教育において最も重要なこと——すなわちテクノロジーそれ自体ではなく，テクノロジーを用いていようがいまいが，むしろ生徒が学び習得すべき根本的なスキル——に集中するのに役立つからだ。私は生徒がディジタルテクノロジーを使うこと——それらは生徒が暮らすこの時代のツールであり，大人になって

どんな仕事をする際にも必ず使うであろうものだ——を強く支持するが，テクノロジーそれ自体では何の役にも立たない。

私が説明してきたように，学習の動詞スキル（たとえば，理解やコミュニケーション，プレゼンテーション，説得など；表2.2のリストを参照）は，21世紀の生徒にとっても変わりはないようだ。それらは教育の要素であり，私たちがすべての生徒に身につけてもらいたいスキルであり，私たちが慎重に守っていきたいと思っている教育の一部である。赤ん坊と風呂水の古い隠喩（訳注26）でいえば，動詞スキルは赤ん坊なのだ。

生徒が利用する名詞ツール

では，名詞ツールとは何だろう？　名詞ツールとは動詞スキルを＜する＞ためのツールである。また，動詞スキルとは違い，名詞ツールは変化する。時代やテクノロジーの改善とともに変化する。もちろん，テクノロジーはこんにちの教育においてとても大切だ。できるだけテクノロジーを使うことは，21世紀を生きる生徒として子どもたちが生まれながらに持つ権利であり，教育者として私たちは生徒にできるだけ多くのテクノロジーツールを提供するために努力せねばならない。しかし，テクノロジーはあくまでも単なるツールでしかない。

「もしそれが君が生まれた後に発明されたものなら，それは＜テクノロジー＞だ」という，研究者アラン・ケイ（Alan Kay）の便利な格言がある。私たちは，多様な形態のテクノロジー（本，百科事典，黒板，紙や鉛筆でさえ）を教育ですでに利用しているが，もはやそれらをテクノロジーとは考えていない。教育的なテクノロジーツール（名詞ツール）は，たとえば巻物から本へ，ペンとインク壺からボールペンへ，黒板からホワイトボードへ，チョークからマーカーへ，家庭教師からクラスの教師へというように，過去において変化してきた。しかし，この変化は一般的には非常にゆっくりと，数十年，数百年に渡って起こったものである。この変化のペースは大変ゆっくりであったので——しばしば一人の教師の一生涯に渡ってツールに変化が生じないこともある——ある教師は教育の名詞ツールが不変だと思い込んでいたかもしれない。

だが，それは正しくない。動詞スキルは不変だが，名詞ツールは変化する。

そして，突然，その変化は激しく加速しはじめている。私たちは，新たな学習ツールが数十年，数百年というよりも，数年，数か月というかつて経験したこともないスピードで生まれ，変化し，消えていきさえするという一つの時代—21世紀のディジタル時代—に突入している。

■ テクノロジーとは可能にしてくれるもの

パートナー方式の教師は，いったん生徒にそのための質問を与え，生徒が適切な動詞スキルを理解していることを確かめたら，すなわち，パートナー方式の生徒が自分たちの目標を理解できたら，教師の次の仕事は，生徒に自分自身でまたは仲間とともに，学ばせることである。教師のガイドなどを仰ぎながら学習に当たらせ，そして生徒が質問に対する答えがわかった，そして要求されたスキルを習得したと，生徒および教師が確信するまで取り組ませることである。

自分自身で，内容とスキルの両方を学ぶには，生徒はツールを必要とする。パートナー方式の教師の仕事には，生徒は自分たちが使える適切な学習ツールのすべてをきちんと知っており，学習に最適なツールを使っていることを確認することが含まれる。私が前に述べたように，教師は生徒に代わってツールを使ってはならず，また，自分がツールを利用する必要すらない。その代わりに，どんなツールが存在しているのかを知り，それぞれのツールで何ができるのかを理解し，学校で利用できる範囲で生徒がツールを使えるようにし，その利用を促していくことが重要になる。

パートナー方式の教師としては，生徒がスキルをより良く学ぶのをテクノロジーが助けてくれるからこそ，できるだけたくさんの現代のテクノロジーを教育で使いたいと思っている。ディジタルテクノロジーは，生徒が過去にはできなかったような方法で自ら学ぶことを可能にする。生徒は，21世紀初めに成長しつつある人間としてディジタルテクノロジーが彼らの時代のツールを表していることを知っており，できるだけどっぷりつかりたいと思っている。

それゆえ，テクノロジーの役割とはパートナー方式の教授法を支えることである。そうなるには，パートナー方式を採る教師が，そのための質問への回答

とスキルの実践の両方で，どんな現代のテクノロジーが潜在的に生徒に利用可能なのか，それらで何ができるのか，それらはどうやって学習を支えるのか，知っておく必要がある。第7章では，ツールごとにこの情報を示し，私が言うことを，さらなる調査や授業，役立ちそうなツールについての生徒との話し合いによって補完していただきたい。

■ テクノロジーと公平さ

彼・彼女自身のために

　もちろん，すべてのテクノロジーを皆が（金持ちでさえ）利用可能になるということはないだろう。だが，すべての生徒が最小限のテクノロジーにアクセスできれば良いのだ。この最小限のテクノロジーとは，ますます，生徒一人ひとりがネットワーク化された自分用のパソコンを（もちろん，携帯電話も）持つことを意味するようになってきている。

　もし，今日，あなたの学校において1人1台でコンピュータを使用できないなら，または，電話が2人に1台しかなくても，明日はそうなると期待しよう。また，一人のパートナー方式の教師として，あなたの生徒が教室でそのレベルでテクノロジーにアクセスができるようになれば，どういうことができるのか考えることで，今から準備してほしい。たとえばチーム作りなど，1人1台に近づけるため，パートナー方式の教師がそれまでにできること，やらなければならないことはたくさんある。

　パートナー方式の教師は，どんなテクノロジーがこんにちの学校で利用可能なのか，これからどうなるのか，そうではない場合には何を求めれば良いのか，先回りして知っておく必要がある。パートナー方式の教師は，何人かの生徒が他の生徒と同じようにアクセスできないからといって，テクノロジーの利用を控えるのではなく，その利用を勧め続けることも重要だ。テクノロジーを持っていない生徒への対応としては，彼らをチームに混ぜたり，持っている生徒をパートナーにしたり，テクノロジーを備えた実習室や図書館，その他の場所が誰でもアクセスできるように十分長く開放されていることを確認する必要がある。多くの学校は，今や，このアクセスを必要とする生徒に対応するため，コ

ンピュータ実習室を週末に開放したり週日には夜中まで使えるようにしたりしている。

■ 生徒にすべてのテクノロジーを使わせよう

こんにち生徒が利用可能なテクノロジー（第7章には130以上のものがリストになっており，日々さらに増えつつある）を一覧すると，ハイテク好きでない教師や，以前はこうした領域にたいして注意を払ってこなかった教師は圧倒されてしまうかもしれない。だが，警戒する理由はまったくない。パートナー方式の教師の仕事は，単にこれらのテクノロジーを知り，それらが生徒の学習をどのようにして助けうるかを知ることである。それらを使うことではない。実際にそれらを使うのは生徒の役目なのだ。

パートナー方式でテクノロジー利用が最も上手な教師の多くは，こう言う。「私は決してそれに触りません。私の生徒がすべてそれをやります。」そして彼らの生徒は，たいへんな量のテクノロジーを使っている。

ところで，これは教師にとって見慣れぬ状況ではない。本やエッセイ，小説や詩について教えるのに，教師は実際にそれらを書く必要はない。科学を教えるのに，実際に研究し発表する必要はない。映画を教えるのに，実際にそれらを作る必要はない。教師（すなわち，コーチ）の役割は，生徒の代わりにそれらをすることではなく，むしろ生徒に自分でやれるように指導し，フィードバックを行い，改善するのを助けることである。

とはいえ，さまざまなテクノロジーツールの利用において専門家のアドバイスが生徒の役に立たないと言っているわけではない。むしろ反対である。だが，教師はこれらのツールの利用において専門家である必要はない。Web 2.0のツールの効果的な使い方とか良いビデオまたはポッドキャストの作り方などをきわめて詳細に知っている外部の専門家がいる。そのような専門家の意見は，直であれあるいはコンピュータ上であれ，あるいは読書やYouTubeを通してであれ，取り込むことができる。そして，これらの専門家は，クラスと一緒に取り組む場合，最初に教師に教え，その後でそれを教師が生徒に教えるというのではなく，直接生徒に話さなければならないのである。

プレンスキーの背信行為

　パートナー方式において利用可能なテクノロジーならどんなものでも使うことは，ちょうどパートナー方式のための質問に答え，動詞スキルを使い習得するのと同じように，教師ではなく生徒の仕事なのである。テクノロジーに関して言えば，教師はユーザーではなく，ガイドであり，コーチであり，質を保持する役割を担う人なのである。

　パワーポイントはどうだろう？　それは教師のためのものではない。それは生徒に使ってもらうものなのだ。電子黒板は？　これも教師のためのものではない。生徒だけがそれに描くことができ，そうすべきである。コンピュータやスマートフォン，ブログに Wiki，フェイスブック，ツイッターや他のテクノロジーは？　教師ではなく，生徒がそれらをセットし，使うべきだ。これは小学生にさえあてはまる，むしろもっとあてはまるかもしれない。唯一の例外は，

時々，もしできるようなら教師が，彼らが期待している使い方の手本を見せることぐらいである。しかし，それさえ絶対に必要というわけではない。たいていの，というわけではないが，多くの子どもたちは，もし良いフィードバックが与えられれば，彼ら自身で学ぶことができるのだ。

注意すべきは，このような見解は普遍的ではないことだ。したがって，私はそれを背信行為と呼ぶ。多くの人は教師がそうしたツールを利用すべきだと考えており，また多くの教師がその使い方を求めて訓練を受けている。だが，これは間違っていると私は考える。

私の見解は，部分的には，「先生はパワーポイントを作って，それらはとてもすごいものだと思っているけど，それってちょうど黒板の板書みたいなものですよね」とか「とりあえずといった感じでテクノロジーを使ってみるのはやめてください，バカに見えます」というような生徒のコメントに基づいている。また，学習のために使えることのほんの一部しかテクノロジーを利用していない教師や，使いたくてたまらない生徒にはそれを使わせないような教師についての私の観察にも基づいている。

もちろん，教師は生徒とコミュニケーションを図るのにテクノロジーを使う必要はないと言っているわけではない。使うべきなのだ。だが，それはパワーポイントを通してではない。むしろ携帯メールやEメール，オンライン投稿を通してである。これらはコミュニケーションのためには，少なくとも生徒の視点からはしばしば最良で最も簡便な方法なのである。また，もちろん，ちょうど仲間とするように，テクノロジーについて本当によく知っている教師がそれを生徒に伝えることにはなんら問題はない。

しかし，全体的に見て，私は以下のことをルールと考えている。すなわち，パートナー方式の教師は生徒に代わって決してテクノロジーを使ってはならない。

私は，最近，長年教師を務めている人物から送られたこのブログ投稿を見つけた。

これまでの私の経験から，学習ツールを自分の教室に持ち込むには，自分がそのツールにかなり熟達していなければならないと信じてきました。結局

のところ，自分では生徒に効果的なツールの使い方を示す専門的知識を持っていないのに，どうして生徒にツールを使うよう要求できたでしょうか？…私には専門的知識がほとんどないテクノロジーを生徒に使うように要求する宿題を出すのは気が滅入ることを私は認めなければなりません。ですが，驚いたことに，生徒はそのことに感謝していたのです…彼らが私よりも多くのことを知っており，私が彼らから進んで学ぼうとしている事実に，です。私の生徒は，教師としての私の信頼性や影響を弱らせるというよりもむしろ，私が＜新しいテクノロジーを経験することに対して開放的であること＞をクールなものとして，すなわち，私の知識の内容や専門性よりも深く私たちを結びつけてくれる方法と見ているのです（原注22）。

　とりわけテクノロジーに堪能で，それを自慢している教師は，生徒に代わってテクノロジーをとても使いたくなるかもしれない（たとえば，生徒に代わってブログを立ち上げたり，生徒自身のパワーポイントのプレゼンテーションを作成したりすることなど）。教師にはこの誘惑に抵抗してほしいと私は考える。長い目で見れば，生徒はたいていの教師がするよりもずっと効果的にテクノロジーを使うことができるし，できない場合でも，生徒はそれを学ぶ必要があるのであり，教師が生徒に代わってやってはいけない。

　さて，明確にしよう。こんなに多くのテクノロジーは，パートナー方式の教室で使う必要があるのか？　その通り！　それを使うのは，教師なのか？　まれになら。それは，生徒ができないことやすべきでないこと（たとえば試験をすること）のためや，生徒が教室で使えるように教室外でテクノロジーに基づいた題材を制作したり準備したりする場合などに限られる。教師が（教室外で）代替現実ゲームやその他のゲームを作って生徒にプレイさせたり，ポッドキャストを作って生徒に体験させたりすることはすばらしいことだ。だが，教室では，そうした知識を持っている教師は，生徒自身にそれらのことをやらせる必要があるのだ。

　疑い深い人には，ある意味，これは旧式のテクノロジーの場合と何ら違わない，と言いたい。すばらしいエッセイを書くスキルを持っている教師は，生徒に代わって書くだろうか。生徒は自分で読む代わりに教師に読んでもらうこと

で（特殊な場合を除き）得をするだろうか。私たちは，時々感動を誘うような読み方を実演するために俳優や講演者を呼んでくることはあるが，たいていの人々は，朗読は生徒の役目なのだということに同意するだろう。こうした旧式のツールの場合，自分で使って習得することは生徒の仕事であることに，私たちはみな同意すると思う。同じことは，ディジタルツールにも当てはまる。けれども，その違いは，子どもたちはこれら現代的なツールについてはすでに有利なスタートを切っていることである。

テクノロジーに関する教師の役割

　ところで，テクノロジーの領域におけるパートナー方式の教師の役割は，一体何なのだろうか？　教師に求められるのは，

- 利用可能なテクノロジーすべてを生徒に指摘すること。教師は次章にリストアップされたすべてのテクノロジーについて知り，今後も継続的に新しいものをチェックすること。
- 生徒がテクノロジーを使ってプレゼンテーションをする様子を注意深く観察して，生徒が質の高い，しっかりとした作品を生み出していることを確かめること。もしそうでなかったら，教師は修正を求めること。
- 生徒に，学期や学年のコースを通して，できるだけ多くの異なるテクノロジーを使うよう推奨または要求すること。
- テクノロジーを使用している際にしばしば生徒がおかす潜在的な落とし穴や間違いを，単に講義口調で説明するよりはむしろ十分に練られた質問を通して指摘し，使っているツールを批判的に評価できるようになるよう生徒を助けること。教師は，たとえば，偽証のWebサイト（今では有名となった例として，実際には人種差別などの扇動グループによって運営されているマーティン・ルーサー・キング Jr. のサイト）を指摘することができる。だが，教師はいつでもそれに続けて，生徒に自分で他の例を発見するように言わなければならない。

　パートナー方式の教師には，生徒が自身では認識できないかもしれない重要

> **要チェック！**
> 私の記事 "Search vs. Research"
> (http://tinyurl.com/mu7hhz)
> を開いてみよう。

な差異についても指摘してほしい。例としては、（何をしても良い）サーチと（慣習と規則がある）リサーチの違い、あるいは公正使用（可）と盗用（不可）の違いなどがあるだろう。

4つの特殊ケース

第7章のテクノロジー一覧表に進む前に、パートナー方式の教師に特に注目してほしいと私が思っている4つのテクノロジーについて付言しておきたい。

Web 2.0—今何が起きているのか

今ではWeb 2.0が学習にもたらす多大な利益に触れていないテクノロジーや学校関連のものを見つけだすのは困難だ。念のために言うと、一般に言うWeb 2.0は、読んだり見たりするためのメディアであることに加えて（これはほとんど2、3年前のことだ）、（文字やビデオなどを）誰もが公開できるメディアであるということだ。これはとりわけ新しいことではない。というのも、そもそもWebの考案者であるティム・バーナーズ＝リー（Tim Berners-Lee）が何年も前に、「Webに入れるものは、Webから取り出すものよりはるかに重要だ」と言っているからだ。

Web 2.0は、衝撃である。しかしそれは、Webを図書館、つまり読んだり見たりする場所というモデルで理解し、それが進化するものとは見てこなかった人々にだけである。何が起きたのかいうと、どの生徒も自分が発行元になれるような、文字や画像、動画その他のメディアをとても簡単に公開するツールが発展してきたということだ。自分の作品を公開するということ（そして世界からフィードバックをもらうこと）は、学習し、改善し、共有することによって（言うまでもなく、自尊心をもつことにとっても）重要なので、これは生徒にとって大切な発展である。生徒には、ブログやWiki、YouTubeなどのようなWeb 2.0のツールをできるだけ利用するように推奨してほしい。

また、かつて作られたどんな作品も探すことができ、何でも結びつけることができるWeb 3.0、すなわち＜セマンティックWeb＞に注目しておこう。そ

れはもうそこまできている（訳注27）。

1人1台—来たるべき波

　メーン州や他の地域における小さなプログラムを発端に，各自が利用し，保守し，自宅に持ち帰り，そして学習するためのコンピュータ（ラップトップ型やネットブック，あるいは携帯電話さえ）を生徒全員に供与するという考えがようやく根を下ろしつつある。このプログラムは，ますます多くの国や地域，世界中の学校で採用されつつある。たとえば，オーストラリアの首相は最近，国全体に対しそのようなプログラムを発表した。教師がどこで教えていようが，このような変化が向こう数年以内に自分たちの教室に来ることはないだろうと考えるのはばかげたことであり，当然その日のために準備しなければならない。

　もちろん問題は，教師であるあなたが，もっと正確に言えば，パートナー方式の教授法では，生徒が，コンピュータを使って，とりわけ授業で，何をするかということだ。たいていの生徒は，特に仲間によって指導されている場合には，宿題や調査，教師との連絡や課題，提出など，授業外でコンピュータを使用しても何のトラブルを起こすこともないだろう。しかし，いくつかの単科大学や総合大学では，学生のラップトップ型のパソコン所持が定着し，教師は授業で学生がコンピュータをフェイスブックのような授業に関係ない活動に使うということに失望している。「コンピュータは授業時間に悪ふざけで投げる新しい紙つぶてになってしまった」と，ある教師は書いている。

　こうしたことが起こる際に，それは生徒，あるいは教師のせいではなく，むしろ教師が用いている教授法のせいだと理解することは，パートナー方式の教師にとってとても重要である。テクノロジー，特に授業でのラップトップ型PCは，講義形式の授業法の助けにはまったくならない。生徒は，自分の目の前にある強力なマシンで行う面白いことが何もなければ，自分たちで使いたいように利用するだろう。

　授業で生徒に各自のラップトップ型PC（またはネットブックあるいは携帯電話さえ）を使わせているパートナー方式の教師は，それゆえ，生徒が必要な作業の一部としてそれを規定通り活用していることを確かめる責任がある。これは，パートナー方式のための質問への解答を調べること，グループ内でミー

ティングしたり学生プロジェクトに関与している外部の人たちとミーティングしたりすること，文字その他のメディアを使って制作しオンラインで投稿すること，そしてプレゼンテーションを準備することなどを意味する。理想的には，パートナー方式の授業では，生徒が新しい紙つぶてを投げる時間はないはずである（現実にはそういう生徒はいつでもいるけれども）。

> **PARTNERING TIP ▸▸▸ パートナー方式のヒント**
>
> もしあなたの教室の生徒全員に1人1台，コンピュータが与えられたなら，コンピュータの利用について生徒と話し合う作業を始めよう。これらのツールに関してそれぞれのパートナー，すなわち，あなたと生徒の責任とは何だろうか？ どうすればそれらは最良の使われ方をするのだろうか？ どうすれば悪用は最小化あるいは防止されるのだろうか？ 教師や管理職の不安に反して，生徒はできるだけ制約は少なく，自分たちで責任をもって取り組むことを要求する。

携帯電話——生徒のポケットの中にあるコンピュータ

　携帯電話は，きわめて多くの教育者がその使用法についてとても混乱しているからという理由だけでも，それ自体議論に値するテクノロジーである。私たちは，それを禁止すべきだろうか。それを使って良いのだろうか。持っていない生徒は，どうなのだろうか。これらはすべて重要な疑問であり，すべてに多様な答えがある。

　私がこれを書いている際，私の故郷であるニューヨーク市を含む，アメリカ中および世界中の地域の多くの学校で，授業を邪魔したり小テストや試験での不正行為の機会になったりする可能性があるという理由により携帯電話を禁止する方針が出されている。明らかに，講義の最中に携帯電話の音が鳴るのを望む人はいないし，不正行為を勧めたい人もいない。しかし，パートナー方式の教室では，携帯電話の扱いはどうなるだろうか。そこでの携帯電話の役割は何だろうか。確かに従来とは違う。だとすれば，従来とは違う対応策を打ち出したら良いのだろうか。以下に挙げる理由から，生徒の教育における携帯電話の

積極的活用法について考えていくことが重要である．

1. 携帯電話はとてもありふれたものになり，学校外の生徒の暮らしにおいて非常に重要なツールである．
2. 携帯電話はディジタル・ディバイドをもたらす可能性があり，教師としてはその克服を手助けせねばならない．
3. 携帯電話は，iPhone やそれに似た他の機種ですでに見受けられるが，スマートフォンや本格的なコンピュータに姿を変えており，教育にとってきわめて便利で巨大な力を持つツールへと急速に成長しつつある．

だんだん強力になってきている携帯電話は，こんにちの若者にとって，そして旧世代の私たちの多くにとって，いよいよなくてはならないツールとなっている．携帯電話は今，多くの高校では事実どこにでもあるものであり，中学校はもとより小学校においてさえ急速に浸透しつつある．したがって，生徒の気を散らす要因を除去しながら，携帯電話の利益を私たちの教育に組み込む方法を見つける価値はある．一見すると安易な解決策である携帯電話の禁止は，長い目で見れば，私たちの教育をより弱いものにするだけだろう．

幸いにも，携帯電話を学校教育に取り込む手段を見つけようとする教師がますます多くなるとともに，携帯電話への学校の対応は急速に変化してきている．時々，公式的には禁止されているにもかかわらず，許可を求めるというより大目にみてもらいながら，教師はそうした取り組みを行っているのだ．私は，ここでも他の場所でも，ルールを破ることを擁護しているのではない．何が起きているのか，また頻繁に起きているかを単に報告しているだけである．これらの例を検討してみよう．

- 多くの科学教師は，単位換算や，時には携帯カメラを使いながらデータ収集に取り組ませている．
- 多くの数学教師は，携帯電話を電卓（多くの携帯電話をグラフ計算機に変えるためのダウンロード可能なアプリケーションがある）として使わせている．

- 多くの語学教師は，携帯電話を，とりわけ携帯メールを通して他の国の生徒とつながりを作り出すために使わせている。
- 多くの社会科教師は，携帯電話を，ニュース速報を追いかけたり政治家にEメールを送ったりするために使わせている。
- 多くの国語教師は，携帯電話を，専門家にインタビューしたり，ビジネス会話やビジネス文書の練習をしたり，ブログや他のWebサイトへ投稿したりするために使わせている。

試験中に携帯電話の使用を認める携帯電話持ち込み方式の試験（Open-Phone Tests）とは意外に思われるかもしれない。何年もの間，私はこれを主張してきており，この方式の試験では，生徒は携帯電話を個人や集団で使って，複雑な質問に対する答えの要素を見つけることができる。実際のところを聞くまでにかなり時間がかかったが，「先生たちが単に知らないだけだろうけど，僕たちの試験のほとんどは携帯電話持ち込み方式だよ」と，以前，ある生徒から教わったことがある。携帯電話持ち込み方式の試験は，今や世界中の教師によって利用されつつある（もちろん同時に，これらの例では不正行為の定義も改められている）。最近，オーストラリアのシドニーにある私立学校の教師が携帯電話をこのように利用して，オーストラリア最大の新聞の一面記事に取り上げられた。結果として，その学校は，遠くは中央アジアからも問い合わせを受けたのである！

授業での携帯電話の利用は，教育やテクノロジーについての考え方を大きく変える。これは，まさに学校という場を大きく超えた社会的変化であり，新たな可能性を求めるテクノロジーのユーザーとしてふさわしくもある。

携帯電話が授業でこれまで利用されてきた多くの方法について，他の役に立つツールと一緒に興味深い議論を展開している本として，リズ・コルブのすばらしい『遊具からツールへ（*Toys*

> **要チェック！**
> 授業における携帯電話の利用について書いたシドニー・モーニング・ヘラルド（Sydney Morning Herald）の記事がある：www.smh.com.au/articles/2008/08/19/1218911717490.html

to Tools）』を，および彼女のブログ＜遊具からツールへ＞（From Toy to Tool）をお薦めしたい。携帯電話の急速な発展に伴い，彼女がその本の中で触れているツールの多くは，すでにより優れたものに取って代わられているので，ブログを閲覧することは重要だ。

> **要チェック！**
> 携帯電話の利用が分類されているリズ・コルブのブログは，www.cellphonesinlearning.com で見つけることができる。

パートナー方式の教師にとって肝心な点は，生徒の携帯電話を適切にうまく活用方法を発見する必要があるということだ。これらのすでに強力なツールはすぐに，学校が与えることができるどんなものよりもはるかに強力で便利なものになるだろう。

PARTNERING TIP ▸▸▸ パートナー方式のヒント

学習のために携帯電話を使いたいかどうかやどのように使うかについて，生徒と討論をしよう。その討論には次のような質問を含めよう。どうすれば，そしていつ携帯電話を最も上手く使うことができるのか？ 携帯電話に気を散らされないようにするには，どうしたら良いだろうか？ TPOをわきまえない生徒の携帯電話の使用に対して，何ができるのだろう？ 携帯電話を持っていない生徒にどう対応すれば良いのだろう？

必要なら，生徒の正当な要求と時代遅れで不安に駆られた学校の方針とを，生徒とともに比較し，あなたの学校における方針の変更を求めよう。これを行うことが，学習を生徒にとって＜現実のもの＞にするのに適していることは，確かである。

公平さの問題としては——どの生徒も携帯電話を持っているとは限らないとか，同級生のものと同程度に優れた携帯電話を持っていないかもしれないという事実にかかわるわけだが——パートナー方式の教師は，ディジタル・ディバイドを生み出す人間ではなくディジタルマルチプライヤー（訳注28）になるよう努力してもらいたい。そうするための一つの方法は，何台かの携帯電話を

グループで利用できるように生徒をグループ分けすることだ。別な方法は，中古の携帯電話の寄付を得ることだ。ますます多くの携帯電話が，通信事業者のネットワークに代わって，Wi-Fi シグナルを使うようになっている（しばしば学校では Wi-Fi は無料で利用可能である）。これにより，データ使用量に関連するコストを軽減できる。私は，これについては学校の技術コーディネーターと話すことを勧める。

PARTNERING TIP　　　　　　　　　▶▶▶ パートナー方式のヒント

　あなたの生徒がみな携帯電話を持っているとは限らないとしたら，私はこれを，「中身がまだ半分も残っているグラス」というように，楽観的に考えることを提案する。「半分が空になったグラス」という見方は，「私の生徒の半分は携帯電話を持っていない」と考えることである。逆に，「まだ半分もあるグラス」というアプローチは，「すばらしい！ペアにすれば生徒の 100％ が携帯電話を持っているなんて。それじゃ，始めよう！」と考えることである。

　すべての生徒のために新しいツールを買おうとするときに，1 人 1 台のテクノロジーとして何を薦めているのか。私は，ゼロから始めようとする学校や校区で，しばしばそう尋ねられる。現在のところ，世の中の流れとして，私は各生徒に対しラップトップ型 PC やネットブックよりは，むしろスマートフォンを購入するよう間違いなく薦めるだろう。たとえば，こんにちの iPhone には，簡単に読み書きできる機能や静止カメラにビデオカメラ，さらにはその多くが教室で利用できる 100,000 以上ものダウンロード可能なアプリがある。これらの機能は，将来のバージョンではさらに優れたものになる一方である。私の考えでは，スマートフォンは将来の 1 人 1 台のデバイスであり，ソフトウェアのアップグレードによって，あらゆるレベルで生徒のためにいつか役立つのである。

ゲーム――偉大な潜在的動機づけ

多くの教師がすでにゲームを利用しているが（とりわけ Jeopardy!（訳注29）の別バージョンのようなミニゲーム），パートナー方式の教師にはみなそうすることを，そしてさらに探索していくことを勧めたい。私は，とりわけ生徒を学習に取り込む方法として，学習ツールとしてのコンピュータゲームやテレビゲームの潜在的な価値についてたくさん書いてきた（私が以前書いた2冊の本，『デジタルゲーム学習―シリアスゲーム導入・実践ガイド』（*Digital Game-Based Learning*）（訳注30）および『テレビゲーム教育論―ママ！ジャマしないでよ勉強してるんだから』（*Don't Bother Me Mom―I'm Learning*）（訳注31）を見よ）。ゲームは，さまざまな方法でパートナー方式の教授法に取り込まれる。

- いくつかの市販されている商業用のゲームは，パートナー方式のための質問に答えるのを助け，スキルを獲得して実践したりするために，直接利用できる。この点で，歴史年号ゲームは，論理ゲームと同様に，若い学習者にとって最良のものである。

- カリキュラムの教科では，パートナー方式のための質問に答えたりスキルを実践したりするために利用可能ないくつかの学習ゲームがある。数学では Dimension M や Lure of the Labyrinth，物理では SlinkyBall や Waste of Space，社会では Darfur Is Dying や Food Force，国語では The Grammar of Doom などの例がある。これらのゲームは，異なる容量・品質・複雑さで，インターネット中に広くばらまかれているが，子どもたちに異なったタイプの学習に取り組んでもらうことを目指して，個人や会社，財団法人が作ってきたものである。今あるゲームの多くは，Spree Learning Games の Web サイトに集められ，評価されている。

- Game Creator や GameStar Mechanic，Flash やさまざまな modding tool（第7章，70参照）のように，生徒が自分のゲームをデザインしたり作ったりするために利用可能な多くのツールがある。生徒は，パートナー方式のための質問の答えとして，能力を高めるスキルの学習や実践のためのツールとして，さらにはプレゼンテーションのツールとして，

> **要チェック！**
> 学習用ゲームのリストについては，www.spreelearninggames.com などを参照しよう。

ゲームを作ることができる。生徒がどれだけ学んだかを知るための一つの方法は，彼らが学んだことをまだ学んでいない生徒に教えるゲームを作ることだ。下級生に向けたゲームを作る上級生のためのコンテストが世界中で現れはじめ，ますますポピュラーになりつつある。

- ゲームツールは，マシニマ（ゲームツールを使って作られる非インタラクティブ型の動画）をパートナー方式のための質問に答えるプレゼンテーション用に利用することができる。
- あなたの生徒がこれらのゲームやツールにまったくアクセスできない場合でも，あなたが取り組んでいる質問やスキルについて生徒と一緒に理論的または仮説的なゲームをデザインすることが有益だろう。これは脳の思考力を除き一切のテクノロジーを必要としないという利点もある。

> **PARTNERING TIP ▸▸▸パートナー方式のヒント**
>
> 　自分たちが学んでいることに関連したゲームをしているかどうか，生徒に聞いてみよう。もし，答えがイエスなら，クラスでプレゼンテーションをしてもらい，授業に取り込もう。
> 　うまく答えれば，パートナー方式のための質問に答えられるかどうかや，質疑応答を通してスキルを学ぶことができたのかを確認できるような，理論的ゲームを生徒と一緒に作ってみよう。これを行うには，次のような質問をしてみよう。「プレイヤーはどんな決定をしなきゃいけないのかな？　勝つための条件はどんなものかな？」

■ 利用できるテクノロジーがなかったら？

あなたの学校で，生徒が自由に利用できる最新のテクノロジーがまったくな

いとしたらどうするか。あるいは，あなたの学校には特定の目的のために生徒に使わせたいと思っているテクノロジーがないかもしれない。はたまた，テクノロジーはあるが，生徒が利用できないとか。そのような場合，あなたには何ができるのだろう。

　幸いにも，パートナー方式の教師にとって良い解決策がある。それは，生徒に「私たちにはテクノロジーがあると仮定してみよう。あるいは，ふりをしてみよう。私たちはそれをどう使うだろうか？　私たちは何をするのだろう？　私たちは何を検索するのだろう？　私たちはどんな用語や方略を使うのだろう？　私たちは何に注意すべきだろう？」と質問することだ。うまくいけば，この種の討論は，しばしば生徒が実際にテクノロジーを使うより強力なものとなりうる。なぜなら，なぜ私たちはテクノロジーを使うのか，すなわち，どんな動詞スキルを私たちは支持するのか，私たちは何を学びたいと望むのか，という問題に直接至るからである。

　このアプローチは，どの教科においてもシミュレーションについて考える際にはさらに強力である。生徒が既存のシミュレーションを使用し，その結果を観察するというよりはむしろ，もしシミュレーションが利用できないならば，あなたや生徒は「私たちはこのためのシミュレーションをどのようにデザインするだろうか？　関係変数は何だろう？　それらの変数間の関係は何だろうか？　ユーザーによってなされる重要な決定は何だろうか？」と尋ねることができるだろう。

　ポイントは，パートナー方式の教師は，つねにより多くのことを得ようとしても利用可能なテクノロジーが手元にないからといって，それを障害とは決して思わないことだ。学習の観点から，持っているふりをすることはしばしば同程度に，あるいは，少なくとも僅差の2着程度には優れているのだ。

■パートナー方式のための質問と動詞スキルのための適切な名詞ツールの利用

　生徒がパートナー方式のための質問に答えたり，動詞スキルを実践したりするために，またその際に学ぶ必要のある内容やスキルを学ぶために利用する適

切なツールを見つけることは，必ずしも容易なあるいは明白な課題であるとは限らない。非常にたくさんのツールがあり，それらはとても頻繁に変化するので，それらのうちたった数種類のものだけを学習し，そして自分が知っているものだけにこだわるという方略を採ってきた人たちもいる。しかしながらそれは，21世紀の，しかもパートナー方式の教師と生徒両者にとって勝算のない方略である。パートナー方式の教師は，その代わりに，読書の幅を広げ，自らできるだけたくさんのツールに慣れ親しみ（私の言う「慣れ親しむ」とは，そのツールやそれが何をするのかを理解することであり，それを実際に使ったりうまく使えたりする必要はない），すべての生徒にできるだけたくさんの適切なツールを使うように促してほしい。

　第7章の注釈つきのリストは，もし入手できれば，生徒が使うことのできる非常に多くの（130以上もある）名詞ツールで構成されている。そのリストを読んだり，拾い読みしたりする際には，以下のことをどうか心にとどめておいてほしい。

1. リストされたアイテムは，教師（あるいは生徒）としてあなたが完全にマスターしなければならない，あるいはマスターする必要のあるテクノロジーではない。それらは，パートナー方式のための質問に答えたり，動詞スキルを実践したりするといった目的を達成するための手段である。
2. リストにあるツールは，ゼロから最先端まで，さまざまなレベルのテクノロジーである。いくつかのツールは，方法は異なるが，ほぼ同じことを行う。どちらを使ったら良いのかを決めるのは，単に何が利用可能なのか，何が最新なのか，何が個人的好みに合っているのかという問題でしかない。
3. どの特定の使用に対しても好まれる，すなわち，いわゆるベストツールというものは，時間とともに，多くの場合はかなり速くかつ頻繁に，変化するだろう。それゆえ，教師がそれらのうちのいくつかに執着しすぎない，あるいは，生徒にそうさせないことは重要である。何を聞かされようと，急速に変化しているテクノロジーの場合では，従わなければならない最良の実践というものはなく，あるのは，良い実践だけである。

特定の課題またはスキルのための最高のツールは頻繁に変化すると考えると，同じツールを年々，何度も繰り返して使うのに慣れている多くの教師に大きな混乱をもたらす。ある意味で，これは教えるという仕事をより複雑なものにするが，他方ではるかに面白いものにもする。これが，パートナー方式の教師に目を向けるように私が勧める理由に他ならない。

> **PARTNERING TIP** ▸▸▸ パートナー方式のヒント
>
> 　第7章の名詞ツールを見直してみよう。あなたになじみのないものをリストにして，それから生徒にそれらのうちどれくらいがなじみのあるものなのか尋ねてみよう。あなたの生徒のうち誰がテクノロジーについてたくさんのことを知っているのか調査し，それから (1) 彼らをあなた自身のチューターとして使い，(2) テクノロジーについてあまり知らない生徒とペアにしてみよう。または彼らをグループに入れてみよう。
>
> 　あなたが次に教えようとしていることやそれらに関連している基本的なスキルについて考えてみよう。それからそれらの動詞スキルに関係のあるツールを見つけよう（表2.2を参照）。それらのツールを生徒に提示し，それらについて討論しよう。

リストを効果的に

　第7章のリストは，こんにち生徒が利用できる主要なツールを説明している。もちろん，すべてのツールがすべての生徒にとって利用できるというわけではない。このリストをざっと眺め，参考資料として用いてほしい。もしあなたが望めば，もちろんすべてのツールについて読むことができるし，あるいは，あなたが知らないようなどんなものもさっと素早く検索することができる。いったん，興味のあるツールが出揃ったら，どれが生徒にとって利用できるのかを調べるため，勤める学校に相談してみよう。次に，生徒がこれらのツールのうちのいくつかを，パートナー方式のための質問に回答したり要求された動詞スキルを実践したりするのを補助するために，単独でまたは組み合わせて使用することを提示してはどうだろうか。

　ツールは，重要度の順ではなく，アルファベット順に並べられている。明ら

かに，リストは精選されており，世の中のあらゆるツール，またはあらゆる種類のツールを含んでいるとはとても言えない。私は，学習や実践，または行為という観点からツールが役立つ動詞スキルの選択に重きを置いてきた。

こんにち，私たちはブログやWiki，ポッドキャスト，その他のWeb 2.0ツール——また，これらは私たちの生徒にとってツールとして非常に重要である——について多くのことを聞くようになったが，私があなたに早く気づいてほしいと思っていることは，ちょうどリストに挙げたものよりはるかに多くの利用可能なツールがあるということである。それらは同じように重要であり，単に新しいからといってあらゆる注目を浴びなくても良い。

また，頻繁に新しいツールが登場するだろうということにも留意すべきであり，このため，リストのアップデートはつねにWebやこの本のWebサイト，あるいは書籍，他の教師や生徒などに求められる。

最後に，私は，特別な関心がある場合，折に触れて特定の製品名やURLを出してきたが，生徒とともに利用したり生徒に勧めたりするための特定のツールを見つける最良の方法は，サーチエンジンやウィキペディアなどで用語を調べることだ（ほんの数週間前まで，最良の方法はそれをGoogleで検索することだと書いてきたが，今ではマイクロソフト社のBingが登場しており，あなたがこれを読んでいる時までにお気に入りのサーチエンジンが何になっているかは誰も知らない）。

そういうわけで，これらすべてのツールには進化と変化を期待する。では，ここからはリストに移ろう。

7

名詞ツールについて理解する

> **考えてみよう**
>
> 1. 私は，使うことができるすべてのツールについて熟知しているだろうか？
> 2. 私は，生徒が学んでいるスキルに応じた適切なツールを，彼らに紹介することができるだろうか？
> 3. ツールについてのより詳細な情報をどのようにして入手すれば良いだろうか？
>
> *Guiding Questions*

　この章の目的は，あなたのパートナーとなる生徒が使うことができる非常に多くの名詞ツールについての参考資料を提供することである（訳注32）。興味のあるところや必要と思われるところだけを読んでもいいし，この本を読み終えた後で必要に応じて戻ってきても良い。

　このリストを使用するときは，以下の点に留意してほしい。

- ツールは重要度順ではなく，アルファベット順に並んでいる。
- 名詞ツールは急速に変化する。このリストはあなたが読む頃にはアップデートする必要があるかもしれない。
- リストは精選されたものであり，世の中にあるすべてのツールを含んでは

いない．
- （cf）は，リスト中にある他の項目への参照を意味する．
- より詳細な情報や例を調べるには，ウィキペディアで用語を検索すること．

＊　　＊　　＊

1．3D（Three-Dimensional）Printers
　　3Dプリンタ

3Dプリンタは，CADあるいは他のプログラムを使って作成したデザインの出力を受け取り，プラスチックやロウ（蝋）といった材料を加えたり彫ったりすることによって，エンジンの部品や想像上の生き物といった複雑な3Dオブジェクトを作成する．3Dオブジェクトは，状態の維持，塗装，修正が可能であり，最終的な製品の感触をつかむために使用される．このプリンタは，エンジニアやおもちゃメーカーや他のメーカーだけでなく，世界中のデザイン会社によって使用される．この装置は従来大変高価であったが，多くの学校が購入できるくらいのところまで急速に値段が下がっている．生徒に彼らのアイデアとデザインを立体的に表現した例を見せたり持たせたりすることは，彼らを刺激し，意欲を起こさせるためのすばらしい方法である．（www.zcorp.com/en/Solutions/Education/spage.aspx を参照のこと）

【関連する動詞スキル】調査する，実験する，モデル化する，デザインする，導入する，修繕する，作る，発表する

2．After Action Reviews（AARs）／Debriefing
　　事後検討会／報告会（デブリーフィング）

「振り返り」とも呼ばれ，さまざまな状況下で発生した出来事から理解を深めたり，教訓を得たりするツールとして非常に効果的であり，軍隊において広く使われている．教育の分野では，単元やプロジェクトが終了した後に教室でAARを行うことで，自分や他の生徒がそれをどのように経験したかを見直すことを通じて，生徒はより多くのことを学ぶことができる．AARに必要なのは対話と傾聴のみであり，テクノロジーは不要である（しかしながら，録音ツールやビデオ録画ツールの使用はAARの効果を高めることができる）．

【関連する動詞スキル】聴く，観察する，熟考する，批判的に考える，計画する

3．Aggregation Tools, or News Aggregators
　　アグリゲーションツール，ニュースアグリゲータ

さまざまなソースから情報を自動的にダウンロードし，整理するツールである。アグリゲータを使用することで，政治学のクラスは，アメリカや世界中の政治コラムやブログを購読したり，常時受け取ったりすることができる。科学のクラスは，主要なジャーナルや雑誌・新聞からコラムやトピックスを収集することができる。

　最も広く使われている例は Really Simple Syndication（RSS）（cf）アグリゲータであり，現在，多くのインターネットブラウザに組み込まれている。しかしながら，さまざまなソースからのニュースを集約する Alltop ニュースアグリゲータなど，他のアグリゲーションツールも存在しており，常に新しいものが登場している。

【関連する動詞スキル】発見する，比較する，組み合わせる，計画する

4．Alternate Reality Games（ARGs）
　　代替現実ゲーム（ARG）

代替現実ゲームはコンピュータと現実の要素を組み合わせたものであり，多種多様なソースからの情報の組み合わせによって複雑な謎と問題を解くことをプレーヤーに対して要求する。プレーヤーは，このゲームのために準備された人為的なリソース（Web サイトなど）だけでなく，現実のソースや公開情報も利用することができる。プレーヤーは個人やチームで行動し，さまざまな情報や発見したことを統合しながら問題の解決を目指す。

　ARG の多くは非常に複雑であるが，生徒や教師が設定することによって，相対的に簡単なものにすることもできる（最近行われた，カリフォルニアの中学校の世界史の教師による例：www.classroom20.com/forum/topics/so-i-terrified-my-students）。

【関連する動詞スキル】分析する，調査する，発見する，聴く，読む，検索する，検証する，視る

ARG は論理的に思考したり協同したり協力したりリーダーシップをとるといったことにも役立つ。ARG を設定してプレイすることは，生徒の創造性や問題解決能力を刺激する良い方法となりうる。

5．Animation Tools
アニメーションツール

このツールを使うことで，生徒は色々なトピックについてのアニメーションを簡単に作成することができる。ツールの例としては，Adobe Flash（cf），Toonz Harlequin，CelAction，Anime Studio，Toon Boom Animation，そして，AniMaker が挙げられる。

【関連する動詞スキル】書く，デザインする，創造する，作る

Comics Creation Tools（コミック作成ツール），Graphic Novel Creation Tools（グラフィックノベル作成ツール），も参照のこと。

6．Artificial Intelligence（AI）tools
人工知能ツール

人工知能ツールのプログラムは，コンピュータに人間のような振る舞いをさせようとする。AI ツールにはごくシンプルなもの（たとえば，質問する精神分析医をまねるプログラム「Liza」）から非常に複雑なもの（たとえば，自身の環境や人間に対応できるロボット）までさまざまなものがある。AI は，ほとんどのコンピュータゲームにおいて幅広く使われている。生徒は，特定の作家や作曲者の様式や，特定の質問の投げかけ方を再現することを通して人間の行動の理解や模倣を行うために，AI ツールを使用することができる。

【関連する動詞スキル】分析する，決定する，予測する，計画する，プログラミングする

7．Assessment / Grading Tools
評価／評定ツール

評価と評定は教師の負担となる場合が多いが，この作業の多くは現在機械化（自動化）されており，機械化は教師が抱え込んでいる仕事の負担を取り除くことができる。たとえば，Scantron というツールはスキャナを使ってマーク

シートを機械的に読み取ることができる。現在は，小記事や短いエッセイの評定を機械的に行うツールがある。時間を節約したいと思っている教師はこれらのテクノロジーを検討し，また，自分の学校でこれらのテクノロジーが使えるかどうかを確認しよう。

【関連する動詞スキル】評価する，生徒に時宜にかなったフィードバックをする

8．Audiobooks
オーディオブック

ある作家は，オーディオブックを「耳で読書する」と表現している。これらはかつて「テープに録音した本」として知られていたが，最近ではテープに録音されることはほとんどない。現在のオーディオブックのほとんどはCDもしくはMP3ファイルとして入手することができ，それらは共有可能であり，iPodや他の音楽プレーヤーで再生することができる（CDに録音されたものはコンピュータに簡単に取り込むことができる）。書き言葉の解読・理解の必要がなくなるという理由から，生徒がオーディオブックを使用することについて反対する人もいるだろう。しかし，これに関連する動詞が「解読すること」ではなく，他者（著者）の考えを「理解すること」であるならば，オーディオブックはそれを行うための手段として何ら差し支えない。しかも，それらはさらなる利点を持つ。たとえば，録音された音声を早送り再生することで，多くの場合において内容の理解を損ねることなく最大4倍の速度で音声を聴くことができる。オーディオブックでは「読み手（レコーディングをする人のこと）」もまた重要な要素である。現在，多くの場合において読み手を選ぶことはできないが，音楽では好みの演奏家によるものを選択できるように，さまざまな人が読み手を選択し楽しめるよう，将来はさまざまな読み手を選択できるオーディオブックが現れるかもしれない。他の生徒や目の不自由な人たちのために本の録音をすることは，パートナー方式の生徒にとって有望なアクティビティあるいはプロジェクトである。

【関連する動詞スキル】読む，聴く，発見する，熟考する，批判的に考える，パーソナライズする

9．Augmented Reality Tools
　　拡張現実ツール

拡張現実とは，現実，つまり写実的な画像に情報を重ね合わせることである。あなたが自分のカメラを通して山脈を見ると山の名前が重ね合わさっているのが見えたり，あなたが都市の画像を見るとすべてのオブジェクトとビルの上空にラベルが出現しているのが見えたりするのがその例である。拡張現実は，GPS（Geolocation Tools を参照のこと）および対象物の正確な三次元地理座標の組み合わせによって作成することができる。説明や歴史的情報を含むどのようなデータも追加することができ，どのような位置にでも重ね合わせることができる。拡張現実の情報を生徒が使用・追加することは十分に可能である。
【関連する動詞スキル】研究する，情報管理に関わる動詞スキル（分析する，調査する，発見する，検索する，確認する，など）を管理する

10．Avatar Creation Tools / Character Generators
　　アバター作成ツール／キャラクター作成

アバターは人をグラフィックで表したものであり，多くの場合動的である（すなわち，コンテキストによって変化する）。そして，オンラインゲームや仮想世界，他のコンピュータプログラムにおいて人を表すために使われる。生徒は，プログラムに組み込まれたツールやスタンドアロンのツールによって，人間などさまざまな種類のさらに詳細かつ洗練されたアバターを作成することができる。生徒は，歴史的な衣装，物語や小説のキャラクター，そして一定の特徴を持った動物のようなものを作成するためにこれらのツールを使うこともできる。Spore というゲームのクリーチャー作成ツールは，キャラクターの行動が生理学に基づいているすばらしい例である。
【関連する動詞スキル】創造する，モデル化する，デザインする，導入する，パーソナライズする

11．Best Fit / Regression Tools
　　最適フィッティング／回帰分析ツール

収集した2つ以上のデータセットの間に何らかの相関関係があるかどうかを確認したいときに生徒が使う統計ツールである。たとえば，「授業を欠席した生

徒の数」と「日平均気温」に対して回帰分析を行うことで，生徒はそれらの間に強い相関関係があるかどうかがわかる。
【関連する動詞スキル】分析する，検証する

12. Big Think

この Web サイト（www.bigthink.com）は，さまざまな分野における著名なエキスパートによるショートビデオを収集・作成・投稿しているサイトである。あらゆる課題研究においてこれらのビデオを使用することは，生徒にとって不可欠である。生徒は，Big Think のサイトに直接か，あるいはビデオサーチエンジン（cf）を経由してアクセスすることができる。
【関連する動詞スキル】聴く，評価する，批判的に考える，コミュニケーションをとる，自分の意見を表明する

13. Blogs and Blogging Tools
  ブログ，ブログツール

投稿されたメッセージ（一般的に複数の段落からなるテキストであり，しばしば画像やビデオを伴う）を日付順に記録する Web サイトである。これらのメッセージは，投稿できる権限を持った 1 人もしくは全員の投稿である場合もある（たとえば，同じクラスの生徒どうし）。ブログの読者からのコメントとフィードバックは許可もしくは不許可にすることができ，通常それらのコメントとフィードバックは特定の投稿と関連づけられている。ブログは，生徒の意見もしくは説明を集めたり，生徒もしくは教師が投稿したものに対する反応を集めたりするといったさまざまなパートナー方式の課題において有効である。ブログに書いたりコメントを投稿したりする権限が与えられていれば生徒だけでなく教師や他の人（たとえば，外部の専門家）でもブロガーとなることができる。ブログの作成や設定を行ったり（生徒は簡単にできる），携帯電話のようなさまざまなデバイスからブログに投稿したりするためのツールが数多く存在する。教室におけるブログの創造的な使い方に関する本は数多くあるので，それらの本を探して参考にすることをお勧めする。
【関連する動詞スキル】熟考する，批判的に考える，協同する，書く，創造的に考える

14. Brainstorming Tools
　　ブレインストーミングツール

このツールは，個人もしくはグループにおいてさまざまなトピックにおける多様なアイデアを思いつくことや，それらのアイデアをグループへ分類・整理することを可能にする。多くの学校で使用されているブレインストーミングツールの一つが Intuition（cf）である。集団で使うツールとしては他に，コラボレーションソフトやエドワード・デ・ボノによる非技術的な「6色ハット発想法」がある。ブレインストーミングツールは，個々の生徒にとっては個人作業を整理するのに役立ち，グループにとっては「新たなアイデアの創出」や「問題をうまく解決する方法の発見」に役立つ。

【関連する動詞スキル】調査する，発見する，比較する，質問する，協同する，書く，導入する，創造的に考える

15. Calculators
　　電卓

生徒の電卓の使用については大いに議論の余地があるが，21世紀においてはこの議論の理由はほとんど存在しない。長い論争の後，グラフ電卓はほとんどの高校の数学の授業において受け入れられ，多くの試験で使用することができる。算術計算のために電卓を使うことは21世紀において最適の手法である（20世紀初頭から半ばにおいては計算尺が最適な手法であったように）。ほとんどの携帯電話は電卓機能を内蔵しており，グラフ電卓プログラムをダウンロードすることができる。もちろん，さまざまな算術演算を行う際には生徒を丁寧に指導する必要があるが，21世紀においてさまざまな算術計算を行う方法として，電卓が最善の方法であることは明らかである。

【関連する動詞スキル】分析する，発見する，検証する，計算する，比較する，決定する，評価する，予測する

16. Cameras（Digital）
　　ディジタルカメラ

生徒個人またはグループがディジタルカメラを使えるようにすることは，どん

な教科のどんな教師に対しても有益であろう。社会科の教師は，生徒に彼らの私生活と環境を説明させることができる。英語の教師は，単語やフレーズを説明させるためや，キャプションコンテスト用の面白い写真を撮るために，生徒にカメラを使わせることができる。数学の教師は，たとえばフラクタルのような，自然界における数学的現象の写真を生徒に撮らせることができる。科学の教師はデータ収集のために，生徒にカメラを使わせることができる。これらの写真は，生徒が行うどのようなプレゼンテーションにおいても簡単に使う（取り込む）ことができる。パートナー方式の生徒が学習・教育ツールとしてのカメラの価値を学び，学業においてカメラの使用を禁止されないことは非常に重要である。

【関連する動詞スキル】調査する，発見する，観察する，コミュニケーションをとる，モデル化して試す，自分の意見を表明する

17. Case Studies
ケーススタディ（事例研究）

ケーススタディは，テクノロジーの有無にかかわらず行うことができる有益な分析ツールである。ケーススタディは基本的には実際の状況を記述したものであり，最後に最善策に関する問題もしくは質問があるのが一般的である。ケーススタディは紙の上でも実施できるし，もしくは，（決まった手順を繰り返すことで適切な結論にユーザーを導くことができる）システマティックな手法によってケーススタディを構築する専用のテクノロジーツールを用いても実施できる。ケーススタディ作成ソフトウェアは数例存在する。

【関連する動詞スキル】分析する，検証する，決定する，評価する，論理的に考える，慎重に危険を冒す，刺激する，良い判断をする，良い決定をする，問題を解決する

18. Cell Phones / Mobile Phones
携帯電話

こんにちの学校では，携帯電話を所有している生徒がますます増えている。これらの携帯電話の多くは非常に高性能なコンピュータでもあることに気づくことが重要である。多くの学校では現在，教室における生徒の携帯電話の使用を

禁止しているが，これらのツールはパートナー方式の観点から考えると多くの潜在的な学習の機会を提供していることから，携帯電話を禁止することは近視眼的なやり方である。教室の内外で携帯電話をどのように学習に使うかという例については，私の論文「What Can You Learn From a Cell Phone? Almost Anything!」(http://tinyurl.com/r678x) と，リズ・コルブの本 *Toys to Tools* と彼女のブログ（www.cellphonesinlearning.com/）を参照せよ。

【関連する動詞スキル】創造的に使うことができれば，携帯電話はほとんどの動詞スキルを学習し練習するための有用なツールとなる。

19. Cell Phone On-Screen Readers
携帯電話リーダー

携帯電話は，本や雑誌，その他のソースを画面上で読むためのテキスト表示が，ますます良くなっている。すばらしい例の一つが「Kindle for iPhone」アプリであり，そのアプリでは本や雑誌を簡単に読むことができ，ほとんどの本を手頃な価格でダウンロードすることができ，多くの古典小説を無料でダウンロードすることができる（私はこのツールを頻繁に使っており，データ形式やバックライトが専用の Kindle リーダーよりも良いと感じている）。現存する他の携帯電話リーダーは，データ形式として Kindle 標準よりも IDPF 標準を使用している。

【関連する動詞スキル】読む，書く，複製する／模倣する，創造する，自分の意見を表明する

電子ブック，電子ブックリーダーの項目も参照のこと。

20. Cell Phone Novels
ケータイ小説

携帯電話上で読むための小説や著作物がますます増えている。このタイプの読書はどこでも可能であり，他者と簡単に共有可能である。紙に印刷された文章とは異なった段落や文の構造が使われていることの多いこれらの作品を学び，読み，また自ら執筆することは生徒にとって有用である。

【関連する動詞スキル】読む，書く，複製する／模倣する，創造する，自分の意見を表明する

21. Clickers
クリッカー

聴衆の反応を収集するためのツールの通称であり，クラス全員もしくは聴衆全員が携帯端末を用いて単一もしくは一連の質問に対する回答を入力することができる。それらの回答はまとめられ，スクリーン上に表示される。クリッカーの製品にはいくつかのブランドが存在し，簡単な数値入力だけできるものから自由記述が入力できるものまで性能の幅がある。あなたの学校にクリッカーが導入されているか，そして，使うことができるかどうかを尋ねてみると良い。それだけの価値は十分にある。もし使えないのであれば，クリッカーと同様のことを，携帯電話と Web サイト（www.polleverywhere.com）を使って行うことができる。そう遠くない未来に，携帯電話がクリッカーデバイスの機能を完全に引き継ぐかもしれない。

【関連する動詞スキル】調査する，調査する，比較する，決定する，予想する，質問する，計画する

22. Collaboration Tools
コラボレーションツール

このソフトウェアツールは，同じ部屋であろうと，世界中に散らばっていようと，さまざまなコンピュータ上での個人そしてチームの協同作業を世界中どこからでも可能にする。電話や携帯電話は，電話会議で使用されるなど，よく使われるコラボレーションツールである。通常の電話が教育的な目的で使用するにはかなりコストがかかるのに対し，たとえば Skype のようなツールを使ったインターネットベースの電話はずっと安く，あるいは無料で利用できる。仮想ミーティングツールは別のタイプのコラボレーションツールである。Google docs のような共有ドキュメントもオンライン作業ツールである。Wiki（cf）やブログ（cf）もまたコラボレーションツールである。ePals は安全な E メールとブログができるコラボレーションソフトである。パートナー方式の授業では，生徒のコラボレーションツールの使用を奨励すべきである。あなたの学校でどのツールが使えるかを確認するために，技術コーディネータ（もしいるのならば）と話し合いをすることを勧める。

【関連する動詞スキル】ほとんどすべての動詞スキル

23. Comics Creation Tools
マンガ作成ツール

このソフトウェアは，生徒がマンガ本のコマ割りスタイルでストーリーを作ることを容易にする。こんにち，これらのストーリーはグラフィックノベル，あるいは日本のマンガとして知られている。「Mashon.com」，「Comic Book Creator2」，そして「Comiq Life」といったいくつかのツールが存在している。生徒はこれらのツールを使って自身のストーリーを書くことができ，それはしばしば生徒にとって従来のエッセイの形式よりもより魅力的である。これらのツールは外国語学習のためにも使うことができる。

【関連する動詞スキル】書く，創造する，決定する，作る

グラフィックノベル作成ツールの項目も参照のこと。

24. Communication Tools
コミュニケーションツール

コミュニケーションツールには幅広いカテゴリのツールが含まれ，従来の手書きの手紙からEメール（cf），携帯電話（cf），texting（cf），そしてTwitter（cf）まで及ぶ。パートナー方式の生徒はこれらのツールを可能な限り経験したほうがよく，これらすべてのツールを効果的かつ適切に使えるようになるほうがいい。

【関連する動詞スキル】コミュニケーションが関係するすべての動詞スキル

25. Comparison Generators and Comparative Shopping Tools
比較の自動生成や買い物のための比較ツール

これらのツールは，製品または機能の対照比較を自動的に示す。もし，あなたが2つ同時に並べて表示したいアイテム（たとえば，絵やセンテンスや数式）のセットを持っているとしたら，生徒はどちらが優れているか，リアルか，より印象的か，などについて決めることができる。たとえば，英語の教師は，数十種類あるいは数百種類の比較サンプルの中から最も説得力のあるタイトル，出だしの文句，パラグラフ，結びの言葉を，生徒に決めさせるかもしれない。

ひとつやふたつの例であればPowerPointで作ることができるが，例が多数の場合は自動的に作成してくれるプログラムが欲しくなるだろう（これらのプログラムは，プログラミングが得意な生徒ならば短時間で簡単に書ける）。「Shopping.com」，「PriceGrabber.com」，「Yahoo!」などの比較ショッピングサイトは，他のサイトからデータや価格を取得して表示する「比較の自動生成（comparison generator）」カテゴリのマッシュアップ（cf）である。
【関連する動詞スキル】分析する，検索する，評価する，交渉する，良い判断をする，良い決定をする，パーソナライズする

26. Computer-Aided Design（CAD）Tools / Drafting Tools
　　CADツール／製図用具

工業および建築のデザインにおける基本的なツールである。工業および建築の業界では，鉛筆と紙による製図用具はほぼ完全に2Dそして3D CADツールに取って代わられている。生徒はこれらの最新ツールを使って多種多様なオブジェクトをデザインすることができ，その多くは3Dプリンタで立体のオブジェクトとして出力することができる。生徒は教室やロビーといった自分たちの空間をデザインするためにCADツールを使うこともできる。パートナー方式の授業では，ぜひ数学や他のカリキュラムで生徒にCADツールに触れさせてその基本的な使い方を理解させてほしい。一部のCADソフトは高性能のコンピュータ（ハイエンドコンピュータ）を必要とするが，現在はより安く，入手しやすくなっている。
【関連する動詞スキル】計算する，デザインする，実験する，導入する，モデル化して試す，計画する，いじくりまわしてみる，自分の意見を表明する
校内の自分の所属する部署でCADが使われているか，確認してみると良いだろう。

27. Contests and Competitions
　　コンテストとコンペ

これらは生徒の興味と関心を刺激する有益な方法であり，テクノロジーは生徒がそれらの準備と運営をすることを容易にする。キャプションコンテストやフォトショップコンテスト，質問コンテストなどを含む多くのコンペのフォーマ

ットはすでにウェブ上に存在している。コンテストを開催するうえでは，対戦の組み合わせや勝敗の管理を行うのに便利なオンラインソフトウェアが利用できる。
【関連する動詞スキル】検索する，比較する，決定する，評価する，慎重に危険を冒す，良い決定をする，自己評価する

28. Critiques
批評

批評は，芸術界や建築界において，クリエイターの作品に対して意見をするためによく用いられる。批評は，文学作品の分野あるいは生徒が行ったその他の創造的努力に対しても行うことができる。批評は，作品が批評されている人だけでなく批評をしている人にも有益である。批評はテクノロジーの有無にかかわらず行うことができるが，批評を支援するために使われる技術的ツールとしてWikiやブログなどのコラボレーションツールが挙げられる。
【関連する動詞スキル】分析する，聴く，比較する，評価する，観察する，質問する，熟考する，批判的に考える，創造的に考える，デザインする，倫理的に行動する，良い判断をする，自分の意見を表明する

29. Crowdsourcing
クラウドソーシング

クラウドソーシングは，大勢の人々（多くの場合，世界中からの）意見を集約するソフトウェアを使用して，問題に対する新しい解決策や意外性のある解決策（それは「正しい」答えを提供しないかもしれないけれども）を手に入れる手段である。クラウドソーシングのために生徒が使うことができる技術的ツールとして，EメールやFacebook，Twitterが挙げられる。
【関連する動詞スキル】調査する，発見する，評価する，モデル化する，予測する，問題を解決する

30. Data Acquisition / Collection Tools
データ取得／収集ツール

これらのツールには，サーチエンジンの他に，プローブ，センサー，カメラ，

ビデオカメラ，そして（たとえば，インタビューのための）ボイスレコーディングソフトが含まれる。テクノロジーの発展により，以前には不可能であった方法で，生徒がさまざまなデータを収集することが可能となっている。収集されたデータはさまざまなデータ分析ツール（cf）を用いて処理することができる。

【関連する動詞スキル】分析する，調査する，発見する，比較する，決定する，評価する，実験する，観察する，質問する，批判的に考える，つなげる，デザインする，問題を解決する，計画する

31. Data Analysis Tools
データ分析ツール

生徒があらゆるタイプのデータ分析のために（しばしばオンラインで）使用できるツールは非常に多く存在する。これらのツールには，Microsoft Word に組み込まれている単純なワードカウント，スペリング・文法チェッカー，語彙のグレードレベル解析から，単語出現頻度分析，特徴分析，スタイル分析まで及ぶテキスト分析ツールや，履歴解析に有効なバージョン比較ツールといったさまざまな洗練されたツールが含まれる。スプレッドシートや統計ツール，Mathematica，Wolfram Alpha といった多くの数値解析ツールも生徒が使うことができる。

【関連する動詞スキル】分析する，調査する，検証する，計算する，決定する，評価する，予測する，つなげる，長期的に考える

32. Data Mining Tools
データマイニングツール

データマイニングとは，大規模なデータまたはデータベースから有益な情報の発見・抽出を行うことである。データベースの情報は膨大になってきているため，これまでに観測されていないパターンを探すためにそれらをさまざまな方法で「切り取り」，相互参照をつけることは有効である。これを行うため，Google のような企業は非常に洗練された専用のツールを使用するが，生徒はスプレッドシートのような広く利用可能なプログラムを使って，オンラインデータベースに対してデータマイニングを行うことができる。

【関連する動詞スキル】分析する，調査する，発見する，観察する，質問する，批判的に考える，つなげる，問題を解決する

33. Data Visualization tools
データ可視化ツール

データ可視化ツールは大量のデータ（たとえば，時系列の株価一覧表，地震または天気のデータ）を処理し，人々が直観的により理解しやすいグラフィック手法でそれを表示する。われわれがテレビで見る気象衛星画像による天気地図は洗練された例である。生徒が使うことができる洗練されたデータ可視化ツールはさらに多くなってきており，オンラインやデータ可視化に必要な膨大なコンピュータパワーを有する大学を介してそれらを利用することができる。データ可視化ツールの例としては，TheBrain（www.thebrain.com/）のようなマインドマップや，Excelにおけるさまざまな種類のグラフすべて，Mathematica，そしてSecond Lifeのような3Dワールドが挙げられる。AT&T研究所のフリーツール「Graphviz」も一見の価値がある。

【関連する動詞スキル】分析する，調査する，発見する，検証する，実験する，評価する，モデル化する，観察する，予想する

34. Database Tools
データベースツール

データベースはテクノロジーに欠かせない基本的な要素であり，パートナー方式の生徒は，データベースの仕組みについて精通し，それらを作成・使用することができるようになっておくほうが良い。データベースは2種類の形式がある。フラットデータベースは実質的にはリストと同等のものである。それらはソート可能であるが，特定の抽出条件（クライテリア）で検索することが困難または不可能である。リレーショナルデータベースはフィールド別に格納された各抽出条件（クライテリア）を持つので，検索はずっと容易である。データベースツールは，データの選択とデータベースとのやり取りをできるようにする。データベースツールには，シンプルなもの（たとえば，SQLツールやMicrosoft Access）から非常に洗練されたもの（たとえば，Oracle）まで実にさまざまなものがある。

【関連する動詞スキル】データベースにはあらゆる種類のデータを格納できるため，ほとんどの動詞スキルがこれに関連することになる

35. Decision Support Tools
意思決定支援ツール

これらのツールまたはシステムは，意思決定をする者どうしがより効果的にコミュニケートするのを手助けするのと同様に，データと情報のサポートによって人々がより良い決定を行うのを手助けするソフトウェアである。意思決定支援ツールには，関連情報の検索とさまざまな代替案を数学的に評価する決定木 (cf) や，多種多様な決定をサポートするビジネスツール「Groove」といったツールが含まれる。教育分野における意思決定支援ツールの例としては，教師が生徒の成績を決める際にすべての生徒の作品を一度に参照することのできるようなツールが該当するだろう。

【関連する動詞スキル】分析する，検証する，討論する，計画する，リーダーシップをとる

36. Decision Trees
決定木

複雑で多段階からなるさまざまな決定パターンをグラフィカルに描き，それらに確率を割り当てる意思決定支援ツールの一種である。決定パターンの各パスに沿った確率を組み合わせることで，それぞれの活動の結合確率を評価することができる。決定木は紙上で作成することができるが，SASのような統計パッケージにも含まれている。

【関連する動詞スキル】分析する，比較する，決定する，評価する，良い決定をする

37. Design Tools
デザインツール

デザインは優れたツールの使用が非常に有用である分野であり，パートナー方式の生徒が使うことができる多くのデザインツールが存在する。CAD (cf) のようなデザインツールは，携帯電話から車，飛行機，そして建築物までの物

理的な製品の多くを製作するためにプロのデザイナーによって使用される。スクリーン上および印刷された素材に対して描画，ペインティング，写真編集，そしてレイアウトデザインを行う多種多様なツールがある。Photoshop（cf）やFlash（cf）のようなツールに加えて，3d Studio Maxのようなゲーム作成向けの専用ツールもある。21世紀のすべての生徒は，できるかぎり多くのデザインツールを経験すべきである。

【関連する動詞スキル】調査する，実験する，モデル化する，複製する，創造する，導入する，いじくりまわしてみる，適用する，創造的に考える，自分の意見を表明する

38. Dictionaries and Thesauri
辞書，類語集（シソーラス）

かつて辞書や類語集は本棚の多くの場所を占めていたが，現在は多くのワープロソフトに組み込まれている。しかしながら，これらは生徒によって日常的に，あるいは有効に使われているわけではない。パートナー方式の教師はこれらのツールをうまく使いこなす方法を生徒に教えてほしい。

【関連する動詞スキル】検証する，比較する，論理的に考える，討論する，書く，コミュニケーションをとる

39. Digital Manipulatives
ディジタル知育玩具

たとえばキズネール棒のような物理的なオブジェクトを並べたり数えたりするなど，生徒に概念を学んでもらうために知育玩具が使われてきた。これらの知育玩具の多くは現在コンピュータスクリーン上で再現され，操作できるようになっている。バーチャルLegoブロックやMITのディジタル・ビーズが例として挙げられる。

【関連する動詞スキル】分析する，調査する，計算する，実験する，観察する，予測する，問題を解決する，論理的に考える，デザインする，導入する，プログラミングする，遊ぶ，創造的に考える

40. Electronic Books and Readers

電子ブック，電子ブックリーダー

紙面（たとえば，本や雑誌）は，21世紀における読書のための媒体の一つにすぎない：こんにち，若者が読んでいるものの多くはスクリーン上のものである。電子媒体で出版される本や雑誌はますます増えており，紙媒体と同時に出版されるか，または電子媒体だけで出版される場合もある。MicrosoftのClearTypeのような多種多様電子読書ソフトや，さまざまなWebサイト，AmazonのKindleなどの「専用の」電子ブックリーダー，そして，iPhoneのような携帯電話向けの電子ブックリーダーなどがある（私は現在，個人的および仕事に関する読書のほとんどでiPhoneを使っており，とても快適に動く）。電子的な読書はページにメモ書きができないとか（ただし現在はさまざまな方法でメモ書き機能が追加されている），ページをざっと見ることができないといった不便な点がいくつかあるにもかかわらず，テキストサイズが変えられる，特定の単語やフレーズを調べられる，特定の単語やフレーズにジャンプできる，他の文書や資料へのハイパーリンクを埋め込むことができるといった多くの利点もある（身の回りにある重くてかさばる本を持ち運びする必要がなくなるということは言うまでもない）。パートナー方式の教師であるあなたにとって重要なのは，生徒に対して電子的な読書の経験をできるだけ与えることであり，各媒体の利点と欠点について教師と生徒の双方が先入観を抱かずに議論することである。

【関連する動詞スキル】読むことに関わる動詞スキルすべて

---

41. E-mail
Eメール

Eメールは本当に当たり前のものとなっているので，ツールとはみなされないことがある。しかし，特に，文化を超えたコミュニケーションをePalsのような安全なEメールプログラムを使って行うなどの場合，それは学習において非常に強力なツールとなりうる。状況次第では，教師と教師のコミュニケーションにおいてもまたEメールが効果的に使用されることがある。しかしながら，こんにちの生徒間では，より好まれる電子的コミュニケーション手段としてのtextingにEメールの大部分が取って代わられている。

【関連する動詞スキル】リンクする，協力する，対話する，書く，計画する，

リーダーシップをとる，コミュニケーションをとる，熟考する，自分の意見を表明する

42. Facebook
フェイスブック

このソーシャルネットワーキングツールは急速に普及しており，私がこの本を執筆している時点では，Facebook は多くの生徒のお気に入りである。Facebook の他に MySpace，Twitter といったソーシャルネットワーキングツールは，確かに学習に応用できる可能性があるが，われわれはそれをどのような場面でどのように用いれば良いのかについて，いまだ探っている過程にある。教室での学習における Facebook の興味深い利用例は「Facebook classroom」というキーワードでインターネット検索をすると見つけることができる。たとえば，架空の人物，そして，作家や発明家，科学者といった歴史上の人物にすべてに対する Facebook アカウントが作られていて，何か質問を送ればその人物から返信があるといった状況を想像してみてほしい。生徒が私生活で使っている Facebook や他のソーシャルネットワーキングツールを，そのまま教育目的としても使用しても良いのかという点に関しては，現在議論が分かれている。——これは，仕事と私生活をごちゃまぜにすることに似ているかもしれない。しかし，特定のグループの人たちと連絡をとることができたり，彼らの頻繁なコメントを見ることができたりするだけでなく，それらのコメントに返信することができるという Facebook の機能は，教育にとって潜在的に非常に重要なものの一つであり，すべての教師にとってその導入を検討し，熟考するだけの価値はあると思われる。Facebook の代替ツールとして，Ning（cf）のような Facebook と類似の機能を持ったツールが挙げられる。いわゆる名詞スキルがどれほど速く変化するかという例として，近年人気があるネットワーキングツールである「MySpace」が挙げられる。これは現在，主にお気に入りのバンドをフォローするといったインフォマーシャルに用いられている。

【関連する動詞スキル】聴く，視る，決定する，評価する，熟考する，批判的に考える，協同する，リンクする，対話する，パーソナライズする，計画する，コミュニケーションをとる，自分の意見を表明する，先を見越す，倫理的に行動する

43. Factor Analysis
　　因子分析

特定の実験結果あるいは効果を説明する多くの因子それぞれの重要性を評価・区分けするために，統計学者とアナリストによって使用される。たとえば，「より良い栄養，より良い医療，より少ない喫煙，そしてその他の要因は，どの程度平均余命を増加させたか？」という質問に答えるために，生徒が因子分析を用いるといったケースが考えられる。統計パッケージの SAS など，因子分析や類似の統計分析を行うための多くのソフトウェアがある。
【関連する動詞スキル】分析する，評価する，予想する，熟考する，批判的に考える，創造的に考える，計画する

44. Flash
　　Flash

このソフトウェアは Adobe によって販売され，現在ウェブ上で見られるほとんどのアニメーションにこのツールが使われており，無料の Flash Player は新しいウェブブラウザのすべてに組み込まれている。Flash は今のところ，ウェブ上におけるマルチメディア，プレゼンテーション，そしてゲームを製作するツールとして事実上の業界標準となっている。理想的には，すべての生徒が Flash 製作を経験したほうが良い（できれば，教わるほうが良い）。このプログラムは無料ではないが，お金を払う価値があるツールの一つである。Flash の大きな強みの一つは，ウェブ上にある多くの無料のオブジェクトが利用できることであり，それらのオブジェクトは生徒が作ったプロブラムに生徒自身で容易に組み込むことができる。Flash Lite はスマートフォン上でほぼ同様のことができる関連ツールである。生徒が使うことができる Flash ライセンスをあなたの学校が取得しているかどうかを調べてみる価値はある。
【関連する動詞スキル】コミュニケーションをとる，発表する，デザインする，説得する

45. Forecasting Tools
　　予測ツール

天気予報ツールについては誰もが知っている。これらは現在，最も大型かつ最も高性能なコンピュータ上で実行される大規模なシミュレーションである。他にも多くの予測ツールがあるが，生徒が使えるものも多い。スプレッドシート上でのモデリング（Excel に組み込まれている）は，おそらく最も広く使用されている予測ツールである。結果を予測するため，これらのツールは多くの異なる要因と依存関係を組み合わせて処理を行う。たとえば iThink のように，予測ツールの中には非線形関係も含めて分析できるものもある。生徒には，ビジネスで広く使用されているこれらのツールを使ってみることを推奨したほうが良い。

【関連する動詞スキル】モデル化する，予想する，質問する，評価する

46. Game Creation tools
ゲーム制作ツール

生徒にとって最も刺激的な学習課題の一つに，コンピュータゲームの製作がある。すべての学年において，ゲーム製作を手助けするツールはいくつかあるが，小学生向けとしては Game Maker の他に，最近開発された Gamestar Mechanic がある。中学校では，幼少から始めている子供は Flash でゲームを作ることができる。そして高校では，生徒は C++ の他に，多くのゲームに備わっているモディングツールを使うことができる。さらに，多くのグラフィックツールがゲーム製作プロセスに寄与する。

【関連する動詞スキル】分析する，調査する，計算する，実験する，モデル化する，熟考する，論理的に考える，導入する，競争する，プログラミングする

47. Game Modding
ゲームモディング

モディング（すなわち，改良・修正すること）とは，個人もしくはチームが，自身がデザインしたまったく新しいゲームを作製するために，専用のツールとゲームのコア機能であるソフトウェアエンジンを使用して既製品の複雑なコンピュータゲームをほぼ完全に修正することである。モッドを作製することは，より進んだパートナー方式の生徒にとって，彼らが学んでいることに関連した複雑なゲームを作るためのうってつけの方法である。商用ゲームの「Neverwinter Nights」を改変し，アメリカ革命（独立戦争）前夜の18世紀ニューイングランド地方を再現したMITのプロジェクトは興味深い例である。生徒（多くは女性）がストーリーテリングを実践するためにゲームベースのツールを使用することはSoft modding（Elizabeth HayesとJames Paul Geeによる造語）と呼ばれている。さまざまな種類のストーリーテリングを行なっているパートナー方式の生徒や教師は，モディングについてもっと詳しく知っておくべきである。

【関連する動詞スキル】分析する，調査する，実験する，モデル化する，組み合わせてリンクする，デザインする，導入する，作る

---

48. Games
ゲーム

生徒はゲームが大好きなので，適切なコンテンツを備えたコンピュータおよびビデオゲーム，そして，かつてのボードゲームでさえも，生徒の学習にとって非常に有用なツールである。パートナー方式の教授法におけるゲームの使用には，多くのやり方がある。これについては第6章において少し詳しく論じているが，私の前著 *"Digital Game-Based Learning"*, *"Don't Bother Me Mom—I'm learning"* や論文でも扱われている。

【関連する動詞スキル】どのようなものであれ，ゲームはほとんどすべての動詞スキルにとって重要なツールであるといえる

---

49. Gaming Devices
ゲーム端末

コンソール型（テレビと接続して使用する家庭用ゲーム機）および携帯型のゲーム端末が数多く販売されており，多くの生徒がすでに所有し使用している。現在のところ，これらの例としては任天堂のWiiやDS，マイクロソフトのXbox360，そしてソニーのPlaystation3が挙げられる。パートナー方式の生徒の学習に対して，これらのデバイスやそこで遊ぶことができるゲームが関連性をもち，有益なことがある。このような意見についてどう思うか生徒に尋ねてみてほしい。場合によってはゲームを学習に取り入れて共有することを彼らに推奨するのも良いだろう。

【関連する動詞スキル】ゲームの内容にもよるが，潜在的にはすべての動詞スキルが関連するといえる

50. Genealogy tools
系譜作成ツール

家系をトレースおよび表示するためのすばらしいツールがある。生徒が，自身の家系あるいは歴史上の家系をトレースしたり架空の家系を作ったりすることは，多くの教科において興味深い学習課題となりうる。

【関連する動詞スキル】調査する，検索する，つなげる

51. Geolocation Tools and Global Positioning System (GPS)
位置情報ツールとGPS

位置情報ツールは，地球上にある任意の特定の場所の位置情報（正確な経度，緯度，そして高度）を生徒が検索し，使用できるようにするツールである。無料で使える位置情報データベースは数多く存在する（たとえば，Google Earth）。位置情報ツールを用いることで，生徒は，多くの形式（たとえば，地図や画像）でのデータの閲覧，記録の投稿，隠されたものの捜索（ジオキャッシング）や隠された場所の捜索（ジオトレッキング），そして，マッシュアップ（cf）によって他のソフトウェアやデータセットと位置情報を組み合わせることができるようになる。GPSは，位置情報データを提供している静止衛星からデータを収集するために使用される。

【関連する動詞スキル】調査する，発見する，比較する，つなげる，モデル化する

52. Graphic Novel Creation Tools
グラフィックノベル作成ツール

かつて「コミックブック」としてばかにされたものは，現在「グラフィックノベル」（日本では「マンガ」というほうがはるかに一般的である）というより洒落た呼び名が与えられている。これらの興味深く，しばしばきわめて様式化されたストーリーは，こんにちの生徒を魅了している。グラフィックノベルは手で描くことができるが，ソフトウェアツールを使って，絵コンテ，レイアウ

ト，イラストを作成することもできる。「コミック作成ソフト」と呼ばれることもあるこれらのツールは，ストーリーテリングおよびグラフィックのスキルを磨くことのできる，生徒にとっては楽しいツールである。
【関連する動詞スキル】書く，創造する，デザインする，作る
マンガ作成ツール，アニメーションツールの項目も参照のこと。

53. Graphics Creation/Modification Tools
グラフィックス作成／改変ツール

21世紀において「graphics」という言葉は非常に広い意味で用いられており，静止画および動画のさまざまな電子的形態のグラフィックもその意味に含まれている。最新のディジタルグラフィックスやビデオ，そして，従来の紙のグラフィックスの両方を作成するためのツールが数多く存在しており，進化を続けている。基本的なグラフィックス作成プログラムは，新しいコンピュータに大抵無料でプレインストールされている。Photoshopのような高機能なプログラムはとてもよく知られているので，その名前それ自体が動詞的スキルになっている（画像や写真を「Photoshopする」ということは，Photoshop，あるいは同種のグラフィックプログラムを使って画像や写真を修正することを意味する）。3ds Max，Maya，Softimageといった数多くの3Dグラフィックツールが存在し，そして，商用パッケージに代わる無料のツールも数多く存在する。すべての生徒は幼稚園から高校3年までの間にグラフィック作成ツールを使用し，習得しておくほうが良い。
【関連する動詞スキル】創造する，デザインする，作る，導入する，モデル化する，パーソナライズする，自分の意見を表明する

54. Hardware mods and upgrades
ハードウェアモッドとアップグレード

「mod（繰り返すが，"modification"の略である）」という言葉はハードウェア，すなわち，物理的なコンピュータの出現とともに始まった。自分のコンピュータを改良しスピードアップするために（大抵は，コンピュータゲームを快適に楽しむために）ユーザーはコンピュータを分解し，そして改造しはじめる：プロセッサの内部クロックを上げたり，より強力なグラフィックカードあるいは

性能の良いファンを追加したり，等々。彼らは覗き窓や特別な照明が付いたカスタムケース（筐体(きょうたい)）を追加することもある。ハードウェアモディングは，パートナー方式の生徒にとってはかなりのポテンシャルを持った学習のツールである。多くの学校では使われなくなった旧型のコンピュータを所有しているだろうが，それらをチャリティやリサイクルにまわすよりは，改造や学習のためにそれらを生徒に使わせることのほうが理にかなっている。もし可能であれば，教師は生徒にコンピュータの筐体を開けさせて，重要な構成パーツの確認やそれらの機能を彼らに理解させてほしい。

【関連する動詞スキル】調査する，適用する，モデル化する，いじくりまわしてみる，デザインする

55. How-To Videos
ハウツービデオ

ハウツービデオは，段階をふんで，ある事をどのようにするかを教えてくれる。—死体の解剖方法からエンジンの修理方法まで，そして，話の書き方から目の描き方まで。現在，オンライン上に多くのハウツービデオが存在しているのは本当に驚きである。YouTubeのような一般的なビデオサイトに加え，ハウツービデオに特化したWonderHowToのような総合サイトがある。実際に，若い世代の人々は何かある事を学ぶ際，さしあたりハウツービデオに頼ることが多い。あなたがどんな教科を教えていようとも，学習のためにハウツービデオを使うことは有効であるし，また生徒が知っていることに関する自前のビデオを作ることを彼らに推奨するのも良いだろう。無料のオンラインハウツービデオを使えば，ほとんどどのような仕事についても独学することができる—それらにはコンピュータ関連も含まれる—。これらのビデオは専門家ではなく一般の人たちによってしばしば作成されるため，生徒が理解しやすい可能性がある。ほとんどでないにせよ，多くのトピックについて複数のビデオがあるので，生徒は自分に合った解説を選べる。そして，生徒がハウツービデオで学ぶことにもまして重要なのが，彼ら自身が新しい題材のハウツービデオを作成することである。

【関連する動詞スキル】調査する，模倣する，試してみる，視る，評価する，質問する，熟考する，批判的に考える

> **要チェック！**
> 生徒が他の生徒に何かを教えるためのハウツービデオを投稿している Web サイトの例として以下のようなものがある。「kids teaching kids」(http://mathtrain.tv/category/student-created-videos)
> NASA「Kids Science News Network」(http://ksnn.larc.nasa.gov/for_kids.html)（訳注 33）

56. ImageEditingTools
画像編集ツール

「GraphicsCreation/Modification Tools（グラフィック作成・修正ツール）」を参照。

57. Interactive Whiteboards
電子黒板

さまざまなブランドから販売され，一般的には教室の前のほうに設置されるこれらの大きなボード上では，書いたり，インターネットから取得した画像を表示したり，数多くの対話型のプログラムの使用や表示ができる（または，個々の生徒のコンピュータのスクリーンなども映すことができる）。電子黒板は学校および区によって購入されており，多くの教師や教室で使われている。そこでの使用例の数々は Promethean（www.prometheanworld.com）や SMART Technologies（www.smarttech.com）の Web サイト上で見つけることができる。

　電子黒板は非常に強力かつ有用なツールとなりうるが，注意して扱わないと，いとも簡単に従来の「板書」の単なる装飾版（画像やビデオが付いているという意味で）のようなありきたりのものになってしまう。先に議論したように，パートナー方式において，電子黒板（そして，その他のテクノロジーすべて）は，教師よりも生徒によってはるかに上手に使用される。

【関連する動詞スキル】うまく使えば，このツールはほとんどすべての動詞スキルをサポートすることができる。

58. Interface Tools
インタフェースツール

このツールは，生徒がソフトウェアプログラムのインタフェースを自分の好みに近づけるために，部分的もしくは全体的に再設計できるツールである。もしあなたがコンピュータを使っているのならば，メニューが不明瞭でまとまりがない，ボタンが小さすぎる，見つからない，あるいは不適切な場所にある，あると思っていた機能があると思っていた場所にない，あるいは，あってほしい機能があってほしい場所にない，機能が欠如している，等々のひどいデザインのインタフェースを使うことで苦痛を受けたことがきっとあるだろう。ユーザーは，インタフェースツールを使ってこれらの欠陥の一部を修正できる。デザインを変更したり自分の好みに合わせたりするためのオプションとして，有名なプログラムやシステム（たとえば，Windows，MS Office，ブラウザ）の一部として組み込まれている場合もある。また，GUI Design Studio のように独立したデザインプログラムとして提供されるものもあれば，プログラミングツールとして提供されるものもある。どの教科においても，製品（プロダクト）に対する自分専用のインタフェースをデザインすることは，生徒にとってすばらしい学習経験となる。

【関連する動詞スキル】実験する，モデル化する，問題を解決する，デザインする，導入する，プログラミングする

59. Internet
インターネット

インターネットは，世界中にある個々のコンピュータ・機械・サイトを接続し，それらの間での通信を可能にする有線および無線の電子システムである。インターネットは世界の中での唯一のネットワークではないが（電話会社や軍隊が独自に所有するネットワークもあるので），コンピュータと通信によって誰でも利用可能な世界中で最大のネットワークである。インターネットは単独の企業もしくは政府機関によって所有・維持されているというよりは，個人そして企業が所有するパーツの集合体であり，さまざまな方法によって公的に運営されている。この「open setup」の利点は，少なくとも今のところは，インター

ネットがあらゆる種類の情報そして新しいアイデアのためにすべての人が利用できる「イノベーション・コモンズ」であることである。現在，アメリカのすべての学校はインターネットに接続されているが，インターネットで送受信できる情報量のばらつきは大きい（より強力な接続を持つこと—専門用語で言うと「より広いバンド幅を持つこと」，あるいは「より太いパイプを持つこと」—は，ネットワークの「末端」に接続している多くの人々がより高速なサービスを享受することを可能にする）。公に（または，セキュリティ設定がなされた）アクセスが可能な世界中のすべてのコンピュータにある情報は「インターネット上にあるもの」とみなされている。インターネット上に流れるすべての情報は小さなパケットとして流れており，各パケットはそれがどこから来たのか，どこに行こうとしているのか，そして，パケットが到達したときに再構築を可能にするための何に属しているのかという情報を含んでいる。Eメールメッセージは比較的少ないパケットしか必要としないので，比較的速く送ることができる。マルチメディアプログラムや長編映画はより多くのパケットを必要とするので，パケットを迅速に送信するためにはより速い送信速度やバンド幅を必要とする。ストリーミングはパケットをより速く送るために，一度に少しずつ送信・処理する方法である。パートナー方式の生徒は，特に彼らが学んでいる教科に関して，インターネットがどのように役に立つかについて理解する必要がある。数学においては，生徒はインターネットのさまざまなデータを定量的に理解し計算できるよう学ぶべきである。科学においては，インターネットの構造や科学的な問題について，社会科においてはインターネットの社会的重大性について，そして，国語あるいは外国語においては，コミュニケーションにおけるインターネットの可能性についてそれぞれ学んでほしい。

【関連する動詞スキル】協同する，コミュニケーションをとる，創造する，調査する，検索する，検証する，書く

---

60. Intuition

「Intuition」は学校で幅広く利用されている製品であり，考えをまとめるために使われる。つまり，ブレインストーミングツール（cf）の一種である。

【関連する動詞スキル】調査する，比較する，質問する，書く，導入する，創造的に考える

61. Iteration
イテレーション（反復）
これはプロトタイプとしての何かを作成する開発プロセスを意味しており，聴衆から（時として容赦のない）フィードバックをできるだけ多く収集し，やり直しを行い，大勢の人が嫌うものをすべて取り除き，さらにまた次のバージョンの製品に対するフィードバックを収集し，（個々の意見の相違はさておき）主要なユーザーグループが好ましくないと感じるものが製品からなくなるまで，製作とテストを継続する。イテレーションはある人がある物の全体をデザインし，完成品をひたすら追い求め続けるエンジニアリングとは対極に位置する手法である。従来の指導および授業の計画は，概してこのエンジニアリングの方式によって行われているが，パートナー方式では優れたツールとしてのイテレーションの導入を私は強くおすすめする。イテレーションは，ゲームや製品，レポートそして論文などの多くの事に対して使うことができる。イテレーションは，（多くのイテレーションを行う時間さえあれば）生徒の作品の質を向上させるためのお薦めのツールである。

【関連する動詞スキル】すべての動詞スキルが該当する

62. Kindle
Kindle は，Amazon がデザイン・販売している電子ブックリーダー（cf）である。

【関連する動詞スキル】読むことに関連する動詞スキルすべてが該当する。

63. Listservs
リストサーブ
リストサーブは，特定のトピックについて他者からの意見を聞きたい，そして，トピックに関する自分自身の考えを共有したいという要望に基づいて会員登録（すなわち，サインアップ）する E メールのメーリングリストを管理する自動プログラムである。メンバーがそのリストに対して送ったいかなるメールも，リスト上のすべてのメンバーに届く。幼稚園から高校生（K-12）まで，クラスで E メールが使えるのなら，生徒はクラスで勉強しているトピックに関す

るいくつかのリストサーブに会員登録できるであろうし，そうしたほうが良い。クラス内でも，一つあるいは複数のリストサーブを運用することができる（特別なソフトウェアを必要とするが，これは多くの場合 E メールプロバイダによって使用可能になっている）。リストサーブの真の力は，そのトピックに関心のある人を世界中のどこからでも取り込むことができることにある。何百万というリストサーブが存在しており，それらは想定しうるほぼすべてのトピックをカバーしている。教師は生徒に対して，関心のあるすべての教科についてのリストサーブを購読するよう促してほしい。

【関連する動詞スキル】調査する，発見する，聴く，決定する，質問する，協同する，つなげる，討論する，問題を解決する

---

64. Logic Tools
ロジックツール

パートナー方式の生徒の論理的思考力を向上させる手助けをするためのツールは数多く存在する。この中には，多くのコンピュータゲームに組み込まれているパズルも含まれている。簡単なロジックツールは，Excel や他のスプレッドシートプログラムに組み込まれている循環参照（すなわち，セルの数式や関数が同じセルの場所を参照するように設計されているかどうかを調べる）チェッカーである。他のロジックツールの例としては，ロジックツリーとフローダイアグラムが挙げられる。

【関連する動詞スキル】分析する，検証する，論理的に考える

---

65. Logic Trees
ロジックツリー

ロジックツリーはロジックツールの一つであり，選択肢が連なるパスを下っていくかたちで処理が進む。パスの中には独立しているものや相互に連結されたものがある。

【関連する動詞スキル】分析する，検証する，論理的に考える

---

66. Machinima
マシニマ

マシニマは，ゲーム制作ツールによって作られたアニメーションである。これらはビデオもしくはコンピュータゲームのような体裁をなしているが，ストーリーは一方向的に進行し，インタラクティブではない。マシニマは世界中で非常に人気があり，多様なスタイルの多種多様なゲームに基づいて作られる。マシニマは生徒が試すことができる格好の発表形式である。マシニマの例は www.machinima.com を参照のこと。

【関連する動詞スキル】視る，創造する，説得する，発表する，ストーリーを語る

67. Mapping Tools
マッピングツール

マッピングツールには，Google Earth や GPS（個別のデバイスや携帯電話に組み込まれている），そしてレーダーやソナーのような他の位置情報デバイスが含まれる。さまざまなマッピングツールが，マッシュアップ（cf）という新しい，そして便利な方法によって相互に組み込まれるようになっている。マッピングツールは，現実の世界（そして，宇宙）がどのように見えるのかや，2つの場所の間の距離，通り道の発見，地図や方角について学ぶために，生徒に使ってほしいツールである。こんにちにおける新しいマッピングツールと古いもの（たとえば，地図帳や推測航法）を比較して，それぞれのマッピングツールが何を提供し，そしてどちらがどのような利点を持っているかを理解することは，教育上しばしば有益である。マッピングツールは機能強化のために拡張現実ツール（cf）を利用するようになってきている。

【関連する動詞スキル】分析する，調査する，発見する，観察する，検索する，組み合わせる

68. Mashups
マッシュアップ

マッシュアップとは，異なる種類のメディアやデータを組み合わせて，新しく，より役に立ち，そして時には思いも寄らないプロジェクトにすることを表す言葉である。広く知られたマッシュアップの例としては，will.i.am による，オバマの「Yes We Can」キャンペーンのコマーシャル（www.youtube.com/

watch?v=jjXyqcx-mYY）が挙げられる。Google Earth が地図や衛星画像，地形データを統合し，重ね合わせる様も，マッシュアップの一例である。マッシュアップは生徒にとっては楽しい作業であり，時として非常に表現的かつ有益であり，学習ツールとして大変有望である。生徒（および教師）は，「建物と日付」，「イベントと人」，あるいは，「オブジェとその背景にある数学や工学」といった，同時に見ることで有益な情報が得られる個々のデータを組み合わせることができる。

【関連する動詞スキル】実験する，モデル化する，予想する，問題を解決する，組み合わせる，デザインする，適用する，導入する，パーソナライズする，自分の意見を表明する

69. Memorizing Tools
暗記ツール

こんにちの学校ではしばしば忌み嫌われている「暗記」は，俳優やその他のスピーチをする人たちにとって今なお重要である。少なくとも，いくつかの短くて有益な著述（たとえば，独立宣言書の冒頭，憲法の前文，ゲティスバーグ演説，自由の女神像の台座に刻まれたエマ・ラザラスの詩）を，時あるごとに思い出し，それらの持つ意味を頭に浮かべることができるよう，暗記することはパートナー方式の生徒にとって重要であると私は思う。生徒が入手・利用可能な電子ツールは，生徒がより多くの物事を楽に暗記する手助けとなる。

【関連する動詞スキル】聴く，記憶する，熟考する

70. Modding Tools
モディングツール

ゲームモディング（cf）の項でも説明したように，「モディング」とは，ゲームに付属するツールに加えて，スクリプティングツールやプログラミングツール，グラフィックツールなどのツールも使って，既存の商用コンピュータゲームを新しい（時としてまったく異なる）ゲームに改変もしくは修正することである。生徒に尋ねてみれば，モディングのやり方について知っている生徒がおそらく見つかるだろう。そのような生徒は，前述の「MIT が再現した革命前夜のニューイングランド地方」のような，学習に役立つモッド（改変されたゲ

ーム）を作ることができるかもしれない。

【関連する動詞スキル】創造する，発表する，ストーリーを語る，モデル化する，導入する，シミュレーションする

71. Multimedia
マルチメディア

（複数のスライド映像と音楽が統合されるようになって使われるようになった）この曖昧な用語は，こんにち，アニメーションやビデオ，音，音楽，テキスト，そしてその他の電気的な（電気的でないこともある）要素を一つの製品として統合したもののことを表している。ツールの進歩につれてマルチメディアはますます洗練されてきており，最新のツールを使うことで生徒がマルチメディアをより容易に作成できるようになっている。最先端のマルチメディアの最たるものは大量のTV広告およびインターネット広告であり，生徒は膨大な量のそれらを目の当たりにしている。異なるメディア（たとえば，マシニマ，ゲーム，グラフィックノベル）を統合した製品は，テキストのみの書籍といった（異なるメディアと統合していない）製品よりもこんにちの生徒の興味を（少なくとも表向きは）喚起する。

【関連する動詞スキル】創造する，説得する，発表する，ストーリーを語る，モデル化する，導入する

72. Multiple Intelligences
多重知能

ハワード・ガードナーの理論を名詞すなわちツールとしてここで取り上げた理由は，この理論が生徒に対する一つの見方を提供してくれるからである。すなわち，それぞれの生徒には固有の秀でた知能領域や嗜好があり，これらを考慮することで学習に引き込むことができるという点である。このような見方は，先に議論した「生徒の情熱の源を見つけて利用する」というアイデアと共通する相通じるところがある。両方のアプローチはともに利点があるかもしれないが，生徒の秀でた知能を探るよりは彼らの情熱の源を見つけるほうがおそらく容易だろうし，見つけやすいであろう。

【関連する動詞スキル】適用する，熟考する，違いを見い出す

73. Music Creating and Editing Tools
音楽作成・編集ツール

音楽はこんにちの生徒にとって大変重要であり，生徒が音楽を作成・編集できるツールが当然のように数多く存在している。PowerPoint のスライドやポッドキャスト，マルチメディアプレゼンテーション，ゲーム，そしてパートナー方式の生徒が携わっているその他のプロジェクトに対して，生徒がこのようなツールを用いて適切な音楽（および音響効果）を付加することを推奨してほしい。製品の例としては，Audacity や Audition，eJay，そして Magix が挙げられる。

【関連する動詞スキル】創造する，実験する，聴く，適用する，デザインする，作る，導入する，プログラミングする

74. Negotiation Tools
交渉ツール

交渉は，人生においてしばしば必要となることなので，教わるべきスキルであるが，学校でほとんど教わることのないスキルである。交渉は生徒が勉強し習得する主要なスキル（動詞）ではないため，銀行やビジネス，そして他者との交渉の場ではしばしば敗北してしまうという結果になる。しかしながら，優れたネゴシエーターとなるための多くのツール（コンピュータベースのツールおよび紙上のツールの両方）が存在しており，パートナー方式の教師は生徒に対してこれらの使用を勧めたほうが良い。交渉ツールの例としては Parley や Negotiator Pro が挙げられる。

【関連する動詞スキル】分析する，聴く，決定する，倫理的な問いかけをする，評価する，観察する，予想する，質問する，熟考する，協同する，交渉する

75. Ning
Ning（ニング）

このソーシャルネットワーキングツールは教育者によって使用することができ，学校とは関連のない機能がむやみに付加されることなく，Facebook のようなサイトが有する多くの機能を実現し，便利に使うことができる。他のツールも

存在するが（そして，将来的にはより多くのツールが出現するだろうが），Ningの創立者がマーク・アンドリーセン（非常に知的なプログラマであり，初めてウェブブラウザを作った人物）であることから，Ningは特に興味深い。多くの教室や学校，そして学区の行政機関や他にもさまざまな団体が独自のNingを立ちあげており，あなたの生徒にも自分たちのNingを作らせてみてはどうだろうか。

【関連する動詞スキル】検索する，共有する，協同する，つなげる，関連づける，協力する，書く，デザインする，パーソナライズする，プログラミングする

76. Note-Taking Tools
　　ノート取り（ノートテイク）ツール

（パートナー方式の教師は旧来の講義形式の授業はしないはずなので，授業ではノートを取る必要はないだろうが）生徒が作業や読み物から得たアイデアやメモをまとめることを手助けするようにデザインされたツールが数多く存在する。生徒には，これらのツールを探して使用し，ベストなものが見つかったら仲間に教えてあげるようにしてほしい。

【関連する動詞スキル】分析する，検証する，比較する，観察する，熟考する，聴く，書く，パーソナライズする

77. Online Bookstores
　　オンライン書店

Kindle（あるいは，iPhone向けのKindleアプリ，Sony Reader，コンピュータ上で動く同種のものを含む）のような電子書籍リーダーを使用することの大きな利点の一つは，あらゆる読みたい本をオンラインで購入することができ，数秒でダウンロードできることである（ただし，あなたが適切なデバイスを所有し，それらがインターネットに接続され，支払い設定用のアカウントを持っていることが必要となる）。「古典」の文学作品や著作を含む，著作権が消滅した古い本のコストは一般的に無料である。図書館がオンラインで書籍を提供するサービスを行う日もそう遠くはないだろう。そうなれば，生徒がクラスで学んでいることに関する本を何でもオンラインで読むことができるようになるだ

ろう。
【関連する動詞スキル】読む，検索する，パーソナライズする

78. Outlining Tools
アウトラインツール

アウトライン化するとは，自身の考えをまとめる方法としてしばしば生徒に教えられる動詞である。このプロセスを容易にする多くの電子ツールが存在する。Microsoft Word や他のワードプロセッサにすでに内蔵されているアウトラインツールが，おそらく最もわかりやすくて使いやすい。書くこと（ライティング）を教える教師はこのツールについて熟知しておくほうがよく，状況に応じてこのツールを使うことを生徒に薦めてほしい。

【関連する動詞スキル】分析する，調査する，比較する，決定する，熟考する，論理的に考える，書く，計画する

79. Parsing Tools
構文解析（パーシング）ツール

構文解析（文章を意味のある語句ごとに分割すること）は，あなたが生徒にやってもらいたい動詞であるときがある。構文解析は文法やプログラミング，その他の教科で適用することができる。そして，生徒が構文解析のプロセスを理解してその作業をしやすくすることに役立つ電子ツールがある。Wikipedia にはこれらのツールの一覧と説明が記載されていて参考になる。

【関連する動詞スキル】分析する，書く，プログラミングする，論理的に考える，導入する

80. Photo Sharing Tools
写真共有ツール

Flicker に代表されるこれらのツールは，コラボレーションとソーシャルネットワーキングの両方のかたちを有している。このツールを使うことでオンライン上の専用の場所に写真やビデオをアップロードすることができ，これらの画像や映像に投稿者は何らかのアクセス権を付与することができる（誰にでも公開，グループメンバーに対して公開，特定の個人にのみ公開，という具合に）。

【関連する動詞スキル】協同する，つなげる，共有する，創造する

81. Plagiarism Detection tools
剽窃検出ツール

引用元を明らかにすることなく他者の著作物をコピー＆ペーストする（最悪の場合，他者の著作物を自分の著作物であることにしてしまう）生徒が増えていることから，これらを検出するためのソフトウェアツールが登場している。Turnitin はおそらく最も広く使われている剽窃検出ツールである。Google もまた，剽窃を検出するために使うことができる。これらのツールが存在すること，そして，これらのツールがどのような処理を行うのかについて，教師だけでなく生徒も理解しておくほうが良い。

【関連する動詞スキル】検証する，決定する，評価する，批判的に考える

82. Podcasts and Podcasting Tools
ポッドキャスト，および，ポッドキャスティングツール

そもそもポッドキャストとは，興味のある人が聴取あるいはダウンロードできるようにネット上に投稿された録音ファイルを意味していた。現在，ポッドキャストという言葉はかなり広い意味を持つようになっている。ポッドキャストは音声だけでなくビデオのものもあり，また，アマチュアによるものだけでなくプロが作ったものもあり，ユーザーが検索してダウンロードする必要があるポッドキャストもあれば，コンピュータや携帯電話に自動的にダウンロードされるポッドキャストもある。最近では，解説用や教育用のために作られた，ダウンロード可能な音声もしくはビデオファイルのことを指す場合が多い。ポッドキャストは至るところにあるし，考えうるすべてのトピックに関するポッドキャストがある。ポッドキャストは，特定の分野における最新事情を把握するための最適の方法である（たとえば，"best technology podcasts"と検索してみると良い）。生徒が情報を収集し共有する簡単な方法は，ポッドキャストを作成することである。私が多くの生徒から聞いたところによると，自身の Web サイトにアップしたり教室のプロジェクトで利用したりするためのポッドキャストを作成するのに，自分の携帯電話をレコーダーとして使って音声や映像を記録しているとのことである。生徒が作成したポッドキャストは Web 上に置

かれているので，ポッドキャストを他の生徒や教師，保護者，そして世界中と共有することは容易である。ポッドキャストを作成し共有するための何百ものツールがあり，その多くは「www.mashable.com/2007/07/04/podcasting-toolbox」や「www.onlypodcasting.com」（訳注34）にまとめられている。
【関連する動詞スキル】聴く，協同する，創造する，作る，共有する

83. PowerPoint
パワーポイント

PowerPointはプレゼンテーションソフトの一つにすぎないが，広く利用されていることから，ここで触れておく必要がある。どのようなツールも有効に使われることもあれば，下手に使われることもある（"PowerPointによる死"はよく聞かれる不満である）。非常に多くの事柄を箇条書きにまとめてしまうことや，非常に多くの言葉をスクリーン上に表示してしまうとことは，PowerPointの誤った使い方としてよく引き合いに出される。PowerPointはビジネスの世界ではどこででも見かけることから，生徒がPowerPointの使い方を学校教育のどこかの時点で習得したほうが良いのは確かである。テキサスのある生徒グループに対して「生徒はPowerPointを何学年から使い始めて，何学年で使うのをやめるべきだろうか？」と教師が尋ねたところ，それぞれ小学校1年と小学校6年であると彼らは答えた。彼らの主張の要点は，PowerPointは小学校1年生でも簡単に使えるということであり，そして，小学校6年生までに，Flash（よりハイレベルなアニメーションやインタラクティビティを実現するツール）のようなより洗練されたツールに移行するに十分なほどに，PowerPointをマスターしておくべきであるということである。パートナー方式においては，教師はPowerPointを使って授業するのではなく，生徒に使わせて，彼らの批評家としての教師や仲間から意見をもらうほうがずっと良い。
【関連する動詞スキル】簡潔に報告する，書く，デザインする，説得する

84. Probes
プローブ

プローブと呼ばれるデバイスは，コンピュータや携帯電話にセットして，気温から化学成分まで，多種多様な情報についてのデータを収集するために使用さ

れる。日々生徒が使うことができるこれらのツール（たとえば，ディジタル顕微鏡やディジタル望遠鏡）がますます増えている。パートナー方式の科学の教師は，できるだけそのようなプローブを使うよう，生徒に対して薦めるべきである。英語と社会の教師にとっては，音声レコーダーやビデオレコーダーを，人々からの情報を収集するためのプローブとしてみなすこともできる。

【関連する動詞スキル】調査する，発見する，検索する，観察する，予想する，分析する，論理的に考える

85. Programming Languages
プログラミング言語

これらの言語は，あらゆる機械をコントロールする命令を作成するために使われるツールであり，さまざまなレベルのものが存在する。高水準プログラミング言語を利用した例としては，テレビ番組を録画するときや携帯電話をセットアップするときに使うメニュー画面が挙げられる。Microsoft Word や Excel，そして PowerPoint といったツールは，より高度な処理を行うための自前のプログラミング言語を内蔵しており，マクロやスクリプティングツールといった他のプログラミング言語も組み込まれている。HTML や PHP，Drupal といったウェブ製作ツールもプログラミング言語の一種であり，モディングのためのツールでもある。Basic，Perl，C++といったプログラミング言語は，プログラマあるいはあなたがイメージできることすべてをゼロから作り始めることができる。最も低レベルに属するプログラミング言語は，コンピュータが直接理解することができる命令であり，アセンブラと呼ばれたり，コンパイラとして知られるソフトウェアによって高水準言語から通常は自動的に作成される。プログラミング言語が最下層レベルにおいてできることを学習・理解することは，パートナー方式の生徒にとって非常に有益かつ重要なタスクである。プログラミングとは動詞，すなわちスキルであり，パートナー方式の生徒の将来においてますます重要になってくることは確かだろう。パートナー方式の生徒は，ソフトウェアをダウンロードして設定する時や，iPod のプレイリストをセットアップするといった時に，自身が所有するデバイス上ですでにプログラミングを行なっていることを自覚するべきである。そして教師は，機械をコントロールする方法（すなわち，プログラムを作る方法）をできるだけ習得するように

促すべきである。すべてのレベルの生徒およびすべての教科において，プログラミングの課題（タスク）を作成（提案）することができる。
【関連する動詞スキル】分析する，調査する，検証する，計算する，評価する，実験する，モデル化する，論理的に考える，関連づける，デザインする，導入する，プログラミングする，シミュレートする

86. Programming Tools
プログラミングツール

プログラミング言語は，さまざまなプログラミングツールの一つにすぎず，プログラミング言語以外の他のツールが存在する。たとえば，オンラインロボットの配線をつないだり，オンラインプログラムを作る際に使うビジュアルプログラミングツール（絵で表されたコンポーネントを，配線やロジックを表す線で接続してプログラミングを行うツール）がこれに含まれる。また，単なる記号ではなく英語の文章のような命令体系を使ってプログラミングを行うスクリプティングツールも含まれる。さらには，すべての選択をメニューでコントロールできる Gamester Mechanic のような，ゲーム作成ソフトウェアのようなツールも含まれる。
【関連する動詞スキル】分析する，比較する，決定する，評価する，実験する，モデル化する，予想する，問題を解決する，論理的に考える，つなげる，関連づける，導入する，計画する

87. Project Planning/Management Tools
プロジェクトプランニング／マネジメントツール

プロのプロジェクトプランナーやマネージャーによって使用される電子ツールの中で，生徒にとっても有益なものも数多く存在する。それらには，PERT チャート（他よりも優先してやらなければならない物事を表示することで，優先順位を決定する作業を支援する）生成ツールや，ガントチャート（プロジェクトスケジュールにおいて開始時および終了時の要素を説明した棒グラフである）生成ツールといったものが含まれる。生徒には，これらのツールを自身のプロジェクトの計画と管理に使用するよう薦めてほしい。
【関連する動詞スキル】分析する，決定する，予想する，問題を解決する，論

理的に考える，デザインする，導入する，計画する

88. Prototyping Tools
プロトタイピングツール

プロジェクト（たとえば，ソフトウェアプロジェクト，新しい車や飛行機，テレビ番組）は，全体あるいは部分の小型版であるプロトタイプから始められることが多くなってきている。プロトタイプは，（相対的に少ない時間と資本の投資によって）最終的な製品がどのようになるかを示すために用いられる。ラピッドプロトタイピングが，近年の新しい製作手法となっている。生徒のプロジェクトは完璧に仕上げる必要がなく，プロ仕上げにする必要もないことから，プロトタイプの制作は理想的な生徒プロジェクトとなりうる。プロトタイプ制作のためのツールの例としては Axure や EasyPrototype が挙げられ，よく知られたツールとしては Flash や PowerPoint，そして Visio が挙げられる。

【関連する動詞スキル】調査する，比較する，決定する，観察する，論理的に考える，デザインする，導入する，モデル化して試す，パーソナライズする，シミュレートする

89. Rapid Serial Visual Presentation（RSVP）
高速逐次視覚提示

これは，リーディング用にテキスト情報を提示する非常に効果的な手法である（あまり使われることはないが）。RSVP は，スクリーンの中央にある一点に，コンピュータによって単語を一語一語提示する。単語は，読み手が事前に選択したスピードで表示される。視線移動がないため，ページ上にある連続した単語を読むよりも非常に早く読むことができるリーディング手法である。実際，「通常」のリーディング速度である 200〜400 語／分が，ちょっと練習することでしばしば 1000 語／分を越えるところまで向上する。RSVP は，携帯電話のような小さな画面上でのリーディングに特に適している。生徒がダウンロードして試すことができるさまざまな RSVP リーダーが数多くあり，最新のバージョンをサーチエンジンで探すよう生徒を促すべきである。

【関連する動詞スキル】読む，熟考する，パーソナライズする

90. Really Simple Syndication（RSS）
    RSS

RSSは，インターネットに接続されたコンピュータが少なくとも1台は利用できるどのような教室においても，継続的に使用されるべきアグリゲーションツール（cf）である。RSSは，インターネット上にある任意のRSSフィードを生徒が購読できるようにするソフトウェア（多くはウェブブラウザの一部である）から構成される。そのようなフィードには，意見欄やブログ，臨時ニュース，その他のソースの情報が含まれる。選択したRSSフィードを（教師と協力して）クラスが購読すると，興味のあるトピックに関する日々の情報の流れをコンスタントに更新する作業をクラスに導入することができる。毎日異なる生徒を，これらのネタ（記事）を収集し，クラスで発表するRSSモニターとして任命することができる。

【関連する動詞スキル】調査する，発見する，検索する，評価する，関連づける，討論する，パーソナライズする，プログラミングする

---

91. Recorded Books
    録音図書

「Audiobook（オーディオブック）」を参照。

---

92. Research Tools
    リサーチツール

生徒向けの便利なオンラインリサーチツールの数は日々増えている。おそらくGoogleとWikipediaはご存知だろうし，これらの限界（一般的に，検索には有効だがリサーチには向かないこと）についても知っている。あなたやあなたの生徒は，Google Scholar（ジャーナルや論文を探すためのサイト）やScholarpedia（査読付き論文を探すためのサイト）を熟知しているだろうか？この分野の進展について状況をつねに把握して生徒と共有することは，パートナー方式の生徒が自身のリサーチに最適なツールを使うようにするために，パートナー方式の教師にとって非常に重要である。

【関連する動詞スキル】研究する，調査する，発見する，検索する，比較する，観察する，質問する，熟考する

93. Response Systems
応答システム
「Clickers（クリッカー）」を参照。

94. Robotics Tools
ロボティクス（ロボット工学）ツール

ロボット工学は，多くの生徒が興味を示す教科である（夢中になっている生徒もいる）。こんにち，ロボットは製作あるいは購入することができ，そして，多種多様なタスクを行うようプログラムすることもでき，その多くはK-12の生徒の手の届く範囲にある。FIRST Robotics（For Inspiration and Recognition of Science and Technology：FRC）は，中学生用にはLEGOロボットと，高校生用にはカスタムビルトのロボットを用いて，さまざまな種類のロボティクスにおける競技会とチュートリアルを提供する団体である。人型のロボットを対象とした特別な競技会もあり，さまざまなレベルでクラス分けされている（人型のロボットはダンスをするようにプログラム可能であるため，この種のロボティクスは女子の関心を集めている）。ロボット掃除機の「ルンバ（Roomba）」を製造しているiRobot社は，生徒向けのロボット作成キットも製造している。パートナー方式の教師は教えている教科の中で，生徒がロボティクスを使うことができる（あるいは，ロボティクスを使うことの可能性について生徒が議論することができる）機会があるか検討してみてほしい。

【関連する動詞スキル】分析する，調査する，計算する，実験する，モデル化する，観察する，予想する，質問する，問題を解決する，論理的に考える，協同する，交渉する，競争する，デザインする，導入する，作る，プログラミングする

95. Role-Playing Tools
ロールプレイングツール

ロールプレイングはずっと使われてきた教育ツールであり，現在は，そのプロセスを大きく支援する電子的なロールプレイングプログラムがある。オンラインの生徒討論フォーラムやチャットを創造的に利用できるようにしたものもあ

れば（http://tinyurl.com/yg74jz9 を参照のこと），授業以外で使うものとしては，ゲームやオンラインの世界で利用されている Sound Forge や RPTools といったキャラクター作成ツールや地図作成ツールなどが挙げられる。ロールプレイングツールやロールプレイングゲームの多くは，授業で使用するために手を加えたりモディングしたりすることができる。ロールプレイングツールを用いることで生じる生徒との対話や自発性と創造性の促進効果は，きわめて興味深い結果につながることが期待できる。

【関連する動詞スキル】調査する，発見する，聴く，意思決定する，質問する，熟考する，ソクラテス的質問をする，論理的に考える，協同する，対話する

96. Rubrics
ルーブリック

評価の枠組みであるルーブリックは，生徒の作品の評価に一貫性を与えるためのツールである。この用語が教育以外で使われることはほとんどないことから，教育業界におけるジャーゴン（専門用語）なのかもしれないが，評価の標準化や評価システムの概念は有益なものである。教師や生徒が使えるルーブリック作成ツールは，オンライン上に数多く存在する。

【関連する動詞スキル】検証する，比較する，決定する，評価する，観察する，論理的に考える

97. Salience Analysis
特徴分析

一連の単語や記号，あるいは数字において，どれが最も重要な意味を持ち，また，どれが最も多くの意味を持つのかを知ることが重要であり有益なことがある。これを調べる方法の一つが特徴分析であり，使用可能なツールがいくつか存在する。生徒はそのようなツールを使って，「このテキストを構文解析して特徴のある単語を検索し，それぞれの単語に対して何らかの処理を行いなさい」というような自動プログラムを作ることができるかもしれない。SimCityや Sims, Spore といったゲームを制作した著名なゲームデザイナーであるウィル・ライトは，エミリー・ディキンソンの詩を解釈するためにそのようなプログラムを書いた。そのプログラムは，特徴分析を行って特徴のある単語それ

それに対応する画像を Google Image からピックアップし，詩の朗読中にそれらの画像を順番に表示するというものである。完全自動化によるその効果はきわめて強力なものだった。生徒はこれと同様のプロジェクトをデザインし，行うことができる。

【関連する動詞スキル】 分析する，検索する，比較する，決定する，評価する，論理的に考える，適応する，つなげる，作る

98. Scenarios
シナリオ

これらは一般的には短編のストーリーであり，分析のための問題設定や，特定の論点を説明するために使用される。シナリオはコンピュータゲームにおいても使われ，特にロールプレイングゲームやウォーゲームで使用される。シナリオを作成したり分析したりするための専用のソフトウェアツールがあり，たとえば，Visual Explorer や多くのゲームパッケージに含まれるツールが挙げられる。生徒や教師にとってこれらのツールを使用することの利点は，教室で作成したシナリオ（および分析結果）をセーブ（保存）することができ，そして後で使うことができる点である。さらに，他の人や他のクラスが作ったシナリオを検索したり，再利用したりすることができる。

【関連する動詞スキル】 調査する，比較する，決定する，倫理的な問いかけをする，評価する，モデル化する，観察する，質問する，熟考する，論理的に考える，討論する，書く，創造する，シミュレートする

99. Scientific Method
科学的手法

科学的手法とは，いくつかの動詞（観察する，熟考する，仮説を立てる，実験する，分析する）からなる名詞である。言うまでもなく，科学的手法はパートナー方式の生徒がつねに使用すべきツールである。

100. Scriptwriting Tools
スクリプトライティング（脚本・台本執筆）ツール

特にテレビや映画を対象としたスクリプトライティングは，非常に特殊なフォ

ーマットを要求する。この作業を容易にするために，フォーマッティングを自動的に行うソフトウェアがある。スクリプトライティングをしている生徒やライティングクラスの生徒は，スクリプトライティングソフトウェアの導入や使用を検討すべきである。

【関連する動詞スキル】書く，実験する，観察する，論理的に考える，協同する，対話する，適応する，導入する

---

101. Search Engines
サーチエンジン

ほとんどの生徒が，サーチエンジンであるGoogleを知っている。しかし，特定の処理を行うのに適した他のサーチエンジンもある。たとえば，MicrosoftのBingは検索結果をブラウザの画面内でプレビューすることができる。他にも，AltaVistaはページの起源およびページの更新履歴を簡単に検索できる。Google Scholarは専門のジャーナルに掲載された論文をリサーチすることができ，Google Imageは他のサーチエンジンと同様の画像検索だけでなく，オンライン上にある静止画像の検索を行うこともできる。この本を執筆している時点では，ビデオ動画の検索に特化したサーチエンジンがあるが，その機能は一般的なサーチエンジンにも組み込まれつつある。

【関連する動詞スキル】調査する，発見する，検索する，検証する，比較する，決定する，熟考する，論理的に考える，パーソナライズする

---

102. Search Tools
サーチツール

（通常，サーチエンジンとサーチツールは区別されていないが）サーチエンジンの他にも情報検索用のツールがあり，たとえば剽窃検出ツール（cf）が挙げられる。

---

103. Self-Assessment Tools
自己評価ツール

第10章で議論したように，自己評価はパートナー方式においてきわめて重要な評価形態であり，多様な側面から自己評価を行う電子ツールが存在する。生

徒は，読書速度や理解度，さまざまな教科における自身のレベルや熟達度，自身の嗜好や興味，そして，多くの心理的特性について自己評価することができる。自己認識のため，そして，自分がレベルアップしているかどうか確認するために，これらのツールを見つけて日常的に使用することを生徒に薦めてほしい。

【関連する動詞スキル】分析する，発見する，評価する，観察する，質問する，論理的に考える，計画する

104. Shared Lists
共有リスト

テクノロジーは，あらゆることに対する自身の嗜好について他人と共有することを可能にする。あらゆるカテゴリにおけるブックマークやリーディングリスト，そして「お気に入り」の共有を可能にするツールが利用できる。パートナー方式の生徒は，自分の嗜好を共有することを薦められているため，このような共有リストは非常に役に立つ。この分野は非常に流動的であり，新しいツールが次々と現れている。あなたがこのようなツールを必要とするならば，いろいろ探してみるとともに，共有リストを扱うツールにはどんなものがあるか，どんなものを使いたいかについて生徒に意見を尋ねると良いだろう。

【関連する動詞スキル】発見する，検索する，協同する，つなげる，協力する，書く，組み合わせる，パーソナライズする

105. Simulations
シミュレーション

シミュレーションツールは，物事やプロセスにおける特定の状態のモデルを作成し，それらの状態が異なる入力に基づいて時間とともにどのように変化するのか確認しようと試みるために使用される。シミュレーションは，さまざまな状況下において，ユーザーに「もしこうしたらどうなるだろうか？」と何度も繰り返して尋ねることを可能にする。シミュレーションは，純粋に頭の中で行うものや（たとえば，思考実験），物理的なものを伴うものや（たとえば，卓上ゲームやチェス，フライトシミュレーター），完全にソフトウェアで行うものがある（たとえば，天気予報）。シミュレーションは，異なる戦略や代替案

を試したり，行動による結果をすぐに確認することができるため，パートナー方式の生徒にとって非常に重要なツールである。シミュレーションは，英語（文体のシミュレーション），社会科（環境あるいは文化的進化のシミュレーション），科学（ミクロからマクロまでのほぼすべてのシミュレーション），そして数学（トポロジーのシミュレーション）を含む，すべての分野に関係する。Oregon Trail のようなシミュレーションは数多く存在し，それらは小学校においてパートナー方式の生徒が使用するのに適している。シミュレーションとゲームは同じものではないが，密接に関連している。一般的に，シミュレーションは，起こりうる事象のモデルを高い（もしくは，それほど高くない）精度でもって示すものであるのに対し，ゲームはゲームを使用することに対するモチベーションを提供するという要素をもっている。シミュレーションを用いる際には，パートナー方式の教師は，シミュレーションにおけるパラメタ選択（場合によっては，そこで生じるバイアス）の重要性を生徒に認識してもらうように手助けをする必要がある。シミュレーションはまた，あらゆる教科で原因や関連性について議論する際に優れた題材を提供することにもつながる。パートナー方式の生徒は，授業のさまざまな機会で，テクノロジーを使うにしろ使わないにしろ，何らかのかたちでシミュレーションに触れておくほうが良い。

【関連する動詞スキル】探求する，視る，決定する，実験する，モデル化する，観察する，予想する，問題を解決する，導入する，計画する

106. Skype
スカイプ

Skype は，IP 電話として一般的に知られるツールの一つである。現在では，さらにテキスト情報やライブビデオも扱えるように拡張されている。IP 電話は電話会社の専用通信回線ではなくインターネットを使用するため，ほとんど無料で使うことができる。Skype のような IP 電話は，世界のさまざまな地域におけるクラスや生徒，そして，何らかの形で生徒と接する可能性があるプロフェッショナル達とつながるために教室で使うツールとしてはすばらしいものである。

【関連する動詞スキル】聴く，視る，観察する，討論する，対話する，パーソナライズする

107. Social Bookmarking Tools
ソーシャルブックマーキングツール

これらのツールは，共有リスト（cf）のサブセットである。愛用しているブックマーク（すなわち，Webサイト）を他人が見られるように共有する。「Delicious」がその一例である。

108. Social Networking Tools
ソーシャルネットワーキングツール

これは，ユーザーが自分自身で選んだ人々のグループとさまざまな方法で交流することができるツールの総称である。重要なソーシャルネットワーキングツールとしては，Second Life や若者向けの Whyville，Club Penguin といった仮想世界のものだけでなく，Facebook（cf），MySpace，Twitter（cf），そして LinkedIn が挙げられる。Ning（cf）は，生徒と教師が作成・カスタマイズ可能なソーシャルネットワーキングツールの例である。各種のソーシャルネットワーキングツールはそれぞれ多少異なる機能を持っており，多少異なる方法で動いている。ツール間の主要な相違点は，相手ユーザーに課すことができる制限・変更オプションの違いや，相手ユーザーとの接続方式の違いにある。ソーシャルネットワーキングは教育に役立つ多くの機能を提供しているように見えるが，生徒とともに利用する上で現行の Facebook や Twitter のような商用ツールが適しているかどうかはまだよくわからない。ソーシャルネットワーキングは急速な革新と変化が必ず起こる分野であり，パートナー方式の教師はよく調査し，新しい動向を注意深く見ていくべきである。

【関連する動詞スキル】探求する，発見する，検索する，決定する，評価する，観察する，論理的に考える，協同する，協力する，聴く，パーソナライズする，慎重に危険を冒す

109. Special Interest Blogs
スペシャル・インタレスト・ブログ

ブログ（cf）はさまざまなことに利用できる。無数のトピックに関するブログが存在する。アマチュアによって作られたものもあるが，多くはジャーナリス

トのようなプロによって運営されている。パートナー方式の生徒が教室の中でブログを使うための良い方法の一つは，クラスで学んでいることや生徒活動，生徒の権利，あるいは彼らが夢中になっていることといった特定のトピックに関する，スペシャル・インタレスト・ブログを作ることである。スペシャル・インタレスト・ブログを利用する別の方法は，特定の興味関心に関するトピックをクラスまたは個々の生徒でフォローすることである。これは，それぞれのブログの興味のある内容を RSS フィード（cf）として購読することで可能であり，ブログ上のどこかにあるボタンをクリックすることで（RSS フィードによる購読が）行われるように設定されていることが多い。

【関連する動詞スキル】探求する，発見する，聴く，読む，比較する，評価する，質問する，熟考する，論理的に考える，協同する，つなげる，対話する，討論する，慎重に危険を冒す，書く

---

110. Speech-to-Text Tools
音声・テキスト変換ツール

マイクロフォンを介して録音された単語をコンピュータテキストに変換するツールである。私は，この本の一部を執筆するために音声・テキスト変換ツールである Dragon Naturally Speaking（Version 10）を使用した。私がテキストに変換したい文章をマイクロフォンに向かって話すと，そのプログラムは私が話した文章の単語をスクリーン上に表示する。これらのツールはパートナー方式の生徒にとって非常に有益なものとなるかもしれないので，パートナー方式の教師はこれらのツールを試すよう，生徒に薦めてほしい。音声からテキストに変換するコンバーターは最新の Microsoft Word に組み込まれている。音声・テキスト変換ツールは，話す前に考えを整理することを学ぶ際や，ライティングに問題や障害がある生徒に対して特に役に立つ。

【関連する動詞スキル】書く，論理的に考える，創造する，パーソナライズする

---

111. Speechwriting Tools
スピーチライティングツール

パートナー方式の生徒が学ぶ重要なスキルの一つは口頭発表（オーラルプレゼ

ンテーション）である。多くのものが自動化されているなか，このスキルは自動化できないものの一つであり，重要性が増しつつある。イギリスの学校では，アメリカの学校よりも口頭発表の重要性が強調されている。ライティングとスピーチを練習することによって，生徒の口頭発表（オーラルプレゼンテーション）のスキルを向上させることができる。これを支援するツールは数多く存在し，それらを見つけて使うよう，生徒に促すべきである。また，スピーチの原稿をテレプロンプターに表示する特別なツールがあることを付記しておく。

【関連する動詞スキル】話す，発表する，実験する，熟考する，論理的に考える，つなげる，討論する，導く，書く

112. Speed-Up Tools
スピードアップツール

音声やビデオの再生をスピードアップするツールは長らく存在しているが，いくつかの理由から，幅広くは使われていない。これらはもっと活用されるべきである。語学の教師は，音声のピッチ（音の高さ）を変えることなく会話のスピードを遅くしたり早くしたりできることから，テープレコーダーを長らく使ってきた。現在，同様のことはオーディオソフトで行うことができ，ビデオに対しても行うことができる。（再生スピードを早くしたり遅くしたりできるツールとしてはWindows Media Playerがあり，このツールを介してどのような音声やビデオファイルも再生スピードを早くしたり遅くしたりすることができる。視聴している間は，Ctrl+Shift+Gを押すことで再生スピードを早くすることができ，Ctrl+Shift+Sで再生スピードを遅くすることができ，そしてCtrl+Shift+Nで通常の再生スピードに戻すことができる。メニューの深い階層にスライダーコントロールも隠されている。）生徒はこれらのツールの使い方を習得することで，音声やビデオファイルからより迅速に情報を取得することができ，また，さらに良く理解するためにそれらのファイルの再生を遅くすることもできる。

【関連する動詞スキル】聴く，視る，パーソナライズする

113. Spelling and Grammar Tools
スペリングおよび文法ツール

洗練されたスペリングおよび文法ツールは Microsoft Word や他のワープロプログラムにあらかじめ組み込まれていることが当たり前になっており，この機能にはあまり関心が向けられず軽んじられたりすることがある。しかし，これらはより良いライティングを行うための強力なツールであり，パートナー方式の生徒にはこれらを使うように薦めるべきである。重要なことは，これらのツールを慎重に使うということと，生徒がこれらのツールを最大限に活かす使い方を習得し理解することである。

【関連する動詞スキル】検証する，書く，決定する，評価する，観察する，論理的に考える

114. Spreadsheets
スプレッドシート，表計算ソフト

これらは，数値だけでなく文字情報（テキスト）に対してもさまざまな使い道がある非常に強力なツールである。数値計算以外の利用例としては，リストの作成や整理，ブレインストーミング，他の思考プロセスの支援等が挙げられる。数値計算の利用例としては，計算，帳簿，モデリング，予測，その他多くの用途が挙げられる。表計算ソフトは簡単なデータベースとしてもよく使われる。すべてのパートナー方式の生徒は，数値計算とそれ以外の用途の両方における効果的な表計算ソフトの使い方を学ぶべきである。

【関連する動詞スキル】分析する，調査する，発見する，検証する，計算する，比較する，評価する，実験する，モデル化する，観察する，予測する，質問する，問題を解決する，熟考する，論理的に考える，協同する，交渉する，導入する，シミュレートする，慎重に危険を冒す

115. Statistical Tools
統計ツール

統計学は最も広く使われている数学的応用の一つである。統計は，我々が教えているすべての教科において，何らかのかたちで使用されている（適用可能である）。にもかかわらず，統計学は生徒と教師によって十分理解されることが最も少ない教科の一つである。理解不足を補うためのソフトウェアが非常に多くあり，パートナー方式の生徒はこれらを使うように促されるべきである。具

体的には，Mathematica や SAS が例として挙げられる。
【関連する動詞スキル】分析する，検証する，計算する，比較する，決定する，予想する，問題を解決する

116. Survey Creation Tools
　　調査ツール

パートナー方式の教師や生徒は誰でも，これらのツールを使うことでオンライン調査の作成，配布と調査結果の整理ができる。有名なものとしては Survey Monkey が挙げられる。
【関連する動詞スキル】分析する，調査する，発見する，聴く，検証する，評価する，実験する，観察する，質問する

117. TED Talks
　　TED トーク

TED トークは，世界中で開催されるさまざまな TED (Technology, Design, Entertainment) カンファレンスでのトークを，通常約 20 分の長さに編集したショートビデオである。テーマの範囲は経済学から科学，そして，アートから言語までと非常に幅広い。講演者（スピーカー）は通常，特定分野における専門家であり，とても刺激的かつ聴衆を魅了するようなトークを行うことを求められる。パートナー方式の生徒と教師にとって，これらのトークを分析したり（トークの内容は www.ted.com で閲覧可能），他者と共有したりすることは有用である。TED トークはビデオサーチエンジンを使っても見つけることができる。
【関連する動詞スキル】聴く，視る，倫理的な問いかけをする，熟考する，批判的に考える

118. Text-to Speech Tools
　　テキスト・音声変換ツール

これらは，電子テキストあるいは印刷された文章を音読するコンピュータプログラムである。テキスト・音声変換プログラムは，平坦で感情がなくロボットのようなイントネーションで音読するにもかかわらず，一定程度普及しており，

本を声に出して読むために主に盲目の人や視覚障害がある人によって使われた。こんにち，テキスト・音声変換におけるイントネーションの問題は急速に改善されており，すでに，複数の音声と規則正しいアクセントから選択できるものもある。テキスト・音声変換は，今後数年のうちに，機械が読み上げたものであると認識できないかもしれないところまで大幅に改善されると期待されている。視覚障害がある人に提供されるだけでなく，テキスト・音声変換はリスニングスキルの向上やリーディングスキルが不足している生徒に対しても役に立つ。

【関連する動詞スキル】聴く，読む，熟考する

119. Texting
Texting

すべての教師がきっと知っているであろう「Texting」とは，携帯電話やコンピュータから他の電子デバイスに対してショートメッセージを送ることである。クラスにおけるTextingはしばしば注意散漫な行為と見られるが，学習ツールとして使う方法もある。パートナー方式の生徒は，質問や問題に対する回答を，携帯電話から直接教師に送ることができる（www.polleverywhere.comを教師が使用している場合は，そちらに送ることができる）。例として，ある教師は生徒に，あたかも彼らがその時代に生きており，当時の言葉を使っているように振る舞わせて，シェイクスピアの一節を携帯電話から送信させている。私は，生徒に対して「教室での学習においてtextingを有益に使うにはどうすれば良いだろうか？」と尋ねることを勧める。この質問に対する前向きで想像力に富んだ回答のすべてが，教育者の間で共有されたとしたら，教室におけるtextingを問題行為から利点へと変える方法が見つかるだろうと確信している。

【関連する動詞スキル】協同する，つなげる，協力する，対話する，書く，パーソナライズする，計画する

120. Textual Analysis
テキスト分析

英語や外国語，そして社会科といった，授業内容の大部分がテキストを扱う教科を対象に，これらのテキストを分析するための有益なツールが数多く存在する。あるツールは単語数を数えたり語彙レベルを評価したりするが，これらは

Microsoft Word のような文書作成プログラムや読書用プログラムにすでに組み込まれている。個別のプログラムとして提供されているテキスト分析ツールは，単語の出現頻度解析やスタイル分析，文法解析，対照比較，バージョン比較などの機能を含む。

【関連する動詞スキル】 分析する，調査する，発見する，検索する，検証する，評価する，モデル化する，観察する，予測する

---

121. Twitter

　　ツイッター

「Twitter」は非常に流行っている有名なツールであり，texting とソーシャルネットワーキングを組み合わせたものである。Twitter は，あなたが「フォロー」しているすべての人から届く常時更新される非常に短いメッセージ（140文字の制限がある）の受信と読み込み，そして，メッセージに対して応答する機能を提供する。さらに，あなたのメッセージはあなたをフォローしている誰にでも表示される。「Tweeter」が有するフォロワーの数は，ほんの少数から数百，特定の有名人においては百万を超える数にまで及ぶ。Twitter のユーザーは，実生活における利点を未だ模索している。私は，Twitter を，思考やアイデアの変遷を追いかけ，他の人々の貴重な意見を見いだすためのツールと位置づけている。教育的には，Twitter は特定のトピックに関する議論，特に，教室外から多くの参加者を巻き込んで議論する場合に最適なツールとなりうる。（もし Twitter に音声からテキストに変換できる機能が加われば，携帯電話でメッセージを読むことができる生徒やスタッフを含むフォロワーに短い会話メッセージを送信することができる，有益なツールとなるだろう。）しかしながら，Twitter は将来的にはさらに良いツールに取って代わられてしまうことはほぼ確実だろう。

【関連する動詞スキル】 検索する，評価する，観察する，質問する，批判的に考える，協同する，つなげる，聴く，パーソナライズする

---

122. Video

　　ビデオ

画像を1秒間に30あるいはそれ以上のフレーム数で連続して表示させる方法

としての映画や初期の動画は，ビデオに取って代わった。しかしながら，こんにち，この言葉は一般的にノーカットの映画というよりはむしろショートクリップのことを指す場合が多い（基本的な意味でのビデオとは，フィルム上の画像をディジタル保存したものである）。こんにちのビデオはほとんどの場合ディジタルなので，ソフトウェアを使った編集が容易であり，埋め込みをしたり，マッシュアップをしたりといった応用が生徒でも容易にできる。ビデオ作品にはアマチュアレベルからプロフェッショナルな品質のものまで幅があるが，YouTubeのような人気のある共有プログラムにおいては，低予算（あるいは無予算）のアマチュアビデオが標準的なものとして実質的に受け入れられるようになっている。

　現在，携帯電話に内蔵されたビデオカメラや，「Flip」のような安価なビデオカメラを使ってビデオを作ることは，パートナー方式の生徒にとって容易であることから，ビデオ制作やプレゼンテーション，オンライン投稿は，すべてのパートナー方式の授業の一部となるべきである。ビデオの投稿は，創造力に富んだ印象的な授業実践となるだけでなく，生徒のアイデアやソリューションを容易に共有することにもつながる。

【関連する動詞スキル】創造する，視る，比較する，決定する，評価する，観察する，熟考する，批判的に考える，討論する，対話する，書く，組み合わせる，デザインする，導入する，作る，自分の意見を表明する

---

123. Video Editing Tools
　　　ビデオ編集ツール

かつて，映画の編集にはフィルムを切断して接合するための大きな装置が必要であり，編集室の床にはカットされたシーンの山ができていた。一方，ディジタルビデオ編集はソフトウェアですべての作業を行なうことができる。そのようなツールは簡単に使うことができるが，一定量のコンピュータメモリが必要である。ビデオ編集ツールは専用のマシン上で動いていたが，最近ではポータブルコンピュータ，そして携帯端末や携帯電話でも使えるようになってきており，状況は急速に変化している。すべてのパートナー方式の生徒は，ディジタルビデオ編集を経験すべきである。すべてのパートナー方式の教師は，生徒からビデオを放映させてほしいとの申し出があった場合，快く受け入れるべきであり

ある（ただしその内容が十分に練られ，上手に撮影・編集されており，うまく表現できているのであれば）。ビデオ編集を行うための製品としては，Power Director，Video Studio，Premiere，Windows Movie Maker，iMovie，そしてFinal Cutが挙げられる。

【関連する動詞スキル】 視る，比較する，決定する，熟考する，適応する，組み合わせる，デザインする，書く，導入する

124. Video Search Engines
　　 ビデオサーチエンジン

こんにち，調べているトピックに関するすべてのビデオを見つけるためには，異なるサーチエンジンをいくつか使わなければならないことが多い。現在のところ使用可能なビデオサーチエンジンの例としては，Ramp，blinkx，podscope，TVEyes，Truveo，Yahoo! Video，そしてGoogle Videosが挙げられる。しかしながら，別々のビデオサーチエンジンを使う必要性は，近い将来ほぼ確実になくなるだろう。

【関連する動詞スキル】 調査する，発見する，検索する，観察する，比較する，熟考する，批判的に考える，組み合わせる，デザインする，導入する，プログラミングする

125. Video cameras
　　 ビデオカメラ

「ビデオカム（videocams）」としても知られるビデオカメラは，短期間の間に「高価で大きな機器」から，生徒の多くがポケットの中に入れて持ち運ぶことができるものに変わり，彼らの携帯電話にも組み込まれている。これは，マイクロジャーナリズムやドキュメンテーション，創作，そして共有といった，さまざまな有益な教育的応用を可能とする。パートナー方式の生徒にビデオカメラの積極的な活用方法を習得させ，そしてそれらの不適切な使用を控えさせることは重要である。

【関連する動詞スキル】 調査する，比較する，実験する，観察する，批判的に考える，協同する，組み合わせる，デザインする，創造する，導入する，パーソナライズする

126. Videoconferencing Tools
　　　テレビ会議ツール

テレビ会議は企業の重役用会議室で行われる，テレプレゼンスを用いた高尚な仕事であると受け止められる向きがある。しかし，低価格で簡単に使うことができるシステムもある。パートナー方式用としては，Adobe Acrobat Connectといった，簡単で無料（あるいは最初は無料）のツールがたくさんあり，安価なビデオカメラとどこにでもあるコンピュータと組み合わせて使うことで，ビデオを介して異なる場所にいる人々を共通の会議の場に集めることができる。パートナー方式の生徒は，外部の専門家とチームを組んだり，他の場所にいる仲間とつながったりするために，これらのツールを見つけて使うように薦められるべきである。

【関連する動詞スキル】聴く，視る，決定する，評価する，質問する，批判的に考える，簡潔に説明する，協同する，つなげる，協力する，対話する

127. Virtual Labs
　　　バーチャルラボ

伝統的に学校の研究室で物理教材を使って行われてきた実験の多くは，こんにち，コンピュータ上でバーチャルに行うことができるようになっている。これにはカエルやブタの胎仔の解剖といった生物学の活動や滴定といった化学実験が含まれる。実際に，さまざまな学習目標を達成するために，物理実験室がもはやまったく必要でないことがある。実地体験が失われることを嘆く人がいるけれども，バーチャルな経験は多くの場合において，かなり費用を抑えることができて時間もかからないという点で，実際に実験を行うのと同様かそれ以上に有益である場合がある。いくつかの題材に対しては実地体験を生徒にさせたいと思っている教師がいるかもしれないが，バーチャルな実験を行う機会を生徒に与えることもまた重要である。

【関連する動詞スキル】分析する，調査する，発見する，検証する，計算する，比較する，決定する，評価する，実験する，観察する，予想する，質問する，論理的に考える，協力する，導入する，慎重に危険を冒す

128. VoIP
VoIP

Voice over Internet Protocol のこと。「Skype」を参照。

---

129. Voting Tools
投票ツール

「Clickers（クリッカー）」を参照。

---

130. Wikis
Wiki

Wiki はシンプルなウェブページであり，パーミッションを持つ者であれば誰でも編集もしくは変更が可能である。たとえば Wikipedia（現存するものの中でおそらく最大の Wiki）を見てみると，すべてのエントリーページに「編集」タブがあることがわかるだろう。

　同様の編集機能はすべての Wiki に組み込まれている。さまざまなユーザーが Wiki のコンテンツを追加・変更することによって生じる損害を防ぐため，手が加えられる前のそれぞれのバージョンの電子的な記録が保持されている。これにより，容認できない変更や望まれない変更，不正確な変更がユーザーによってなされた場合に，Wiki の管理者が前のバージョンに戻すことができるようになっている。Wiki（「wiki」という言葉は，ハワイ語の「wiki-wiki」が「quick quick」を意味することに由来している）はおそらく最も簡単にセットアップし使うことができるコラボレーションツールであり，学習やパートナー方式の授業における使用において Wiki が持つ多くの可能性については，さまざまな本で述べられている。

【関連する動詞スキル】発見する，読む，検索する，比較する，決定する，評価する，観察する，熟考する，批判的に考える，協同する，組み合わせる，つなげる，討論する，対話する，ネットワークを作る，書く，導入する，パーソナライズする

---

131. Writing Tools
ライティングツール

ライティングに必要なツールは「書き留めるもの（たとえば，紙）」と「書くもの（たとえば，鉛筆やペン）」のみであると思う人もいるかもしれない。しかし，生徒のライティングプロセスを支援してくれる電子ツールが数多く存在する。アウトラインツール (cf) やブレインストーミングツール (cf)，Intuition (cf)，そして，スクリーンライティングツール (cf) などといったように，その多くはこのリストの項目にも含まれている。ライティングの定義を文字以外の著作物にまで拡張すれば，絵コンテ作成ツールやビデオ作成ツール，ディジタルストーリーテリングといったツールもライティングツールに含めることができる。

【関連する動詞スキル】書く，協同する，組み合わせる，つなげる，協力する，批判的に考える，論理的に考える，熟考する，導入する，パーソナライズする

---

132. YouTube
YouTube

すべての教師が実際に使っていないとしても，少なくとも聞いたことはあるであろうこの Web サイトは，世界最大のショートビデオのオンライン倉庫であり，すでに数億の投稿がされており，毎日数千以上の投稿がある。Teacher-Tube や SchoolTube，Big Think，TED Talks といった多くの優れたビデオサイトがあるにもかかわらず，YouTube はさまざまな理由から最も重要なものである。YouTube がしていることは，ビデオを双方向コミュニケーションの形態にすることである（視聴者は投稿されたビデオに対して，文字でコメントしたり自分のビデオを紹介したりして，反応することができる。これにより，しばしばつまらない議論や，時には非常に高度な議論が繰り広げられる）。この点や他の理由により，多くの学校や区域では，YouTube へのアクセスが禁止または制限されている。このような措置は，パートナー方式の教育目的と対局にあるやり方である。制限されたり禁止されたりする代わりに，生徒は YouTube を賢く使うことや，学んでいることに関連した現存するすべてのビデオを探すこと，ビデオの品質を評価すること，投稿されたビデオにコメントを返すこと，そして，YouTube の素材の品質を高めるような新しいビデオを自分たちで作ることを教わってほしいし，奨励してもほしい。

【関連する動詞スキル】調査する，発見する，聴く，検索する，視る，比較す

る，評価する，観察する，熟考する，論理的に考える，協同する，討論する，対話する，デザインする，導入する，作る，パーソナライズする，慎重に危険を冒す

> **PARTNERING TIP　▸▸▸ パートナー方式のヒント**
>
> 　このツールのリストをあなたの生徒と共有し，ツールについてもっとよく知るためと，あなたの生徒がどのツールを使うことに興味を持っているかを確認するために，このリストについて討論してほしい。そして，どのツールが，生徒が使用・実践している動詞スキルに最も良く適合するかを判断してほしい。
> 　CAD や Intuition, Flash といったライセンスが付与されたツールがあなたの学校で使えるかどうか，あなたの学校の技術コーディネーターに確認してみること。

　私の話とこの長いリストに我慢して付き合ってくれてありがとう。有益な情報が見つかること，そして，リファレンスとして度々利用してくれることを願う。

　繰り返すが，名詞ツールについてより詳細な情報が欲しい場合は，Wikipedia でその名詞ツールを調べてみるか，サーチエンジンでその名詞ツールを入力してみることが最善の方法である。ツール固有の名称はすぐ変わってしまうので，多くの場合において，この本が出版される前に時代遅れになっているであろうということを心に留めておいて欲しい。

　もちろん，パートナー方式の教師であるあなたは，これらのツールすべてについて知っているわけだが，あなた（というよりはあなたの生徒）はこれらを何のために使えばいいのだろう？その答えは，できる限り多くの学習目的のために，できるだけ多くの手法によって，「創造すること」である。それは，こんにちの生徒が欲するものである。次の章では，「創造すること」についてより詳しく考察したい。

8

生徒に創らせよう

> **考えてみよう**
>
> 1. どうすれば学習時の生徒の創造性を最大限に引き出せるのか？
> 2. どうすれば生徒が「世界規模での話し合い」に参加することを助けることができるか？
> 3. どうすれば生徒の創造性のレベルを引き上げ続けることができるか？
>
> *Guiding Questions*

　こんにち，生徒は驚くほど何かを創りたがっているのになかなかその機会に恵まれないでいる。もし信じないのなら，生徒にちょっと聞いてみればすぐにわかるだろう。

　第7章で取り上げた名詞ツールに代表されるテクノロジーを使うことのできるこんにちの生徒は，一昔前の学生プロジェクトの範囲をはるかに超えるような創造的なことを成し遂げるために，それらの道具を使いたいと考えるであろう。彼らは実際にそう思っているし，すでにマルチメディアを駆使したプレゼンテーションやマシニマ，マッシュアップしたグラフィックノベル，Web サイト，ブログ，そしてゲームなど（例を挙げればきりがないが）を制作している者も多くいる。しかし，このような作業を，学校の授業活動の一環として行

っている生徒の数はあまり多くない。

　「自分たちに創らせて！」。ある公開授業の席で生徒が発したことばである。「自分たちがどれだけやる気があるかを見せるから（お願い！）」。パートナー方式の教師の役割は，あくまでも公式の学習活動の一環として，生徒に創造する機会を与え，少しでも良い物が創れるように支援し，励ますことである。

　もちろん生徒が何かを創るということは，これまでにも盛んに行われてきたことではあるが，私がここでいう生徒が何かを「創る」ということは，従来の状況とは異なるものである。「xページあるいはy語でエッセイを書け」「写真を切り抜くか，マンガやイラストを作成せよ」などといったように，従来のやり方では，生徒が何かを作る際には形式等を指定されることが多かった。しかし現在では，生徒は自らの学習成果や創造性を表現するためのツールを昔に比べてたくさん持っている。たとえば作文を例に挙げてみよう（作文は，言うまでもなく，重要な動詞スキルの一つである）。公的なブログに投稿することや，フェイスブックやYouTube，ビデオスクリプト（これらはすべて新しい名詞ツールといえる）に返信することなど，論理的で優れた文章やエッセイを書くための方法や機会の選択肢は，昔に比べてはるかに広がっている。ある生徒のこんな一例がある。教師の間では彼に文才があることなどまったく知られていなかったが，彼は高校の最上級生の時に大学入試のためのエッセイを書くことにすっかり夢中になった。彼が自らのWebサイトに書いたエッセイが話題になり，やがて国中の人々に読まれることとなった。

　何かを図示すること（これも動詞スキルに相当する）は昔も今も重要であるが，現在では，生徒はビデオやマルチメディア，ゲームやコミックを作るツール，その他多くの新しいテクノロジー（名詞ツール）を容易に利用できる環境で暮らしている。コミュニケーション（動詞スキル）も，「創る」ことを考えるうえで重要な鍵を握っているが，現在ではEメールや携帯メール，フェイスブック，ツイッターなどの多くの新しいコミュニケーションツールが登場しており，その種類は今後も増えていくだろう。

　したがって，パートナー方式の教師にとって重要なことは，こんにちの生徒が創りたいと思い，また実際に創り出せるものの内容が，教師が子どもだった頃に宿題で出されたエッセイや科学のプロジェクト，画用紙を使った図画工作

の課題などとは異なっているということを認識することである。私の知っている5年生の生徒は，21世紀の現代において，巡礼者の衣装を紙や布で作るという宿題を出されたという。この生徒は，どんなに複雑なゲームでも使いこなし，どんな登場人物やアバターやコスチュームでも作成することができるような子どもであった。いつもは成績もよく積極的な生徒であるが，今回ばかりは彼はこの宿題をやることを拒み，息子の成績を心配した母親が，自らも5年生の時に同じ宿題をやったことを思い出しながら，彼の代わりに作品を作ってあげたという。

　なぜこの生徒は，自分のやり方，たとえばゲームの中に巡礼者のキャラクターを作るといった方法でその宿題をやる機会をもてなかったのか。そうすることで，巡礼者という概念をおそらくより広い視点から再認識できたであろうに。

　これまでに見てきたように，生徒が使うことのできるすべてのツールの使い方を彼の教師が知っているかどうかは問題ではない。ゲームが得意な5年生と同じレベルのスキルや知識を教師が持っているとはあまり考えられない。重要なことは，すべての生徒に彼らがなしうる最大限の創造の機会を与えることであり，いろいろな生徒もしくは生徒のグループがそれぞれ異なる方法で共通の目的や課題を達成することができるという事実を教師が受け入れることである。

　サイエンスフェアのことを思い出してほしい。そこでは，子どもたちは彼らのやりたいようにできたのではなかったか。こんにちのパートナー方式の教室では，サイエンスフェア（科学に限らず他の教科でも良いが）のようなかたちで行うことができるし，またそのようにしたら良い。（そして，そうなれば，親はツールの使い方を知らないので，生徒の代わりにプロジェクトをやってあげることはできない）。

　最近私は，教師と一緒にある会議に参加している50人の生徒を相手にワークショップを開くという貴重な機会を得た（教師とともに会議や何かの活動に参加することは，私がしばしば推奨している活動である）。そのワークショップは技術的に恵まれた環境で運営されており，子どもたちはみな設備の充実したコンピュータのラボを利用することができた。しかしここに参加した生徒はごく普通の高校生であり，GPA（訳注35）の成績の高い者から成績のあまりふるわない者までさまざまであった。私たちは，まず彼らのパートナーという

立場で,「われわれが何を創り出せるかを教師に示すために,まず何ができるだろうか?」という導入のための問題を議論することから始めた.次に私たちは,最低でも何人かの生徒が使い方を知っているツール—ビデオやポッドキャスト,ゲーム,コンピュータプログラム,フェイスブックなど—をすべてリストアップすることにした.それを受けて,生徒は自分のやりたいことを決め,内容ごとにグループに分けてチームを構成した.最終的に10種類のツールが使われる結果となった(複数のチームで重複して使われたツールもある).

プロジェクトを遂行するために許された時間はわずか3時間(この時間は,週末に課される宿題に要する時間を想定して決められた)であったにもかかわらず,そこでの成果はすばらしいものであった.男女ペアのあるチームは,互いにラジオのインタビューを行ったポッドキャストを作成した.しかもそれは,再生する音声の速度を操作できるソフトウェアを使うことで男性と女性の声を入れ替えるという工夫がなされているものであった.2つのチームはYouTubeスタイルのビデオクリップを立派なタイトル付きで作成した.別の2チームは,既存のテンプレートを利用してオリジナルのゲームを作成した.ある生徒は,特別な検索プログラムを書いた.フェイスブックのページを作ったチームもあった.作業中,生徒はそれぞれのプロジェクトを遂行するうえで最も有効なツールについて,互いに指摘し合った.

次に各グループは,教師や仲間を前にして,自分たちのプロジェクトを発表した.聴衆から最も高い評価を受けたプロジェクトは,生徒の企画による地理に関するコンペティションであり,地図帳と定規を使う教師チームと,Google Earthを利用する生徒チームが分かれて競い合うというものであった.いくつかの問題では,生徒チームと教師チームはほぼ同等の成績であったが,トロントからバンクーバーまでの距離を答える問題では,生徒チームはマウスをクリックするだけで正確な答えをはじきだしたが,教師チームは「5インチ」と答えるのがやっとであった.

ここで指摘しておきたいのは,発表されたプロジェクトがみなすばらしいものだったという事実だけでなく,プロジェクトの中身や生徒に提供されたツールや実際に生徒が使ったツールの種類が,実にバラエティに富んでいたという点である.

いかなるテーマのいかなる問題においても，それに創造的な回答を導き出し，その答えを創造的なスタイルで発表するための多くの方法が，現在では存在している。生徒は，創造的なアプローチをとることを推奨されるほど，将来に向けてより良い準備をするようになるだろう。もちろん，最初から躊躇なくこういった方法をとることのできる生徒もいるし，恥ずかしがって積極的になれない生徒や，昔の方法（考えることが必要とされず，時には眠ることもできるくらい退屈な方法）を繰り返してしまう者もいる。もしあなたの生徒みんなが＜創造すること＞に前向きで興奮しているわけではないと感じたら，生徒の中から積極的で関心を持っている者を見つけだして，チームワークや仲間とのやり取りを通じて，残りの生徒を引っ張ってもらえるように仕向けると良いだろう。仲間がすばらしいプロジェクトを遂行したりそれを発表したりするのを見ることも，生徒を＜創造すること＞に方向づけるうえで役立つだろう。

> **PARTNERING TIP** ▸▸▸ パートナー方式のヒント
>
> 生徒の情熱や関心を感じることができたら，これまでに，主に学校以外の場所でどのようなものを創ってきたか，そしてこれから何を創ってみたいかを質問してみると良い。次に，＜創れそうなもの＞のリストを作成して生徒に見せる。生徒はその中から自分の創りたい何かを選ぶことができるし，新たにリストにアイデアを加えることもできる。1セメスターや1年を通して何かを＜創ること＞に挑戦するように，生徒を励まして背中を押してあげよう。ツールの使い方に不慣れな生徒がいたら，それに詳しい生徒と組んでチームを作らせると良いだろう。

■ 現実世界のオーディエンス

今と昔の大きな違いの一つは，以前は生徒がただ一人のオーディエンス，すなわち教師のために何かを創っていたのに対して，こんにちでは生徒が創り出した作品を披露し共有するオーディエンスは世界的な規模にふくれあがっているという点である。そして幸いなことに，世界各国のオーディエンスの多くは，

生徒が創り出した作品に対して積極的にフィードバックしてくれる。そのため，かつては専門家にのみ向けられて普通の生徒はめったに経験しなかったようなさまざまなフィードバックを，こんにちの生徒はすぐさま受けることができる。このことは，映画やゲーム，製品に対して多くの人が意見や感想をコメントする状況に慣れている現代の若者の興味を惹きつける要素となっている。生徒の中には，自分が創ったビデオがインターネットを介して何百何千もの人々に見られている者や，自分のWebに何百ものコメントが書かれている者もいる。彼らは，学校という閉ざされた空間ではなく，現実世界の中での自分の存在を実感することになるだろう。

　現実世界のオーディエンスが存在することで，生徒はより良いものを創ろうと動機づけられることを，多くの教師が報告している。インターネットに寄せられたある教師の投稿では次のように言及されている。「説得力のある文章を書くという宿題は驚くほど人気があり，特に政治家やロビイストに宛てて手紙を書くという課題がよく取り上げられるのです。なぜならそのような人たちは，自分に届いた手紙に返事を書いてくれるスタッフを抱えているので，高い確率で返事が返ってくるからです。」（原注23）もっとも，第4章で議論した＜現実的であれ＞というアイデアを振り返ると，このような事例は，パートナー方式の教師にとってはさほど驚くことにあたらないかもしれない。

　ニューヨーク市の年間最優秀教員に2度輝いたことのあるテッド・ネレンは，何年にもわたって，彼がサイバーイングリッシュと呼ぶ，パートナー方式を採り入れた英語の授業を実践してきており，すばらしい成果を上げてきた。このクラスでは，生徒が書いたものはすべてオンラインで公開されることになっており，世界中の誰でもこれらの作品を見ることができる。自分の作品を最大限によく見てもらうために，このクラスを受けているすべての生徒は，インターネットのプログラミング言語であるHTMLを学習することが求められる。

　生徒のレポートを文章や音声によるポッドキャスト，もしくはビデオとして作成すれば，授業中や放課後のいつでも，YouTubeなどの公開サイトにアップロードすることができる。たとえば，外国語を学ぶ生徒が自分の話す様子をYouTubeに投稿して，そのことばの母語話者からフィードバックをもらえるようにお願いする，などといったことも可能である。パートナー方式の教師は，

生徒のこのような行動を推奨してほしい。もし実名や実際の顔写真を用いるのが問題になるのであれば、ハンドルネームを使ったり、顔の画像を加工したりするように生徒に指示すれば良い。

> **PARTNERING TIP** ▸▸▸ パートナー方式のヒント
>
> まず自分自身にこう問いかけてみよう。「私の生徒が、自分たちの学習を向上させるために何かを創り出し、それを世界の人々と共有するとしたら、それはいったいどんなことだろうか？」次に、同じ質問を生徒に投げかけてみよう。生徒のアイデアとあなたの考えとの間に何か違いはあるだろうか。生徒が何かを創り出して共有することを奨励し、もし何らかのフィードバックが返ってきたなら、生徒と一緒にそれを眺めてみてほしい。

世界規模での話し合い

インターネット上では、オンラインでの論説や論評、ブログ、リストサーブなどにおいて世界中の人々の話し合いが絶えず続けられている。パートナー方式の教師は、生徒に対して、どんな機会でもどんなサイトでもどんなテーマでも良いので、自分たちが興味の持てる話し合いを探し出してそれに加わることを推奨する必要がある。ここで取り上げた世界規模での話し合いを一般的な教科の授業に取り入れる際の事例を、以下に示しておこう。

- 社会：武装解除や地雷の撤去、飢餓の撲滅、世界の教育問題など。
- 国語：Web が文章作成におよぼす影響、ことばの意味、中国やインドは英語を使用する世界最大の国となるか否か、標準的な英語というものは存在するか、すべての人類が一つの共通言語（それが英語かもしくは別の言語であるにしても）を話す時が来るだろうか。
- 数学：度量衡と標準の問題、数学を教えるためのさまざまな方法、インターネット上の群衆の共同作業によって難しい問題を解決する方法
- 科学：原子力エネルギーの現実的危険性と想定される危険性、携帯電話の放射線、進化論と天地創造説、新しい科学分野や科学的発展における倫理など。

- 外国語：上で挙げた題材についていろいろな国の人と話し合う。自国の文化や慣習に基づく局所的な観点からの話し合いは，視野が狭くなり物事の一面にしか目がいかなくなりがちである。さまざまな異なる意見や見解に触れることは，パートナー方式の生徒にとって非常に有益である。

> **PARTNERING TIP** ▸▸▸ パートナー方式のヒント
>
> あなたが勉強していることに関連した世界規模の話し合いに，あなたの生徒を参加させてみてはいかがだろうか。まず，WebやRSS（第7章，90参照），Google翻訳などのツールを利用して，いろいろな国や地域から寄せられる異なる意見を集めることから始める。そして次に生徒の意見をクラスのブログに載せたりいろいろなサイトに投稿したりしてみよう。もしインターネットのコミュニケーションにおいてセキュリティの問題が懸念されるのであれば，ePals等の安全なサイトを利用すれば良い。

■ 目標は高く，一つ上のレベルを目指せ

　私の経験からいえば，現在の教師はほとんど例外なく，この21世紀初頭に暮らす生徒が創り出すことができるものを過小評価している。何でも創って良いといわれてその機会を与えられると，生徒は実に高いクオリティを持った作品を構想する。教師の多くは，生徒が完成させた作品を見て驚きの声をあげることになる。このような事例の一つとして，ジョージア州のマブリー中学校で前校長のティム・タイソンによって始められた，ムービーメイキングプログラム／コンテストを紹介しよう。このプログラムでは，遺伝子組み換え食品や移民問題，養子縁組，マラリア撲滅といった世界規模の題材を扱った，一連のすばらしいショートビデオが，6年生から8年生（日本の小学校6年生から中学2年生）によって作成される。

　ある会議の場でティム・タイソンがこれらのビデオ作品を紹介するのを初めて聴いたとき，彼は生徒の作品を見て「心底驚いた」と話していた。事実，そこで紹介されたビデオの内容は実にすばらしいものであった。しかし私は，テ

ィムが他の大人と同様に，6年生から8年生の生徒が創る作品のレベルをかなり低く見積もっていたのではないかと思う。私たちはこのような認識を改め，次のように生徒を叱咤激励したら良いと思う。「君たちの持っている最高の創造性を注ぎ込んだ，私たちの想像を超えるような作品が見てみたい。もし提出された作品が私たちの大きな期待を下回るものであり，自分の仲間にすら褒めてもらえないような出来であれば，それは非常に残念なことだし，もしかすると受理することさえしないかもしれない。」

同時に私たちは，単にテクノロジーを用いているからという理由で，生徒の作品を賞賛したり高く評価したりすることのないように留意する必要がある。私はこれまでに，小学生が作った多くのビデオを見てきたが，そこでは大人が，作品の内容には目を向けずに，生徒がテクノロジーを使いこなしているという事実に驚愕している様子（「すごい。グリーンスクリーン（green screen）（訳注36）を使っている！」）をしばしば目にしてきた。私の4歳の子どもでもビデオを撮ることができるように，子どもたちはテクノロジーが関連する事柄をいとも素早く簡単に覚えるので，私たちが注目すべきなのは，テクノロジーよりもその内容なのである。生徒には，自分がいかに一生懸命その作品に打ち込んだかが，作品を通して伝わってくるような成果を期待したい。

多くの人に指摘されていることだが，私たちの生徒は何かに挑戦する機会を与えられることが多すぎるというよりも，概して少なすぎる。生徒は，挑戦することから得られる刺激をとても欲しているのである。彼らはいわばロケットであり，教師が適切に導くことで挑戦に向けて離陸し進んでいくということを肝に銘じておこう。そして，挑戦に向かって進んでいく生徒に対しては，彼らのやり方で進めさせてあげることが重要である。

選択の自由を

生徒に到達目標を高く設定させて，非常に高いレベルの創造性を要求するのであれば，パートナー方式の教師は，生徒が本当に自分たちの好きなように，彼ら独自のやり方で実施できるような状況を作ってあげる必要がある。なぜなら，パートナー方式の教師がやる気を出して最高の創造性を発揮するのは，彼ら自身が選んだ好きなことをやる場合に限られるからである。

このことは，われわれが生徒にいかなる課題を課すこともできない，あるいは課してはいけないと言っているのではない。課題を課すことはできるし，そうしても良い。重要なことは，生徒が最もやる気を見いだせるような方法で課題を遂行できる選択肢を，彼らに提示することである。課題の内容が何かを伝えることであったり，意見を述べることであったり，論理的に説明したりするようなものであれば，生徒が伝統的な手法であるエッセイを書くというやり方を選ぶとしても，何の問題もなく課題を遂行できるだろう。しかし，ブログに投稿したり，ビデオやアニメーションを作ったり，ゲームをデザインしたり，ラップの歌を考えるといった方法でも，これらの素材に生徒が熟知しているならば，エッセイを書くのと同じくらい十分に課題に応えることができるはずである。たとえ課題の内容が＜文章の書き方の学習＞（動詞スキルに相当する）であったとしても，紙にエッセイをしたためる以外にも，より適した方法（名詞ツール）がいくつも考えられることを心に留め，生徒にもそのことをわからせてあげなければならない。生徒の多くはこのことにすでに気づいており，「とにかく，どのような目的を達成すれば良いのかだけ教えてほしい。どうすれば良いかは自分たちで見つけだすから！」といった声が生徒の間から聞こえてくる。

　パートナー方式の生徒を動機づけるための他の例を挙げよう。従来，教室では生徒に同じ教科書を同時に読ませるというのが一般的なやり方とされてきた（私は今でも，『*The mill on the floss*（フロス河の水車小屋)』という本を苦労しながら読まされたことを覚えている。ただし，その内容は冒頭の部分ですら思い出せないが・・・)。本や教科書が学習に使われてきた理由は，すべての生徒が利用できたからであろう。本をすべての生徒に配布し，章ごとに皆で読み進めていって，要所ごとに議論する，これが従来の教授法であった。しかし，子どもたちが自分のiPodに好みの音楽をインストールしている今の時代においては，本や教科書以外の素材を昔に比べてはるかに容易に利用できるようになっており，この点で，本と教科書に依存する従来のやり方が依然として通用するといえるか疑問である。生徒に何を読ませるかを決める際に，一人ひとりの好みや独創性を尊重して選択の自由を与えながら同じ到達目標を目指すというやり方ができないだろうか。

次のどちらのやり方が生徒により興味を持ってもらえるか考えてみてほしい。すべての生徒が同じ本を読む授業と，本で取り上げられている題材そのものに焦点をあてて，それらについて学ぶ授業（たとえば，サスペンスか風刺かといった文章の様式を考えたり，＜ジェラシーがもたらした結末＞など，文章の主題について考えたりすること）。後者の場合，どのような要素に着目するかを生徒に選ばせて，作品中のどのあたりにどのようにして表現されているかを答えさせるといったことができる。このようなやり方を採る場合，生徒が取り上げる作品は，小説や短編，詩といった作品よりも，映画や歌，ゲームなどが選ばれるかもしれない。

パートナー方式の最も重要な信条の一つは，教師として生徒になすべきことはきちんと果たしつつ，生徒の声を注意深く聞いて，教師として彼らに要求する成果とのバランスをとりながら，彼らの望むやり方でやらせてあげることである。私たち教師は，生徒が将来，新しい事柄や経験を積極的に取り組んでいけるような人になるために，新しいことに対して彼らの心を開かせてあげたいと考えている。そして同時に，彼ら自身が決めた方向性に従って生徒が進んでいけるように支援したいと思っている。

また，教師が生徒から影響を受けることもある。最近，5年生の少女が彼女の教師に，自分の好きな本の一冊を紹介した話を聞いた。その教師は紹介された本を気に入り，これがきっかけとなってその生徒と教師の絆がよりいっそう強くなったということであった。

PARTNERING TIP ▸▸▸ **パートナー方式のヒント**

　授業や学習において何か一つのことを達成する場面を想定するとして，その目標に到達するためのいくつかの選択肢が考えられるような課題や状況にはどんなものがあるだろうか。次に，同じ質問を生徒にも投げかけてみよう。そして，得られた意見の中から最も良いと思われるものを実際に試してみよう。うまくいったかどうかのフィードバックを集めて，良い結果が得られた事例は共有しよう。

無関心な生徒を引き込む

どのような課題であれ，すべての生徒が同じくらいの情熱と努力をもってそれに取り組むことはありえない。では，こちらが何をしても関心を示さない生徒をどのように扱ったら良いだろうか？

少人数を相手にしているのであれば，無関心の生徒の多くはすべてのことに無関心というのではなく，こちらの指示に従いたくなくてそうしているということがわかるだろう。したがって，彼らが関心を持つようなやり方を認めてあげれば，多くの場合，無関心の生徒にやる気を出させることができる。もし彼らの選んだやり方が，私たちの要求や期待に合致するものであれば，彼らが授業中何もしないでいるという事態は避けることができるだろう。

> **PARTNERING TIP** ▸▸▸ **パートナー方式のヒント**
>
> 無関心な生徒同士を，しばらくの間，あるいは一つのプロジェクトを進める間，同じグループに入れてみて，好きなやり方で良いから「クラスで一番のプロジェクトにしてみせろ」と彼らを発奮させてみよう。同様のやり方を試した多くの教師が経験してきたように，そこから得られた成果にあなたは驚きの声を上げるだろう。

無関心な生徒の隠れた能力を引き出すことに成功した事例として，アリゾナでConexionesと呼ばれる移民労働者の子どもたちのためのプログラムで教えているパートナー方式の教師，バーナビー・ワッソン（Barnaby Wasson）の実践を紹介しておく。彼は，子どもたちに親類や知り合いなどにインタビューをさせて，その記録をポッドキャストやビデオにしてインターネット上に投稿させるといった活動を通して，消極的で授業に無関心な多くの子どもたちを生き生きとしたジャーナリストに変えてきた。生徒の中には，会議に報告者として参加する者さえいるという。

無関心な生徒に対応する他の方法として，量よりも質を重視するということが挙げられる。すばらしい内容の一段落の文章を書くことは，良くも悪くもない5ページのレポートを書くのと同じくらいか，あるいはそれ以上の価値をも

つとして評価するのである。そして，内容が良ければ，文章が短くても分量が小さくても通用するということを，生徒にわからせるのである。自分たちの興味関心に添った内容を，短く簡潔に仕上げる（名目上は，短くすることは長くすることよりも難しいといわれているが…）。この組み合わせを提案すると，生徒も少しはやる気になってくれるだろう。

　イギリスのパートナー方式の教師は，小学生にテレビの映画批評番組の形式を模したビデオブック形式のレポートを提出させている。また生徒にビデオゲームを見せて，自分の気に入ったパートをことばと文字で説明させるといったことをやっている教師もいる。このクラスの生徒は，特に男子の間でライティングのスキルが飛躍的に伸びたという。

　無関心に見える生徒には何かしらの理由がある。そして彼らは，教師から与えられた課題よりも他にやりたい何か，情熱をもってやれる何かを心に潜めていることが多い。この何かを見つけて，クラスでの課題やプロジェクトにうまくつなげてあげることが，パートナー方式の教師の仕事なのである。

プロに触れさせる

　新しいメディア（テーマによっては従来からあるメディアでも良いが）を用いて自分を表現し，何かを創り出すことを学ぼうとしている生徒を発奮させる方法の一つに，専門家に頼んでプロの仕事のこつを教えてもらうというやり方がある。マブリー中学校のティム・タイソンは，ビデオを作るプロジェクトにこの方法を導入し，地元で活躍しているドキュメント映画の制作者をボランティア講師として招請した。また，地元の作家やアナウンサー，ブロガー，マルチメディアクリエイターにボランティア講師をお願いした事例も報告されている。また，オンラインを利用するのも良い方法だ。YouTubeを検索すると，あなたが思いつくほとんどすべてのソフトウェアのチュートリアルを見つけることができるし，さまざまな

要チェック！
遠隔モニタリングについてさらに詳しく知りたい時は，以下のサイトにアクセスすると良い。
http://www.december.com/cmc/mag/1996/oct/nellen.html

分野の専門家が自分たちの作品の技術的な側面を解説している映像なども投稿されている。遠隔モニタリングに関するサイトやプログラムもいくつか存在しており，そこでは経験豊富な専門家（多くの場合，高齢の方や現役を退いた方）が生徒や教師にいろいろな助言をしてくれる。生徒はこのような活動を通して，自分が駆け出しの専門家になったように感じられてうれしいと思うし，教師にとっても良い学びの体験となる。

> **PARTNERING TIP** ▶▶▶ パートナー方式のヒント
>
> 　自分たちの住んでいる街や友達の両親に，クリエイティブな仕事に携わっている専門家がいないか，生徒に調べさせよう。適当な人材が見つかった場合，その人が専門としている領域（広告や映像制作，音楽制作，放送，ゲーム制作，さらには科学やエンジニアリングなど）に関係するプロジェクトを行っている生徒のコーチ役をボランティアとして引き受けてもらえるか，あなたかもしくは生徒から依頼してみよう。
> 　FIRST Roboticsや人間型ロボットのコンテスト，Odyssey of the Mind（訳注37）などの，すでに実施されているクリエイティブなプロジェクトにあなたが生徒とともに参画するといったことも考えてみると良いだろう。

生徒にテクノロジーを

　教室や授業の中にある特定のテクノロジー（名詞ツール）を導入することは，もしそのテクノロジーがまったく新規なものでなければ，それはテクノロジーを授業にうまく取り入れるための絶好の機会となる。

　たとえばパワーポイントを取り上げよう。多くの教師がこのテクノロジーを使うようになってきているが，説明のスライドを表示するといった単純な機能しか使われていないのが典型的な使用例である。このようなパワーポイントの使われ方は，多くの生徒が好まないものであり評判が悪い。

　パワーポイントを使うと，マルチメディアの情報を駆使したプレゼンテーション用のコンテンツを作成することができ，その作品をインターネット上に保存しておけば，生徒がそれらの素材を利用してさまざまなことを学習すること

ができる。もし教師の目的がこのような形式での学習にあるのであれば，パートナー方式の教師が行うことは，パワーポイントを使ううえでまずどのような手順を踏めば良いかを生徒たちに助言することである。生徒は教師と共同で作品を作りたいと考えるかもしれない。教師がプレゼンテーションの流れを考案し，それに生徒がパワーポイントのテクノロジーを駆使してさまざまな修飾をするといったようなやり方での連携も考えられるであろう。

　また，パワーポイントではなく別のツールを用いて作品を作りたいと考える生徒もいるかもしれない。たとえばFlash（多くの場合，教師はFlashの作り方なんて知らないだろう）によるプレゼンテーションを作りたいと生徒が言い出したらどうするか？　教師と生徒がパートナーとして連携することで，YouTubeやTeacherTubeにも投稿できるような立派な学習用アニメーション教材が作れるだろうし，それを世界中の仲間と共有することができるだろう。生徒によっては，作品の共同制作者ではなく，仕上がった作品の批評家や品質保証人としての役割を教師に期待する者もいるかもしれない。

PARTNERING TIP ▸▸▸ パートナー方式のヒント

教室に何らかのテクノロジーを導入する際には，事前にそれを試用しておくか（自分では使い方がわからないかもしれないので，これはあまりお勧めできないが），生徒に披露して彼らと話し合いを持つようにしたら良い。そのテクノロジーを使うことの是非や使い方，別の選択肢やより効果的な方法がないかなど，生徒の好みや意見をたずねると良い。

　教室に電子黒板が用意されていれば，このような生徒とのやり取りを効果的に行うことができる。これらの拡張ツールは，管理者によってすぐに使用できる状態で準備されているし，教師もこれらのツールを使いこなせるようになってきている。しかし，生徒の多くはこれらのツールの使い方を熟知しており，彼らに頼めば，すぐに自分たちでセットアップしてコンピュータに接続し，プレゼンテーションのために使用可能な状態にしてくれる。これらのツールを教師と生徒が一緒に使える最良のやり方は何か，そのためにはどのようなソフト

ウェア—生徒の方がおそらく使い方に詳しいであろうゲームやインタラクティブ・ツールなど—が利用可能かといった問題について理解を深めていくために，教師が生徒に助言を求めるのも良いだろう。

協力と競争のバランスをとる

　生徒が何かを創る際，彼らに協力させるのと競争させるのではどちらが良いだろうか。教師の多くは，グループワークやチームワークなどといった教室内での生徒同士の協力を促進するような活動を導入している。その一方で，教師の多くは，ゲームやその他の競争形式の活動も取り入れている。しかし，授業デザインや授業計画におけるこれらの２つの活動のバランスを注意深くとろうとしている教師は，さほど多くはない。ビデオゲームやコンピュータゲームの世界では，協力と競争のバランスは重要であり，ゲームデザインの善し悪しを決める重要な要素となっている。ゲームバランスの良さは，そのゲームにどれだけのめり込めるかを左右する重要な鍵なのである。

　この協力と競争のバランスは，パートナー方式を採っているクラスや生徒の創造といった点を考えるうえでも同様に重要である。なぜなら，生徒の多くは協力か競争のどちらか一方を好み，他方を嫌がるからである。多くの場合，協力するように動機づけられた生徒と，競争するように動機づけられた生徒では，心の構えはまったく異なる。クラスの中の誰が協力を好み，誰が競争を好むかを把握し，注意深く計画を立てることで，生徒のやる気を最大限効果的に引き出すことができる。そのためには，生徒が自分のやりたくないことを無理強いされたり強制されたりすることのないように注意しなくてはならない。生徒の理解と許諾があれば，能力の進展を図るためにあえて彼らに自分たちの苦手とするやり方で学習させても良いだろう。

> **PARTNERING TIP** ▸▸▸ パートナー方式のヒント
>
> 生徒全員に，自分は協力と競争のどちらを好むか，もしくは両方好きか，それは状況によって異なるかを尋ねて，各生徒の好みを記録しておく。この情報に基づいて，各グループに課す課題や用いるツールの種類を検討すれば良い。チームの内部では協力させ，チーム同士では競争させるようにして，全体としての協力と競争のバランスをとるように心がける。

授業の作品等を自分たちの好きな（ただし適切な）方法で自由に創ることができると知らされた（そして，教師や場合によっては専門家から助言や支援を得られることがわかっている）生徒は，そのような自由を持たない生徒に比べて，はるかにやる気を発揮する。このことについて生徒とよく話をして，彼らの創造的な努力に対してできる限りの裁量権を認めて最大限の支援を惜しまず，つねに目標を高く掲げさせて，（ベストな結果だけでなく）努力の成果を世界の聴衆と共有するように仕向けることが，パートナー方式の教師に今求められている。生徒の成果を見ること，評価すること，共有すること，そしてフィードバックをもらうことの喜びは，いかなるパートナー方式の生徒，教師，クラスにとってもきわめて大きな報酬となるであろう。

9

実践と共有を通して継続的に向上しよう

> **考えてみよう**
>
> 1. 私は，(生徒とともに) どのようにして反復，実践，共有を通して継続的に向上することができるか？
> 2. 私は，(生徒とともに) どのようにしてパートナー方式の授業をより高いレベルに引き上げることができるか？
> 3. 私は，(生徒とともに) どのように退屈な時間を追い払うことができるか？
>
> *Guiding Questions*

　何かを学び行ううえで，継続的に向上する以上に重要な原則はほとんど存在しない。ものごとを最初から上手に，ましてや完璧にこなす人はいない。成功を求める人は誰でも，まずは徐々に上達することに力を注ぐ必要がある。フレッド・アステア (Fred Astaire)，タイガー・ウッズ (Tiger Woods)，ウィル・ライト (Will Wright) など，その道の最高峰の人々でさえ，そのキャリアを通じて日々パフォーマンスの向上に継続的に努めている。音楽，テレビ，映画の分野で連続して大成功をおさめたウィル・スミス (Will Smith) は，彼がすることすべてにどれくらい大変な努力を注ぎ込んできたかを語っている。

　パートナー方式も例外ではない。これまで述べてきたように，パートナー方式には幅広いスキルの融合が要求されるが，その中にはパートナー方式を実践

したことのない教師にとってはまったく新奇なものもある。それらのスキル（コーチやガイドとしての役割，目標設定，質問，デザインなど）は，とりわけパートナー方式という新たなコンテキストにおいては，それぞれ独自の改善曲線（improvement curve）をもつ。しかしうれしいことに，これらのさまざまなスキルは互いに強化し合うことができ，その結果パートナー方式がすぐに実践しやすくなる。このことは，パートナー方式の教授法に慣れていない教師および生徒にもあてはまる。

パートナー方式では，教師だけでなく生徒にも継続的に向上を図ることが求められる。近年の生徒の多くは，これまでただ授業を聞いて内容を反復することを求められる古いパラダイムの下で教育を受けてきた。教師がコーチやガイドとなって自身で学習を行うことは，ほとんどの生徒にとって初めての経験である。生徒は，この学習法（自ら進んで取りかかること，パートナー方式のための質問に完全かつ正確なかたちで答えること，スキルを実践し習得すること，最大限の利益を得るために利用可能なすべてのツールを使用すること）に徐々に習熟する必要がある。

継続的な向上の最も良い点の一つは，それが測定可能なことである。後に示すが，採点簿を用意し，規準に照らしてクリアしているかどうかを考えて測定すれば，あなたも生徒も急速に向上しているのが見てとれるだろう。

継続的向上には，主に反復，実践，共有の3つのやり方がある。いち早い向上のためには，それら3つの方法を同時に行うことが可能であり，実際に行うと良い。だが，話を簡単にするために，3つの方法それぞれについて順番に検討する。

■ 反復による向上

パートナー方式を本当の意味でうまく行うためには，次のセクションで述べるように，何度も実践を重ねる必要がある。同時に，実践それだけでは完全ではなく，正しいやり方で行う必要があることを認識することがきわめて重要である（このことはもちろん生徒にとっても有用な情報である）。ものごとが永続的に身につく，簡単になる，そして多くの場合自動化されることが，実践の

効果である。この永続性に関して言えば、長く実践してきたことは忘れることが難しい。それゆえに＜正しい＞やり方で実践を行わなければならないのである。

では、具体的な教育場面において、正しい実践というものをどのように見いだせば良いだろうか。最適な方法は反復である。複雑で、かつ個人の間で大きな差異が生じるものごと（パートナー方式がまさに該当する）を最初から正しく行うことはほとんど不可能であるため、反復は非常に重要である。したがって、パートナー方式を実践する教師および生徒は、とりあえずものごとを始めてみて、うまくいかない部分を取り除いて新しいことを試し、パートナー方式のような複雑な仕事には必然的に生じる調子の良し悪しにうまく対応し、何が起こっているかをつねに振り返りつつ、継続的な向上をめざしていくことが重要である。

反復を行うための非常にすぐれた方法は、日誌をつけることである。こんにちの時代であれば、日誌の代わりにブログが使われるだろう。それは個人的なものでも公的なものでもかまわない。多くの教師がオンラインで日誌をつけており、後で述べるように、共有できるものさえもある。

PARTNERING TIP ▸▸▸ パートナー方式のヒント

毎回（少なくとも2回に1回）の授業の終わりに、生徒に「今日のパートナー方式の授業はどうでしたか？ どうすればもっと良くなるでしょう？」と尋ねることを繰り返してほしい。生徒にはその場で答えてもらっても良いし、回答をオンラインや紙で提出してもらっても良い。

できるだけ多くの生徒の意見を汲み上げて、それを実行してほしい。もちろん、すべての意見に応えられるわけではないが、少なくとも生徒に、自分の意見がきちんと届いていて、むげに捨てられているわけではないことは伝えてほしい。

また、生徒自身に、パートナー方式の授業や学習について日誌をつけさせてほしい。それによって、どんなことが一番良い影響を自分にもたらすかを、生徒自らが考え、学習する手助けが得られる。

反復と多様性

　生徒にとっての反復の利点は他にもある。多様性である。こんにちの生徒は全般的に多様性と変化を強く求めており，教師が一つではなくいろいろな方法で何かを試すほど，生徒はより関心を示す。また，教師は生徒に合った最良の解決法を見つけやすくなる。反復が重要となる時期は，新しい学年や新しい授業がスタートしたときである。以前に教えた生徒にとって効果的であったことでも，新たな生徒とのパートナー方式においては，ほぼ確実に調整が求められる。それまで慣れてきたテクノロジーが，よくあるように，劇的に変わった，ということだけが理由だとしてもである。反復は，調整のための方法なのである。

課題の反復

　反復はまた，生徒の課題に対して非常に有効に応用できる。パートナー方式を実践する教師は，生徒が，調査，プレゼンテーション，または他の種のプロジェクトなどのすべての作業を，つながりのない課題や宿題が合わさったものとしてではなく，むしろさまざまな動詞スキルや名詞ツールを使うことでスキルが継続的に向上していく一連の過程としてみなすよう促す必要がある。したがって生徒には，できれば新たな授業やコンテキストにおいて，これまで行ってきたこと（たとえばエッセイ，ビデオ，ネット投稿，ポッドキャスト）を頻繁に見直し，以前よりもより良いものにできるよう反復することを求めるべきである。また，これには，各生徒と教師が，前回の問題点は何だったか，改善するには何が必要か，どうすればそれがなされるかを具体的かつ率直に考察することが必要となる。セメスターや年度の終わりには，それを実践した生徒のスキルは劇的に向上しているに違いない。

■ 実践による向上

　あなたがパートナー方式の基本的なコンセプトをスタートさせた，すなわち，あなたと生徒がそれぞれ果たすべき固有の役割をもつ学習パートナーとなったならば，そして，あなたが置かれている状況における最善策の発見，および誤

ったことや非生産的なことを行っていないことの確認をできるだけ多く繰り返したならば，実践を重ねるほどに（かなり自動的に）パートナー方式が上達する。これは，教師と生徒の両方に言えることである。ものごとが上手になりたいのであれば，それを正しく繰り返し行い，自動的にできるまでになること以上の方法はない。このことは，単純なこと（たとえば，生徒の場合ならば，その日の宿題を何の気なしに確認してやり始めること）から複雑なこと（たとえば，教師の場合ならば，刺激的で興味深く，有意義なパートナー方式のための質問をつくり出すこと）まで，すべてのものごとに当てはまる。

この実践のセクションの残り部分では，パートナー方式による学習の過程を上手くこなせるようになるために，生徒と教師が日々実践すべきことを述べる。

生徒の実践

生徒はまず何よりも，パートナー方式を成功させるために求められる自発性と自主性を身につける必要がある。これらは，すべての生徒に自動的に，もしくは即座に生じるものではない。しかし，それぞれの生徒はこれらのスキルを上達させることが可能であり，またパートナーである教師がそれを促し支援する必要がある。その中で教師はコーチの役割を務め，実践する。

第二に，生徒は要求された動詞スキルを実践する必要がある。その際に教師は，それぞれの場合で，生徒が実践すべき動詞スキルが何であるか，明確にしておくこと。

第三に，生徒は，自分の情熱や関心を学校での課題に関連づけるようにする必要がある。前に述べたように，生徒の動機づけは，学習内容が自分の好きなことや関心のあることとつながっている場合に最も高まる。パートナー方式によって，生徒の学習を促進するつながりを見い出し，利用することがさらに容易となる。また，生徒には，自身の情熱が何に向けられているかを見つけてそれを洗練させ，その情熱を学習に適用できるようにすることも必要である。

パートナー方式において，教師が生徒のスキルの実践を促す主な方法は，スキルに関連する生徒の個人的な情熱を駆り立てることである。ここでの目標は，すべての生徒に対して，自分で選んだ情熱を傾けられるものごとが最も上達できるような機会を提供することである。

では，どうすればそれができるだろうか？　パートナー方式の教授法の大きな強みは，すべての生徒が必ずしも同じやり方を採らなくても良い点である。とすれば，ある生徒は他の生徒とは違ったやり方の方が適していることになる。パートナー方式においては，最終的に目標に達しさえすれば，生徒はそれぞれの選んだ方針で，パートナー方式のための質問に答えたり，自身の成果を発表したりすれば良い。また，各生徒のやり方はそれぞれ独自のものであるため，一番上手にそれができるはずである。

しかし，それにはやはり実践が必要である。得る機会と選択肢が広がるほど，生徒は自身にフィットすることを見つけ，実践しやすくなる。たとえば，あるパートナー方式の授業では，「スペイン語のガイドブックを作るとしたら何が大事かな？」という質問に基づいて，スペイン語で書かれたニューヨークシティーのガイドブックを作成した。授業の中で，生徒はそれぞれ，教師のコーチのもと，その計画の中で自身に最も適する役割を見つけ，実践することが求められた。

パートナー方式のための質問を通して生徒に興味を抱かせること，それぞれに自分との関係に気づかせること，また，一人でも仲間との共同作業でも構わないが独自のやり方で質問に答えさせること，さらに，教師のガイドのもとに各自のやり方で課題の検討および推敲を行わせることによって，生徒は自分自身が興味と情熱を抱くカリキュラム内容の多くに関わることが可能となる。そしてこれこそが本書の，そしてパートナー方式の教授法の命題である。それによって，これまでの教師の説明とワークシートによる教育を受ける場合と比べてより強く，学習し実践することに動機づけられるのである。

教えられる方が良いと言う生徒については？

もちろん，解説・説明を聞くだけの従来の方法を好む生徒は必ずいる。パートナー方式の授業でやる気を出して課題に没頭するよりも，授業中寝ていたいだけの生徒もいる。そのような生徒を引きつけるには，彼らの情熱がどこにあるか，それを見つけ，刺激することである。

しかし，時おり，従来の方法を好む生徒が＜優秀＞な場合がある。このような生徒は，従来のシステムを熟知しており，どうすればうまくやれるかを良く

わかっていて，良い成績を取り，そしてわざわざ新しい方法を学習することを嫌う。彼らはおそらく，うまく学習して目標を達成できれば，従来のスキルで良い大学に行けると主張するだろうし，それはある程度正しい。では，彼らのために，パートナー方式と並行して従来のシステムを維持したほうが良いのだろうか。

　私は，2つの理由からそうは思わない。まず，そのような生徒にとってさえ，パートナー方式の教授法による学習を行ったほうが賢明だからである。その理由は，彼らのほとんどはそのことを理解するに十分賢いと思うが，パートナー方式の授業で学ぶいわゆる独自の学習は，人生の終わりまで続くものだからである。これは，その学年や試験が終わるとすぐにも忘れてしまうこれまでの講義中心の教育とは対照的である。パートナー方式とは，長期的な方略であると言える。

　2つ目の理由は，大学も変化してきていることである。私は，幼稚園から高校まで（K-12）で話すのと同じ内容の講演を大学から依頼されることがある。大学もまた，従来の講義形式の教授法をパートナー方式に取って代えようと努めており，それは多くの場合うまくいっているようである。その速度は異なるが，前進しつつあるK-12までの学校業界と同様に，大学も，成績優秀でSATやACT（訳注38）の得点が高い学生やノートをとるのが上手い学生ではなく，もっと別の特色をもつ志願者を求めはじめている。高等教育機関は，パートナー方式を通して得られるスキルを志願者に期待しはじめている。したがって，すべての生徒にとって，それらのスキルを実践することは重要なのである。

教師の実践

　しばしば，特にその初期段階において，パートナー方式を成功するために教師に最も求められることは，生徒に＜好きなようにさせる＞ことである。つまり，いつも教師が主役となるわけではないということを受け入れ，生徒が自分自身で作業することに慣れることである。少しぐらい騒いでも大目に見て，授業を厳格に形式化せず，たとえ教師がよくわからない，あるいはまったく知らないツールやテクノロジーであったとしても生徒がそれを使うことを受け入れ

ることが大切である。

　多くの教師は，授業をいかにコントロールできるか，どれだけ専門性に優れているか，という尺度で自分を評価することに慣れてしまっている。講義形式でしか教えたことのない教師が，初めてパートナー方式の授業を行うとき，非常に無秩序で，すべてのことが正確に計画通り，希望通りにいかないと感じるであろう。前述したように，それは悪いことではない。むしろ普通のことであり，諦める理由にはならない。パートナー方式とは，生徒だけでなく教師の側からしても，本当の意味で熟達しマスターするためには，日々の学習・反復だけでなく，多くの実践が求められる複雑な，正確には一連のスキルなのである。しかし熱心な教師であれば，授業をコントロールできないことを諦めるもしくは失う恐怖を乗り越えるのに，それほど時間はかからない。アップル社と「ニュー・メディア・コンソーシアム」の支援を受けて行われた近年のパートナー方式・プロジェクトでは，次のような報告がなされている（原注24）。

　　最初，教師はそのプロセスがどのように展開するのかについて非常に心配していた。彼らはコントロールできないことを恐れ，統率のないままに生徒が課題に取り組まないのではないかと心配していた。しかしプロジェクトの終了時には，そのような心配はほぼ消え失せていた。

役割の実践

　好きなようにさせるということの他に，教師は何を実践したら良いだろう。教師はパートナー方式でのさまざまな役割のすべてを順々に，そして並列的に実践したら良い。また，これまでの章でも論じたように，コーチやガイドの役割に加えて，目標設定そして質問の作成，授業のデザイン，そして質の保証も必要である。

ビデオゲームによって動機づけを高める方略

　興味深いことに，パートナー方式の教師は，その役割の多くを，生徒が楽しむビデオゲームやコンピュータゲームから学ぶことができる。教育者はしばしばこれらのゲームには価値がないと考えるが，子どもたちが多くの実践と努力

を行う動機づけを高めるのにゲームが大変役に立つこと，ひいてはそのような動機づけを高めることがパートナー方式の教師の大きな目標の一つであることに，異論のあるものはほとんどいないだろう。

しかし，ゲームの持つ動機づけを高める力は，ランダム効果や副産物としてではなく，ゲームデザイナーによって多少とも体系化されたいくつかの方略によってもたらされるものである。最高のゲームをつくり出すデザイナーは，私たちがパートナー方式の教師として生徒の動機づけを高めるために気をつけている多くのことと同じことを，うまく遂行しようと努力している。したがって，私たちはゲームデザイナーが用いるのと同様の動機づけのテクニックの多くを利用することができる。

たとえば，良いビデオゲームが非常に長けていることの一つが，同じゲーム（私たちの場合には，同じ授業または同じ課題）でも，それぞれのプレーヤーにとって異なる感じを抱かせること，すなわち，プレーヤー個人の好みと能力に応じてカスタマイズできることである。ゲームは人工知能のプログラミングによって，困っているプレーヤーに対してはいつでも自動的に特別のヘルプ（または特別のリソースや仲間のプレーヤー）を提示することができ，同時に上手なプレーヤーに対しては，利用可能なリソースを制限したり，難易度を上げたりして自動的にやりがいをもたせるようにできる。教師の持つ人間の知性は，個々に一貫して適用されれば，ゲームの人工知能よりもずっと適応性があるはずである。したがって，ゲームを面白いものにしているこのそれぞれのプレイヤーに対する微調整された「適応性」は，パートナー方式の教師が獲得に努め，また生徒とともに実践する必要がある。

パートナー方式の教師としてゲームから学ぶことのできることのもう一つは，優れたビデオゲームやコンピュータゲームでは，直近の目標から中・長期的目標まで，プレーヤーにとってのすべての目標がつねにとてもはっきりしていることである。しかし，それと同時に，それらの目標に到達するための可能な道筋は多く，ときには何百も用意されており，ゴールに到達しうる道をきちんと進んでいるかどうかについてのフィードバックがいつも頻繁にそして即時的に与えられる。パートナー方式の教師は，これらと同様のことを教室で生徒に提供できるよう努力する必要がある。

本章や自著『テレビゲーム教育論―ママ！ジャマしないでよ勉強してるんだから』）で検討してきたように，コンピュータゲームは学習に非常に役立つものである。それだけに，どう用いるかということを生徒と一緒に考えなければならない名詞ツールなのだが，ゲームが持っている動機づけの恩恵はたとえゲームがなくても利用することができる。なぜなら，パートナー方式の教授法ではゲームの持つ特長の多くを授業に取り込むことができるからである。

共有による向上

パートナー方式におけるスキルの向上のためには，同僚との情報共有を積極的に行うことの重要性を軽視することはできない。効果的に情報共有をするには，双方向でそれが行われることが望ましい。パートナー方式の教師は，つねに他の教師から優れた実践例を求め，自分の実践例を惜しむことなく，時を逸することなく，提供しなければならない。

共有すべきことは多い

私が足を運んだたくさんの場で学んだ一つは，現実にものすごい数のすばらしいパートナー方式の授業が，今やアメリカ中，世界中の学校で行われているということである。しかし，パートナー方式を始めようとしている教師にとって不幸な事実は，その多くが当事者の教師と生徒を除いて，誰にも知られずに行われているということである。わかっていただけると思うが，これは非常に残念でもったいない状態である。このことは，勉強中のパートナー方式の教師であるあなたが，何千人もいる同僚が成功したアイデアや実践を知ることもできず，そこから何も得られないことを意味しており，結果，あなたの進歩もかなり遅くなるということになる。

ディジタル以前の旧世代（こんにちの多くの教師がこの世代に含まれる）が共有を図らなかった（彼らのモットーは，「知は力なり。ゆえに，むやみに人の手には渡さない」）のに対して，ディジタルネイティヴ世代（ほとんどの生徒が含まれる）は，情報共有（ネット投稿，ブログ，携帯メール，ツイッターなど）こそが，人から認められ評価される手段であると考えて育ってきたとい

う点は，ディジタル時代における最大の皮肉の一つであるといえる。若い世代のモットーがあるとすれば，「共有こそ力」ということになるであろう。共有によって学習がより速く進むため，旧世代の学びはいっそう遅くなるという不幸な結果が生じている。教師は全般的に自分の知識に誇りをもっている一方で，他人が行っていることの情報については根本的に欠けていることが多い。結果的に，世界中の教師が，何かを始めようとする際，前例を見習うことをせずに，同じことをわざわざ自分で最初からやり直すということを繰り返すことになるのである。このことは，パートナー方式の教授法を実践する際に特に当てはまる。

共有が困難であった時代（以前は何かを共有するには，論文や本を書いて出版する，または会議で話すことを認められなければならなかった）には，この状態が容認されていたかもしれないが，携帯電話やビデオカメラに話す，さっとブログに書き込む，あるいは他の簡便な方法によって共有が容易になった現在では，もはやその状況は許されない。したがって，パートナー方式の教師は共有についてもっと学ぶ必要がある。

最も良い共有の方法：動画

こんにちでは，アイデアや成功を共有するために利用できるツールが非常に数多く存在する。多くの教師が自身のブログを持っていてそこで共有を行っており，また，他の人のブログを読んでいる。しかし，私の考えでは，教師が成功を共有するのに（提供する側，享受する側の両方にとって）最適な，かつ最も簡単な方法は，YouTube や SchoolTube，TeacherTube，およびそれらと同じようなサイトに投稿される動画を通して共有を図ることである。これまでにこのようなサイトを見たことのない人は，動画の効力を確認するために，これらのサイトにアクセスして，興味のあるトピックの動画を閲覧してみてほしい。すでにたくさんの動画を見たことがあっても，それよりさらに多くの動画が投稿されている。世界中のすべての教師の成功事例と同様に，あなたや同僚の成功事例もまたそこに投稿することができるのであり，ぜひそうしてほしい。

マサチューセッツで教師を勤めるブライアン・スカリ（Brian Scully）は，中学3年生の国語の授業で『ロミオとジュリエット』を教えるのに，携帯メー

ルを使っている。なんと面白いアイデアだろうか！　私はある講演をしている際，この革新的な事例を人づてに聞いたのだが，もし＜ロミオとジュリエット＞と＜中学3年生＞というキーワードで検索すると，このめずらしい事例の動画が見つかり，授業の中身やブライアンがそれをやろうとした理由，そしてどのような結果に至ったかを本人自らが話すのを聞くことができ，さらに実際の授業の例を見たり，生徒のコメントを聞いたりすることができるとしたら，すばらしいことではないだろうか。講演の中でオーディエンスと私とが共有した多くのすばらしい事柄は，容易にオンライン上に載せることが可能であり，世界中の教師と共有できるのである。

動画の投稿は非常に簡単

　このような共有のための動画を作成するために，教師はビデオカメラ（動画機能付きの携帯電話でも良い）を生徒に預けて，きっかり30秒間，教師が話している様子を録画してもらいさえすれば良い。もしくは教師が腕を伸ばした状態で携帯電話を自分に向けるか，三脚を使って録画しても良い。これだけで終わりである。この動画は有用な検索情報（たとえば，「教育」「中学3年生数学」「分数のかけ算」）をつけてメタタグ化し，アップロードして，投稿できる。新型のカメラや携帯電話では，ボタンを押すだけでアップロードできるものもある。

　ハードルとなるのは，作成する動画の質が，多くの人にアマチュアレベルであると思われる程度であってもそれは問題とならないということを，本人が受け入れられるかどうかである（YouTubeの動画はプロが作った作品とは本質的に異なる性質のものである。もっとも，YouTubeに投稿されている作品の中にはプロの作成したものもあるのだが）。このことさえ受け入れてしまえば，動画を共有できるようにするのは容易であり，まったくささいなことでさえあるのだ。たかだか5分くらいで済む。

　私の講演で良いコメントをくれた人（もしくは彼らが行っている良い事例を紹介してくれた人）に対して，もしあなたが同じコメントを携帯電話の前で録画しYouTube動画として投稿したならば，何十万人もの人がそれを見つけて見てくれますよ，と私は言うようにしている。

もっと詳細が望まれ，求められるならば，1人か2人で良いので生徒が話している写真と，授業中の様子などを写した写真を追加すれば良い（写真を撮って追加することは，多くの生徒にとってたいしたことではない）。アップロードが完了したならば，教師の実績はWeb上に永続的に残り，他のすべての教師に共有される。いくつかのメタタグを加えることで，誰でも簡単に探して視聴することができるようになる。

もう一度強調しておきたいのは，慣れてくると，うまくいったアイデアのYouTube動画を制作し投稿するには，開始から終了まで5分の実践で済むということである。「時間がない」などというのは，言い訳にもならない。もちろん，もっと長編の，よりプロ的な動画を作成することもできるが，重要なことは，満足のいく動画が作れるようになるまで待つ（決してそうなることはなく，貴重な時間を浪費してしまう）よりはすぐに共有したほうが良いということである。

パートナー方式の教師がこのような動画の投稿と共有を定期的かつ体系的に行うようになり始めるまで，残念なことに私たちは，何をやるにつけてもまずは自身の手で試行錯誤を繰り返さなくてはならないことになる。それはひどく非効率的な方法であり，多くの時間と労力を無駄にすることになる。したがって，あなたがパートナー方式を実践してうまくいった際には，ぜひその事例を共有してくれることを願う！

同僚から学ぶ

あなた自身の想像力や生徒の考え以外で，良いアイデア（あなたが置かれたコンテキストで確実に機能するアイデア）を生み出すのに最適な情報源は，同僚である。同僚というのは同じ学部の，同じ学校の，もしくはアメリカ中の，さらには世界中の他の国のどこにでもいる。パートナー方式を採る一人の同僚の成功は，あなたにとってのまだ見ぬ成功であり，あなたの成功は，すべての同僚にとっての潜在的成功である。パートナー方式について，ぜひ同僚と話し合うようにしてほしい。

通常の仕事の一部としての共有

　私見では,ここまで述べてきた種の共有は,特に現在のようなテクノロジーツールを簡単に使える時代においては,すべての教育のプロに求められる通常の職務とならなければならないと思う。ややもすると教師は,隣の教室で行われている革新的なことを見つけたり,学校や地域で良いアイデアを探しまわったりすることよりも,専門家の会議のために何百,何千マイルもの旅をしたがる。それは楽しく,またしばしば新しいアイデアのすばらしい源となるが,会議に参加するための助成金は減少しており,この共有の方法は,インターネットの時代においてはもはやいろいろな意味であまり道理にかなっているとは言えない。純粋に何か役に立つ新しいことを学びたいのであれば,パソコンで動画を見るというのも（特にその動画に対して投稿者自身の質疑応答が添えられていたり,Eメールでの回答がフォローアップされていたりすれば）十分に使える手段であろう。

> **PARTNERING TIP** ▸▸▸ **パートナー方式のヒント**
>
> 　オンライン動画を介して,少なくとも週に一つ（または月に一つ）アイデアを同僚と共有することを個人的な目標にしてほしい。携帯電話やビデオカメラ（Flipがおそらく一番簡単に使えるビデオカメラだろう）の使い方がわからないときは,生徒にボランティアをお願いすると良い。

　もちろん,直接の会話や,個人的な友交関係,大学などの組織との関係も重要であり,パートナー方式を始めようとしている教師が,可能ならばその教授法をテーマとする会議に参加することは有意義であるかもしれない。もしその会議に出席したとして,見知らぬ人が近づいてきてあなたに「携帯メールを使ってシェイクスピアを教えているあなたのYouTubeの動画が大好きです。詳しく教えてください！」と言ってきたとしたら,すばらしいことではないだろうか。共有は学習のための近道であるということを覚えておいてほしい。

PARTNERING TIPS IN REVIEW　▶▶▶パートナー方式のヒント：まとめ

1. 学習とパートナー方式について，生徒とできるだけたくさん話し合う。あなたがしようとしていること，そしてその理由を説明する時間を設ける。生徒の反応を見て，生徒から示唆を得る。パートナー方式のプロセスにおいて，生徒に手助けを求め，あなたの役割ならびに生徒の役割を明確にして，一緒に作業を行う。
2. あなたと同じ教科，学年を教えており，パートナー方式を実践しそれが成功したことのある同僚を見つけて話し合う。あなたの学校でそのような同僚は何人も見つかるだろうが，あなたの所属する専門家のグループやオンラインを通して見つけることもできる。
3. Web検索で，優れたパートナー方式の実践例を探す。YouTubeやSchoolTube，TeacherTubeといったWebサイトから始めるのが最適である。Googleなどのサーチエンジンも良い情報源である。たとえば「クエスト型学習（question-based learning）」，「問題解決学習（problem-based learning）」，「探求学習（inquiry-based learning）」，「生徒中心学習（student-centered learning）」，「チャレンジ学習（challenge-based learning）」，「構成主義（constructivism）」などのキーワードを検索語として試してみてほしい。
4. 教える必要のある題材や課題を取り上げ，適切なパートナー方式のための質問集を作成する。質問作成の基準は，もしすべてに答えられたら，その題材についての理解は十分であり，その生徒がどの試験でも良い点が取れるようにすることである。質問には事実を問うものもあっても良いが，答えが複数あって発想を膨らませることが求められるものの方が良い。たとえば，「コロンブスが最初にアメリカに上陸したのは何年でしょう？」といった質問よりも，「15世紀に世界を探検していたのはコロンブスだけでしょうか？　他に誰が探検していたでしょうか？　なぜ探検していたのでしょう？　彼らは何を見つけたでしょうか？」といった質問が望ましい。
5. パートナー方式のための質問の答えを見つけるためにどのような動詞スキルが求められるかを，できれば生徒と一緒に考える。質問に答えるために生徒が何かに取り組もうとする際，どのように促していけば

良いだろうか？
6. 上の動詞スキルと関連する名詞ツールについて考える。あなたの生徒は，どのくらい多くのツールにアクセスできるだろうか？
7. あなたなら，生徒の回答を自分や生徒の同級生とどのように共有させるだろうか？ どのような種類のフィードバックや批評，討論が考えられるだろうか？

以上のようなことについて授業の前後に繰り返し考えること，そして，うまくいったことといかなかったことを踏まえてこれから担当するクラスで活かすこと，そうした実践の積み重ねが，あなたをパートナー方式の教授法のエキスパートにしてくれるだろう。

■ パートナー方式の教師のエキスパートになる：レベル5への到達

　上達しているとか，熟達しているとかいうことは，どうすればわかるだろうか？ メトリック（metric）（訳注39）やルーブリックを使えば，あなたと生徒が，従来の教師が解説・説明するだけの教育から新たなパートナー方式の教授法へとどのように連続的に移行しているのか，比較的客観的な方法で判断できる。（図9.1 参照）。

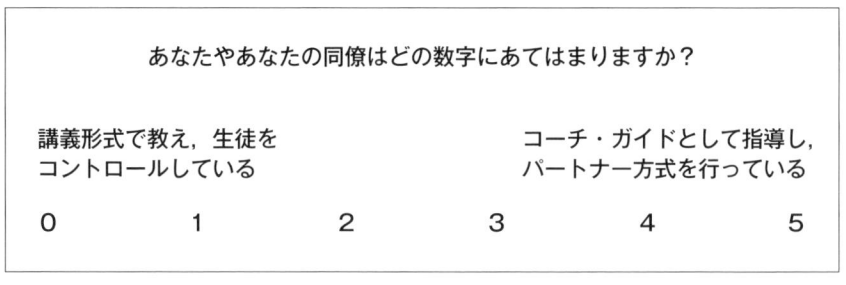

あなたやあなたの同僚はどの数字にあてはまりますか？						
講義形式で教え，生徒をコントロールしている					コーチ・ガイドとして指導し，パートナー方式を行っている	
0	1	2	3	4	5	

図9.1　教授法の連続的移行

以下は，あなたがどの位置にいて，あなたと生徒がパートナー方式に向かってどのくらい進むことができているのか，その段階を見極めるための6つのレベルの定義を，教師用と生徒用について示したものである。

教師用パートナー方式レベル	
レベル0	講義形式の教育（解説・説明，直接的指導）のみを行い，生徒の実践はすべてワークシートによるものである。
レベル1	講義形式に加え，動画やDVDなどの他のプレゼンテーション形式が定期的に取り入れられている。生徒の主たる実践形式は，ワークシートのままである。
レベル2	電子黒板，パワーポイント，動画を用いて講義を行う。ワークシートに加えて，教室もしくはパソコン室におけるパソコンを使った活動や調査ベースの活動が取り入れられている。
レベル3	講義は必要最低限，できるだけ短めにするように努める。生徒は教室でさまざまな活動を（多くはパソコン上で）行う。
レベル4	ある題材についてパートナー方式が実践される日がある（パートナー方式のための質問が与えられて，生徒は自分で課題に取り組み，それに続いて発表と討論を行う）。授業で扱う内容によっては，講義，解説，ワークシートが用いられることもある。
レベル5	すべての教育がパートナー方式を通して行われる。指示するときにも，一方的に説明したり講義を行うことはしない。生徒はつねに自分自身で，もしくはグループで作業を行い，つねに明確な目標を持ち，さまざまなツールを用いて定期的に目標を達成する。討論と批評は生徒主導で，全員参加のもとに活発に行われる。

生徒用パートナー方式レベル	
レベル0	生徒は教師の話を聞き，ノートを取り，宿題を期限通りに提出し，数多くの試験に合格することが求められる。
レベル1	生徒はレベル0での活動に加え，話を聞くだけに終わらない何らかの活動に従事する。
レベル2	生徒は少なくとも時間の半分を使ってパートナー方式の活動に従事する。すなわち，パートナー方式のための質問を選び目標を設定する。また，教師から提供された一覧の中から活動を選択する。

レベル3	レベル2の活動に加えて，生徒は次の授業について教師と話し合い，パートナー方式のための質問の作成を手伝う，活動内容やツールの使用について提案する，自身で調査をするなどの活動を行う。このレベルでも，話を聞き，ノートをとることはある。
レベル4	生徒には，パートナー方式のための質問を見つけたり作成したりする，調査しプレゼンを行う，独力で，必要なときはグループで，自らデザインしたプロジェクトを成し遂げる，そして批評や討論を先導する，またはそれに参加することが求められる。
レベル5	レベル4の活動に加えて，生徒は教師が授業をデザインするのを最大限手助けし，必要なときはいつでも他の生徒を指導する。

レベルの上昇

　教授法を変えようとするときには，定期的に（1，2ヶ月に一度）その進歩を評価することが重要である。それには，クラスで討論するのが有効である。その際に教師と生徒がチェックの目安とするのは，一つはそれぞれの授業で教師が行う講義，解説・説明，および直接的指導の量であり，もう一つは生徒自身が行った活動や学習に対する生徒の満足度と能力である（これらをグラフで表すのも良い）。

　あなたと生徒のレベルが上昇するにつれて，その進歩をきちんと認識することが重要となる。そのためには，あなたと生徒がいかなる進歩をとげ，どんな特別なスキルを獲得し，どんな目標に到達したかについて記述し記録する短い動画を作成し，それをWebにアップロードすることで共有するのが良い。それをあなたの同僚が見られるように投稿してほしい。

継続的向上の必要性

　前述の表では，レベル5（すなわち，「最高」レベル）を到達目標としているが，プロと呼ばれるほとんどの人は，本当に重要なスキル（これまで述べてきた動詞スキルにしろ，教授法にしろ）を身につけるには，しばしばキャリアや人生すべてに渡るほどの時間がかかることを理解している。たとえば，偉大な音楽家は決して向上しようとすることを止めない。彼らは人生を通して，練習し，一人でもしくは他人と演奏をし，熟練した演奏家や教師のレッスンを受けることで向上し続けようとしている。偉大なアスリートにしても同様である。

世界一のゴルフプレーヤーと称されて異論はないであろうタイガー・ウッズの場合，彼にとって不利となる欠点を克服するために，スウィングフォームを一から作りなおしたこともある。事実，どんな分野においても，その頂点にいる人は決してすべて学び終わったとは考えないし，さらなる向上を止めようとはしない。ミケランジェロは，死の直前に描いたデッサンに「Ancora imparo（私は今でも学び続ける）」と書き残している。

　教育も同様であり，そうでなければならない。教育とは1，2年精を出せばその後は惰性で乗り切っていけるようなものではない。特に，パートナー方式は，長いキャリアを通して学んでいくべきスキルである。パートナー方式の教師は，分単位，授業単位，年単位で絶えず向上を目指す必要がある。

　それには，いろいろなクラスを訪ねたり，あるいは研修に参加したりすることが最良であると考える人もいるかもしれない。そこで得られる知識や経験の質についてはさまざまであるにしろ，確かにそれが役立つこともある。しかし，他からの支援をあてにするだけでは十分でない。パートナー方式のどの教師にも，改善に向けて自分自身で取り組むことのできるステップは数多くある。

PARTNERING TIP ▸▸▸ **パートナー方式のヒント**

　教育に関する専門的な話題を扱う会議（特に，何らかのテクノロジーについてのもの）に出席する際，あなたの生徒を同行させるようにしてほしい。できればあなたが知る範囲で最も利発な生徒を連れていってみてほしい（それが自分の子どもであっても良い）。生徒をそばにおいておくことで，彼らに質問したり，彼らにあなたの手助けをしてもらったり，生徒の見方に触れることのできる機会が数多く得られ，一人で出席していたり，同僚とばかり一緒にいるときとは違った考え方を得ることができる。

　リアルタイムでできなければ，さまざまな通信用ソフトウェアを介して生徒（またはクラス）と連絡を取り合うことにより，仮想的にこれを行ってほしい。このやり方については，生徒や学校の技術コーディネーターに尋ねてほしい。生徒や技術コーディネーターは，会議で学んだことを動画やブログなどにまとめ，後でそれを会議に出席していない同僚やクラスの生徒と共有し，提言を求める。

向上のためのさらなる方法

　パートナー方式の教師として向上するためにすべきことは数多くあり、つねに最適な方法を探しながらそのすべてを行えば良い。以下、いくつか補足提案をしよう。

驚きを感じよう

　私たち教師は、教室では、「驚かない！」ということをしばしば暗黙のモットーとしている。あらかじめできる限りの準備を整えておいてすべてをコントロールできるようにしておけば、ものごとはより容易にスムーズに進むだろう。しかし残念なことに、それは必ずしも最良の学習方略ではない。なぜなら、私たちは概して、コントロールしない時に、そして驚きを感じた時に、最も学ぶからである。

　生徒に向かって、恐れずに「先生を驚かせて！」と言ってみてほしい。生徒がどのようなツールを選んだか、パートナー方式のための質問にどのように回答したか、どのような反応が返ってきたかなどのいろいろな点で生徒に驚かされるだろう。生徒は、パートナー方式のための質問に答える際の自分たちの創造性や創作力に教師が深く喜んでくれることに気づくと、次はさらなる創造性を発揮したいと思うだろう。

自身のための目標設定

　人間は概して、達成すべき目標を設定したときに最も進歩するものである。20年以上前に、スティーブン・カヴィー（Stephen Covey）は、人間を有能にする要因をつきとめようと試みた。彼の方法論は、私が現在生徒に対して用いている方法と同様のものであった。すなわち、多くの生徒と話をし、彼らが言うことの中から共通性を探すことである。今やよく知られた、そして非常にお薦めの彼の著作『7つの習慣』（*The 7 Habits of Highly Effective People*）で挙げられている「習慣」の一つ目が、「目的を持って始める」である。これは、彼が言うには、何かを始める時にはいつでも目標を持ち、視覚化するというこ

とである。パートナー方式の教師として向上のために目標設定を行う方法は，前述のレベル0-5の連続したリストの段階を踏みながら，レベル5に向かって継続的に進む努力をすることである。レベル0（もしくはあなたの現在地）からレベル5への移行は一気に起こるものではないため，1セメスターもしくは1年に1レベルずつ進むといった中間的な目標設定が適切かもしれない。目標を達成するには，それは現実的で実行可能なものでなければならない。

生徒・同僚からフィードバックを得る

　向上するための確かな方法は，自分の実際の行いについて正確で建設的なフィードバックを得ることである。それにはいくつものやり方がある。

1. 生徒に尋ねる。以下に示すような具体的な質問が良い。
   - 先生は教えるときにしゃべりすぎだと思いますか？
   - 先生のやることで一番好きなことは何ですか？　逆に一番好きでないことは？
   - 授業への不満はどんなことですか？
2. 信頼できる同僚に授業を観察してもらい，フィードバックを求める。彼らには，以下のように尋ねる。
   - 私が気づかずやっていると思うことは何かありますか？
   - 私が向上するために具体的にできることは何ですか？
3. 授業の様子を，誰かに教室の天井にワイヤレスビデオカメラをセットしてもらったり，教室の後ろに三脚を置いてもらったりしてそっとビデオに撮る。これは，あなたがカメラの存在を忘れ，普通に授業ができるくらいまで頻繁に行われなくてはならない。それを観るときは，できれば同僚と一緒に観て，学んでほしい！（誰でも，特に最初は，自分をビデオで観ることは恥ずかしいが，賢明な人はそれを乗り越える。）
4. 生徒にあなたのことをビデオに撮らせる。彼らは撮影してくれるだろうが，あなたが自身で見るときは，彼らに見せてくれるように聞いて頼むこと。

退屈させないように

　私が話したことのあるすべての生徒が，授業で退屈な時間があることを報告しており，そのほとんどが授業時間の半分以上が退屈であると感じているという。しかし，すべての授業，もしくはすべての教師についてそうであるわけではない。したがってここでは，授業を退屈させないよう工夫をすることを勧める。

　授業を退屈させないとは，授業でより優れたパフォーマーになることとは違う。「生徒の前で側転してみせることはできる。だけど，そんなことしたって何の助けにもならない」と，嘆くある教師がいる。生徒をもっと確実に引きつける方法は，パートナー方式をうまく行い，生徒をもっと授業に参加させ，生徒一人ひとりの違いを大切にし，できるだけ多くの生徒にテクノロジーを使用させることである。

　例によって，まず，教室での退屈な時間をなくするためにどうしたら良いのか，生徒と話すことを勧める。何を退屈だと思ったか，生徒が退屈せずにあなたの望む目標に達する方法は何か，生徒に意見を求めてほしい。すべての生徒に意見を聞くことを忘れずに。

　第二に，オンラインで独自に調査することである。＜退屈（boring）＞や＜退屈な授業（boring class）＞といったキーワードで検索し，見つかった動画を見てほしい。きっと啓発されるに違いない。

　第三に，生徒の情熱や関心の源について立ち返り再考することである。生徒個人あるいはグループの情熱や関心を促すことで彼らを引き込む方法をつねに考えてほしい。あなたの試みがうまくいっているかどうか，生徒からのフィードバックを得るのを忘れないこと。

　第四に，生徒の学習が，彼らにとって関係性があるというだけでなく現実的なものにするにはどうすれば良いか，改めて考えてみてほしい。

　第五に，特に授業のはじめに，＜クラスの温度を測る＞こと，すなわち，生徒が退屈しているかそうでないかを見抜くことである（すべての授業中に行う）。前述したように，このことは生徒に赤か青のカードを挙げさせることで簡単に行うことができる。

　最後は，反復である。試すことすべてがうまくいくわけではないので，あな

たと生徒は絶えず新たなアイデアを考えることになるだろう。

　教師と生徒がパートナー方式の教授法を受け入れ，適応しながら進歩していくに従って，向上した結果がほぼ確実に目に見えてくるだろう。しかし他方で，私たちは数字や形式的な評価に支配された世の中を生きている。生徒をより良く教育するという目標へ向かって私たちが前進していることを，数字や評価によって示すことができたら，それが合理的になされるのであれば悪いことではない。最終章では，生徒，教師，管理職，さらには保護者の評価について，それがパートナー方式において，もしくはパートナー方式に対してどういう意味を持つのかについて検討したい。

10

パートナー方式の教授法における評価

考えてみよう

1. 一般に，評価の役割とは何か？ パートナー方式の場合はどうか？
2. パートナー方式の教授法の生徒を対象にするとき，どういう評価方法が最適か？
3. 教育に参画する全員を対象として到達度を評価するにはどうすれば良いか？

Guiding Questions

　パートナー方式の生徒の評価について話を進める前に，視点を一段高くして，そもそも何のために評価があるのかを少し考えよう。実は現代の評価のほとんどは，序列化と比較のために行われている。たとえば試験が実施されると，その結果は誰が進んでいて誰が遅れているかを明らかにすることから，個人や学校，ときには国のランキングにも使われる。そしてほとんどの場合，そのランキングの根拠となるのは，クラスや地域，都市などの平均点である。

　こういう比較は，管理者や政治家が喜ぶ。彼らは平均点が上がるのを見たがるからである。ランクの低い学校が高いほうに上がるのを見たがり，年々適切に前進する様を見たがる。この比較はまた，入試責任者にも歓迎される。入試といっても，大学入試や軍の入隊試験，会社の入社試験など幅広い入試のこと

である．実際，入隊試験が標準化されたのは第一次世界大戦の時である．

　しかし，こんなことが本当に生徒一人ひとりのためになっているのだろうか？　私が見る限り，少なくとも直接的には，ためになっていない．生徒個人の関心は，自分のクラスの成績が良くなったかどうかではないはずである．ましてや，クラスの他の人々に対して相対的に自分の成績が上がったか下がったかでもない．本当は次のような問いへの答えこそが，各生徒の一番の関心であるべきである．私は向上しているのか？　ちゃんと学んでいるのか？　スキルは上達しているのか？　将来への準備はきちんとできているのか？　どんな仕事に就くのが良いのか？

■ 有用な評価

単なる総括的・形成的評価を超えて

　評価と呼ばれているものには通常，総括的評価と形成的評価がある．総括的評価は試験の評点や得点だけによるもので，その点数以外には生徒へのフィードバックはない．序列化や比較に使われる評価とも言える．ある種の目的には有用であろうが，生徒にとっては自尊心を高揚させたり，しばしば逆に凹ませたりする以外の効用はほとんどない．

　もっと有用な評価方式は，形成的評価と呼ばれるものである．この評価では，生徒をいろいろな意味で改善に向かわせるためのフィードバックが伴う．それに使われるのは，コメントが記入されたレポートや試験である．多くの形成的評価で問題になるのは，フィードバックが届くのが遅すぎたり，生徒のやる気や意欲を改めて呼び起こすには程遠いフィードバックだったりすることである．このため，教師の多大な努力により採点され返却された宿題や試験ではあっても，それだけでは生徒の向上に結びつくことはほとんどない．この評価が真に形成的評価となるのは，フィードバックが実際に読まれ，検討の対象となり，それに基づいて行動が起こされたときだけである．

イプサティブ評価

　この他にも有用な評価方法がいくつかある．その一つがイプサティブ（ipsative）評価と呼ばれるものであり，自己ベストを破るようなことに注目した評価である（原注25）。そのため，たとえばスポーツで使われる。通常，誰かから点数や評語が与えられるわけではない。自分の出した結果だけが問題になる。改善とは単に以前より良くなることである。すなわち，より良いタイム，より良い得点など，そのスポーツで競争の対象になっている事項の向上である。改善度は厳密に計測されなければならない。自己ベストから1/10秒，ときに1/100秒を上回るために大変な努力をするからである。たとえば野球の打率や防御率などのように，統計データや記録は個人の能力を表すものとしてきちんと管理される必要がある。

　実は，学校教育でもイプサティブ評価めいたものは実施されている。「成績を上げよう」，「次の試験では良い点を取ろう」などの標語がそれに該当する。それを教師や学校が唱え，通知簿に記載した例はあるものの，一人ひとりのスキルにまで分け入って実施された例はほとんどない。パートナー方式の教師がこれをやれば確かに有効であろうが，求められることは非常に多い。たとえば複雑なビデオゲームでは，プレーヤーがもっと上達するにはどんなスキルが足りないのか，彼らがどの水準にあるのかの正確な情報も与えられ，ゲームの各レベルに応じてつねに向上への努力を促してくれる。このようなことと同等以上のことが，パートナー方式の教師に求められることになる。

ピア評価

　別の有用な評価としてはピア評価が挙げられる。これは，生徒の成果をクラスの他のグループや，別の学校の生徒に評価してもらう方式である。ピア評価の利点は2つある。一つは，自分たちの仕事には聴衆・観衆・読者がいて，注目されているのだという自覚を生徒に与えることができる点。もう一つは，同級生や他の生徒の仕事に対する鑑賞眼を涵養できる点であり，これはまた，自分の仕事が全体の中でどう位置づけられるのかを見る力にもなる。

　ピア評価はディジタルテクノロジーを使えば容易に実施できる。作品をネットワーク上にアップロードすれば，ピア評価はうまく機能する。生徒は，同級生や他の学校の生徒の作品を見てフィードバックを返せる。ブログやYouTubeなどの共有サイトに作品をアップロードして他の生徒のフィードバック

> **要チェック！**
> ピア評価についての情報：
> www.tnellen.com/cybereng/38.html
> www.tnellen.com/cybereng/peer.html

を募集することは，こんにちの生徒にはたやすいことである。コメントはネットワーク上で公開することも可能であることから，「隣の席の人と評価用紙を交換しましょう」的な伝統的な手法を超えた価値を持つピア評価になりうる。

現実世界評価

互いに対等の仲間として生徒が指し示すものを全地球上に拡大し，ネットワーク上で公開されたパートナー方式のクラスの作品に対して，他のあらゆる学校・街・国にいる生徒がコメントできるようにするのが，評価の＜現実世界＞

> **要チェック！**
> フィードバックを期待して自分の動画をアップした語学学習者たち：
> www.youtube.com/watch?v=G8RCVgE1CjQ
> www.youtube.com/watch?v=VYbUjgbjzCE

化である。生徒はこういう全世界からのコメントを歓迎する傾向にあり，自分で個人的に実施している人もいる。ブログの記事には世界中からコメントが来るし，どの記事にどれだけの数のコメントが寄せられたかもわかる。たとえば学生がハウツーもののビデオを制作してインターネット上にアップロードしたとき，作品に対するコメント

を得ること自体が学びへの重要な評価となる。そして同様に重要なのは，ビデオ作品をそのように蓄積することで，他の人々がその作品を利用できるようになることである。自分の発達途上の語学能力をYouTubeに載せ，コメントを求める学習者たちも多くいる。

現実世界評価と同じタイプの評価はビジネスでよく用いられ，「全方位評価」と呼ばれている。これはある個人の仕事の評価を，上司や同僚だけではなく，部下たちにも担わせる方式である。教師に対して同じような評価方式をとるとすれば，毎年，管理職に加えて同僚や生徒にも評価してもらう形になるだろう。

このような実世界ピア評価を古くから利用し，成功を収めてきた分野が2つ

ある。美術制作などのスタジオアートと建築である。この分野の教育プログラムでは，定例講評会（時にシャレットと呼ばれる）を開くのが典型的で，各学生の作品に対して建設的なフィードバックとなるよう留意しながら，学生も教員も対等に意見を述べる。作品に対するこのような講評会を定例的に開くことで，学生は作品をより良くするための敬意を込めた批判を受け入れることを覚えるだけでなく，他の作品に対する批評眼を養うことができる。この種の評価方式がいろいろな教科でもっと使われるようになれば，教師にも学生にも有益であろう。

本物の聴衆・観衆・読者を前提に制作・執筆しているという自覚，そしていずれナマのフィードバックや評価を受け取ることができるという事実を認識するだけで，生徒には自分の作品の質を向上させる強い原動力となる。多くの教師はこの現象を目の当たりにしてきた。

> **要チェック！**
> 講評会に関するガイドライン：
> http://artsedge.kennedy-center.org/educators/how-to/tipsheets/student-critique.aspx

自己評価

有用な評価方法としてここで議論するものの最後は，自己評価である。私は，自己評価はここまで挙げた中では最も重要な評価であると考えている。残念ながら，教室で実施されることはほとんどない。自己評価というものが決定的に重要なのは，生徒が今後の人生で自分の行動をきちんと律するためにぜひとも必要とされるからである。彼らは将来，仕事のことで毎年評価を受けるかもしれない。そのとき彼らに必要なことは概ねただ一つ，自分に向かってこう語りかけることである。「私の弱点はこれ。どうしたらこれを改善できるだろうか？」このような自己評価をいつ，どうやって行うかを生徒に理解させれば，その理解度に応じて彼らは一層向上できるのである。自分の到達度を判定する者が教師や外部の権威者だけという状況では，自分の位置づけを自分ではわからず，将来の改善策もわからず，途方に暮れるのみとなるだろう。

ツールを考慮した学習者の評価

　パートナー方式において評価の議論をする際，述べておかねばならないことがもう一つある。それは，パートナー方式の生徒は，彼らが使うツールとともに評価される機会がもっとあって良いという点である。つまり，全員が同じツールを使用することを認めたうえで，できれば毎日使用する電卓，コンピュータ，携帯電話などの使用を考慮したうえで，評価してほしいという意味である。21世紀では，生徒はディジタルテクノロジーに基づいたツールにいくらでもアクセスできるし，それらのツールを統合して学習過程に組み込むこともできるので，評価の際にこれらのツールを生徒から奪い取ることにはほとんど意味がない。心音検査を頼まれたのに，聴診器を使わない医師をいったい想像できるだろうか？

　たとえば電卓やコンピュータは，生徒がその適切な使い方を身につければ，彼らの数学の力を伸ばす。これはほとんどの数学教師が最終的に気づくことである。評価の際にこのようなツールを許容することの利点は，教師と生徒双方の学習の焦点を，単なる暗記や機械的なアルゴリズムではなく，計算というものの本質に絞らせる効果がある点である。もちろん，このようなツールの持ち込みが許されない試験もあるが，変革の方向性は明らかである。

　ツールに関して，上記と似たような変革の傾向は他のあらゆる教科で起こりつつある。小テストや試験のときに，生徒にコンピュータまたは携帯電話（あるいは両方）の使用を認めようという教師が増えつつある。ただし，生徒が簡単に調べられるような事実を問うだけの試験，もしくは結論を支持する事実や証拠をWebから集めれば事足りるような問題だった場合は，ネットワークへのアクセスが平等という条件のもとで解答の速度や効率を計測する試験でない限り，無意味なだけのものになる。しかしディジタル・ツールは間違いなく，生徒が自分の理解度を証明する能力を強化するものである。むしろそのような理解度を計測する試験こそが望ましい。

　明らかなことではあるが，このような変革が日常のものとなるなら，カンニングなど現在の不正の定義は変更を求められるであろう。またこれらのツールを認めるために許容しうる利用範囲に関する定義も必要になる。しかし，これは別に悪いことではないし，新しい現象というわけでもない。数多くの大学や

高等学校では，ここ数年，ある種の試験でツールの使用が認められている。いわゆる本持ち込み方式の試験(open-book tests)は標準的なものである。だからこそ，携帯電話持ち込み方式の試験(open-phone tests)があっていいし，すでに実施している学校もある。

> **PARTNERING TIP　　　　　▸▸▸パートナー方式のヒント**
>
> 　ツールの使用を許可した上で生徒を評価することが望ましい状況とはどのようなものか，考えてみよう。同じことを生徒にも問いかけてみよう。彼らは賛成するだろうか？　そのような評価がもたらすさまざまな問題点をどう解決するだろうか？
>
> 　あなたとあなたの生徒は，携帯電話持ち込み方式の試験についてどう考えるか？（第6章，「携帯電話」の項で述べた生徒（p.166）のことを思い出してほしい。私の講演中に，ある高校生はこう教えてくれた。「先生たちが単に知らないだけだろうけど，僕たちの試験のほとんどは携帯電話持ち込み方式だよ。」）この件であなたとあなたのパートナー方式の授業で生徒と実験を行うことを考えてみよう。携帯電話持ち込み方式の試験問題を作り，実施してみてほしい。そして結果について討論し，より効果的なものにするために何度か繰り返してみよう。

■ 生徒の到達度評価

これまでの議論でおわかりのように，パートナー方式の生徒を評価するための最善の方法は次のとおりである。
- 必要かつ有用なフィードバックを生徒に提供する（形成的評価）
- 自己ベストの更新に向けてつねに激励する（イプサティブ評価）
- 他の対等な生徒からフィードックをもらい，彼らにフィードバックを提供する（ピア評価）
- 世界中の人々から評価してもらう（現実世界評価）
- 自分で自分の到達度を評価させる（自己評価）
- ツールの使用を許可する（21世紀の評価），そして

- 外の世界の人々を納得させるため，必要上普通の試験を行うこと（総括的評価）。

評価に伴う不安について

　パートナー方式と評価に関して，教師と管理職と生徒の保護者がよく述べる不安の第一は，この新しい教育法で学んだ生徒は，従来の標準化された試験では良い成績を得られないのではないかというものである。第二はこれに関連するもので，生徒がこれから行おうとしている，類例のない新しいこと，そしてパートナー方式を通じて学ぼうとしている動詞スキル，これらすべてが結局は身についていないのではないかという不安である。スキルに試験がないからという理由で。

　これらの不安のうち，第一に挙げたものは的外れである。第二に挙げたものは少なくとも部分的には当たっており，そのことを考慮して対応しなければならない。

　標準化された試験では良い成績が得られないのではないかという不安を的外れと指摘した理由は，成績を知りうる立場にある人々と話をすると，その誰もが逆のことを言うからである。実に多くの教師や校長（そのほとんどは，パートナー方式が広く実践されているチャーター・スクールの教師や校長）が，パートナー方式の生徒は試験で他より良い成績を得ていると表明している。それは，生徒が学びに集中できているからである。この件について，系統的で定量的なデータを誰かが収集したという事実はまだ知られていないが，それはぜひやってみるべきであろう（ただし，あまりあからさまには触れられないことだが，定量的なデータは自分の主張を支持するために簡単に操作できることに警戒すべきである）。

　一方，重要なスキルが身についたかどうか計測できないのではないかという第二の不安は，的外れではない。なぜなら現時点では計測できていないからだ。パートナー方式での動詞スキルの学びすべてについて，スキル本位の学習に対応できるよう，すべての評価を拡張し改良する必要がある。＜21世紀のスキルのためのパートナーシップ＞（www.p21.org）などいくつかの組織では，さまざまなスキルを評価し計測するための方法を検討中である。パートナー方式

の教師は，評価手法についてのこのような開発動向に注意を払ってほしい。

教師の到達度評価

　パートナー方式のスキルに関して，教師が行う自己評価についてはすでに触れた。前章で，教師がパートナー方式に向けた連続的移行状態（または到達度の尺度）のどこにいるかを見極め，次に進むゴールをどう設定するかについて述べたが，その中でのことである。私は，自己評価は最も重要で最善の評価であると信じているので，それ以上のことを言う必要はないだろう。パートナー方式の教師は，少なくとも年に一度は，パートナー方式の規準に照らして自己評価を実施してほしい。ただし，自己評価を行っているという事実を関係者に知らせることも大切である。管理職にはもちろん，おそらくは生徒やその保護者にも知らせるのが良い。また，自分以外の他者，特にパートナー方式の生徒による評価と自己評価が調和しているかどうかを確認することも重要である。

　ある種の色彩（他意を疑われない無難なものが良い），もしくはシンボル体系を使って，皆がその色やシンボル体系の中でどの位置にいるかを知ることによって情報を共有することができる。たとえば教師と生徒が虹の外側から中心に向かって，到達が難しい紫を目指すという設定で，6段階のパートナー方式レベルを赤，橙，黄，緑，青，藍と呼ぶことにする。こうすれば，教師も生徒も色を表示することで，次に到達しようとするレベルを認識することができる。

　パートナー方式におけるこのような色彩体系のもう一つの機能は，前進に手助けが必要な者を発見しやすくすることである。これは二人一組のような形で進められるのが良く，その際に自由意志でなされるのが最上なのだが，進度があまりに遅い場合はそうするよう指示を出したら良い。

　もちろん，パートナー方式の物差しに沿った進展が重要なのであり，その進展の過程でつねに＜良い＞教師が求められているわけではない。良い教師と呼ばれる理由はさまざまであり，パートナー方式の能力は，それ自体重要ではあるが，それらの理由の一つでしかない。実際，教師には他にも大事な資質がある。たとえば，生徒に共感する力，つまり，子どもたちを好きになれる力，担当する教科や分野に関する知識や情熱だけでなく，つねにその分野の最新情報

を持ち合わせる力，そして同僚，管理職，生徒の保護者を含むすべての関係者を見渡し，それら全体の中で考えることができる力などである。教師は多くの資質を備えているであろうが，すべてを獲得するには相当の努力を要する。それはゴルフとよく似ている。プロのゴルフ選手が大きなトーナメントで優勝するには，実にさまざまなスキルを要する（ドライビング，チッピング，パッティング，集中力，プレッシャーの中での判断力など）。プロの教師は，プロゴルファーと同様に，＜一人前の職人＞である。アマチュアより遥かに優れているのは当たり前のことであり，それでもなお一層の進歩を目指して日々努力する存在である。

　パートナー方式の教師のスキルは，生徒にとってきわめて重要であることから，すべての教師はそのスキルを鍛える努力を怠ってはならない。パートナー方式における到達度評価は，設定した到達度と実際の到達度の対比という形で，教師の年次評価の一部として実施したら良いという意見がある。それが公式に実施されるかどうかは学校や自治体次第であろうが，検討する価値はある。

■管理職の到達度評価

　アメリカ合衆国の教育システムを機能させる方法があるとしたら，教育上のゴールとしてのパートナー方式を支えるあらゆる会議に管理職が入ることである。私はよく，＜改心した＞管理職のグループにそう言っている。改心した管理職とは，子どもたちの言うことに耳を傾け，未来を見つめ，それに向かう熱意を持った人のことである。一方，この本に書いてあるようなことを達成しようと頑張っている教師からは，管理職から差し控えるよう言われているとか，少なくとも支持が得られていないという感想がよく聞こえてくる。

　そこで，パートナー方式の教授法を支持してくれる管理職を評価するシートのようなものを考えてみると，きっと次のような質問が並ぶはずである。

- 学校や自治体の管理職は，パートナー方式を進むべき道と信じているか？
- コンセンサスは得られているか？　そうでないなら原因は何か？
- 各教師がパートナー方式の連続体のどこにいるかを管理職は承知してい

るか？
- 管理職はどのようにパートナー方式を支援しているか？
- もっとパートナー方式に力を注ごうとしている教師を管理者はどのように支援しているか？
- 言うことを聞かない教師を改めさせるために，管理職はどのようなことをしているか？
- パートナー方式の生徒とその保護者を支援するために，管理者はどのようなことをしているか？

これらの質問に対する答えから管理職のパートナー方式への支援傾向がわかり，管理職を評価できる。問題は誰がこれを実施するかであるが，これは教育を管理する階層構造のすべての階層にわたって実施する必要があろう。

■ 保護者の到達度評価

言うまでもなく，子どもの教育にとって親は決定的な役割を果たす。こんにちの親は，時代の大きな変革に直面しており，多くの親は何をしたら良いのか，当惑している状態である。親は子のために最高のものを求めるので，教育についても望みうる最高のものを求める。しかし現代は何が最高なのか少しも明確ではない。子どもの教室で進行している変革が異論の多いものであることを見聞きした親が，次のように質問してくることは驚きではない。「どうしてこんなに変えるのか？ パートナー方式でうちの子は本当に大学に行けるのか？ どうして私たちが受けた教育と同じスタイルでうちの子にやってくれないのか？」

世界がどれほど変わったか，それとともに子どもたちがどれほど変わったかを親に気づかせるのは，パートナー方式の教師の仕事の一部である。また教師は親に対し，将来大人になった子どもたちが社会から求められることに応えるためには，親が受けた教育とは違うタイプの教育が必要であることに理解を求めねばならない。特に親が，自分の受けた教育が今なお有効と考えている場合は。

パートナー方式の生徒と教師は，どちらも親からの強い支持がなければ仕組みとして成り立たない。そこで私は，パートナー方式の教師に対し，親たちに次のように向き合うことを勧めたい。

- できるだけたくさんの親を巻き込むこと。そして生徒と同じように，彼らを教えているのだと思うこと。パートナー方式について討論できる会合を学校全体で開催してもらえれば良いが，学校が開催しなくとも，自分の生徒の親とは開けるであろう。そのとき，教師，生徒，管理職，親が参加する質疑応答のセッションを設けること。

- テクノロジーを最大限に活用し，自分が何をしようとしているのかについて親とコミュニケーションをとること。親がどのような言語を母語としているかにかかわらず，である。親に説明するための短い動画を制作しても良い。生徒が制作を手伝ってくれるはず。親がネットワークにアクセスできるなら，インターネット上にアップロードしても良いし，CDのようなメディアで渡しても生徒の携帯電話に入れても良い。生徒はその作品をブログなどに載せ，家や図書館で親に見せるだろう。ディジタル放送のテレビが普及しているので，これを使って見ても良い。

- 本書の内容を部分的なら親に配って良い。本書でなくとも，パートナー方式を支持する本なら何でも。さらに，学校や地域の図書館にその本を置いてもらえるよう動く。そして，それらの本を親に推薦し，パートナー方式だけでなく21世紀における生徒と学びの変容に関する記述を読むよう促す。

- 教室で自分が経験して良かったことをできるだけ親に話すよう生徒に促す。もし夢中になれることがあるなら，それも親に話すように勧める。またプロジェクトの一つとして，親と子の会話を教室でシミュレートすることも考えて良い。何らかの反対意見がある親に対して，子はどう応答したら良いか，生徒と討論することもできる。親を説得できるかどうかは，結局は子が学校に夢中になっているかどうかにかかっていると銘記してほしい。

- 親を教室に招き，生徒のチームに参加してもらう。これは実際にでも良いし，ネットワーク上で仮想的であっても良い。

親に対するチェックリスト

最後に，子を支援するにはどうしたら良いかについてのチェックリストを親に配ることを考えよう。これにより，子の学びをうまく支援しているかどうかの自己評価へと親を誘導できる。そのチェックリストには，全般的な自己評価項目とともに，次の項目に対する評価が含まれて良い。

- 子が話すことを聞いているかどうか
- 子を支援しているかどうか
- 子を励ましているかどうか
- 親と教師の会合，親同士の会合に参加しているかどうか
- 子との会話や学校への訪問を通じて，子の経験を共有しているか

このような評価では，さらに「親に頑張ってほしいのはこの項目」と生徒がチェックを入れる欄を設けても良い。

学校の到達度評価

パートナー方式を実践している学校はどう評価すれば良いか？ 最初に確認しておかねばならないが，学校に対する標準的な評価方法は，ますます標準化され，廃れる気配がないことである。つまりこれは，パートナー方式を実践しているかどうかとは無関係に，他の学校と同様の尺度で評価されることになる。ある意味で，これは悪くない話ではある。パートナー方式を全面的に取り入れた学校が増加するにつれて，何らかのポジティブな結果が増えることを期待できるからである。そのポジティブな結果には次のようなものが含まれる。

1. 試験の得点が上がる。
   パートナー方式が正しく実践されれば，生徒は，
   (1) 自分の取り組んでいることに夢中になれる
   (2) 自分の学びに集中できる
   (3) 学習の要点が明確なので，自分が必要としている知識も明確にできる
   (4) 自分自身だけでなく，グループのスキルを上げる演習ができる

ことなどから，非常に効果的な学習者になりうる。
2．生徒が制作した優れた作品が数多く展示される。オンライン上でも実際にでも。
3．成功事例を共有して協働する教師の数が，伝統的な学校に比べて増加する。
4．教師と生徒の関係（本質的にはパートナーとしての関係）が一層よくなる。

パートナー方式がうまく実践されれば，学校も教室も一貫して優れたものになるはずである。

国家や世界の到達度評価

アメリカ合衆国が教育で他国に遅れをとりそうになっていることについては，最近大変な議論があった。私は，この件の診断書にも提案された処方箋にも，全面的に同意できるほどの確信はない。比較のために行った試験のランキングや，アメリカ合衆国における高校・大学の卒業率が期待より低かったことが，この事態の原因と思われる。

この2つは有用なデータではあるが，だからといってそのデータですべてを説明できるわけではない。もっと悪いのは，教育の今後に関する処方箋を誤らせている点である。どうしてそう考えるのかは，以下の質問を考えてみればわかる。

- 2050年に，どの国でも良いが，たとえばアメリカ合衆国では，国際的な試験で確実に競争力がある人口が順調に増えているだろうか？　あるいは，問題解決のための21世紀のツールに精通した人口が順調に増えているだろうか？　後者は，どんな状況でも正しい行動の選択が可能で，自分でそうできるだけでなく，他の人々と一緒にも実行できて，創造的でつねに改善を伴う行動がとれる人口のことである。
- 2050年に，どの国でも良いが，たとえばアメリカ合衆国では，中学卒

業レベルの読み書きができる人口が順調に増え（難しいが達成できたと仮定しよう），しかもその誰もが少なくとも短大卒業の準学士，またはそれと同等以上の学位を持っているだろうか？　あるいは，年々複雑になるディジタルテクノロジーを意のままに確実に操れる人口は順調に増えているだろうか？　後者はある程度のプログラミングが可能で起業できるほどの人口のことである。

　どんな評価項目を見るかで＜遅れ＞をとっている状態も変わる。Time 誌の記事でスティーブン・ジョンソン（Steven Johnson）が指摘しているのだが，アメリカ合衆国は人の生活を変えるような重要なインターネット・イノベーション分野で他国を圧倒している。つまり，重要な分野ではこれからもこれまで同様，最先端であり続けなければならないが，他の分野では遅れをとって構わないという割り切りである。たとえば，旧式の学校の教材を学ぶことについて遅れていても，問題はないだろう。もちろん，学ぶ代わりに生徒が何をするかにもよる。しかし，教える必要があるとこんにち考えられている事項が，生徒が将来必要とする事項と重なっている保証は何もないし，ほとんどは，パレートの法則（訳注 40）によれば，80％ くらいはすれ違っているだろう。そのような事実にきちんと向き合うことはきわめて重要である。

　最後に提起したいのだが，どうして私たちは学びに関して国別の評価に固執し，世界全体を見ようとしないのか？　こんなことでは競争や勝負ばかりが助長され，21 世紀のテクノロジーがせっかく世界の垣根をはらおうとしているのに，世界を学ぶ機会を阻害することになる。教育は私たち全員が協調してレベルを上げるために努力する分野であり，それは決して自国民のためだけにあるのではなく，世界のすべての子どもたちのためにある。

おわりに
それほど遠くない教育の未来

> **考えてみよう**
>
> 1. どうすれば21世紀の生徒により良いカリキュラムを創っていけるか？
> 2. 成功裏に生きていくために生徒が学んでおく必要不可欠なスキルとは何か？
> 3. 将来の学校と教育のあるべき姿とは何か？
>
> *Guiding Questions*

　教育の大まかな歴史をたどると，ルネサンス期までは教育は主に家庭で与えられるか，徒弟制に基づくものであり，ごく一部の幸運な人たちだけが専門の教育者から個人指導を受けることができた。17世紀後半からの啓蒙時代には公設の学校ができ，地域が限られていたとはいえ，すべての人への教育という思想が根づいてきた。産業革命期には教育の標準化が実施されはじめた。20世紀には，評価基準が標準化し，試験による学力測定が始まった。そして，21世紀には教育にパートナー関係が入りつつある。これから先，さらに新しい教育のあり方が出てくるだろう。おそらく，生徒の完全に自学自習になることもあれば，彼らの好みに応じてオンライン上でのグループ学習が始まるかもしれない。

この流れは，若者が徐々に社会の体制から解放されてきたことと一致しており，特に西欧諸国の女性解放の歴史と共通点がある。まだそれほど離れていない過去の一時期まで，世界の人口の半数を占める女性は，多くの面で重視されるどころか考慮さえされなかった。これは今では，少なくとも西欧諸国では，大きく変わったが，世界全体でみれば，まだ課題が多く残っている。

こんにちでは，また別の意味での世界人口の半分である25歳未満の人たちの意見もまともに考慮されていない。しかし，これは急速に変わってきている。ディジタルテクノロジーの到来と普及により，現代世界では若者も年配の人たちと同等に現実的な社会貢献ができるようになった。それと同時に，パートナー方式の教育が示すように，年配の人たちが若者から学ぶという今までにない形式で，人と人が社会で関わることができるようになった。若者と年配者が相互に尊重し合うという新しく作られた関係が，私たちがこれから進んでいく道であることは明らかだ。

このように考えると，大きな問題が2点残っていることがわかる。
1．生徒が将来のために学ぶ必要があることは，とても多くの点で，現行の教育内容とは違う。
2．将来の教育は1ヵ国の問題ではなく，世界中の問題である。

以上を踏まえ，おわりに将来に向けた私の考えを述べていきたい。

■ 新しいカリキュラムは，どうあるべきか？

21世紀に必要不可欠なスキル

すでに論じたように，今は，工業化の時代からさらに個別化が進んだ時代に移りつつあるため，個人の情熱がとても重要になっている。しかし，当然のこととして，自分の情熱を見つけ，認識するだけでは十分ではなく，その情熱を教師に理解してもらったとしても，21世紀の時代に成功を収めることにはならない。そのためには，生徒が自分の情熱を基に成功への動機を高めることができるようにする必要がある。これには，21世紀の時代に関連が深く，役に立つスキルを身につけなくてはならない。

このスキルとは何か。それは私たちが今，生徒に教えているものだろうか。

これまでの章で見てきたように，私が考える21世紀のスキルとは，次のように動詞スキルに焦点をあてたものである。

21世紀に必要不可欠な5つの高次スキル

目標
　自分の能力の限界まで自分の情熱を追求できるようになること

　この目標の達成には，未来がどのように変化しても，それぞれ個人が，次の1から5の高次スキルと，各高次スキルに付随するa～eの計25の下位スキルを身に付けなくてはならない。
1．何をすることが正しいことかわかるようにすべし。
　a. 倫理的に行動せよ。
　b. 批判的に考えよ。
　c. 目標を定めよ。
　d. 良い判断力を持て。
　e. 良い決断ができるようにせよ。
2．実行力を持つべし。
　a. 計画を立てよ。
　b. 問題を解決せよ。
　c. 自分で進む方向を決めよ。
　d. 自己評価せよ。
　e. 反復せよ。
3．他の人たちと協調せよ。
　a. 率先力を持て。
　b. コミュニケーション，つまり意思疎通ができるようにせよ。特にテクノロジーを使って個人間またはグループ間の相互作用ができるようにせよ。
　c. プログラミングなど，機械との相互作用ができるようにせよ。
　d. 世界中の人たちとコミュニケーション，つまり意思疎通ができる

ようにせよ。
    e. 文化圏の違う人たちとコミュニケーション，つまり意思疎通ができるようにせよ。
4. 創造的に行動せよ。
    a. 適応力を高めよ。
    b. 創造的に思考せよ。
    c. 実験的な試みでデザインせよ。
    d. 遊びの心を持て。
    e. 自分の発言を持て。
5. つねに改善せよ。
    a. 熟考せよ。
    b. 周囲の人たちに刺激を与える存在になれ。
    c. 用心深く賭けに出よ。
    d. 長期的に考えよ。
    e. つねに学習して向上心を持て。

　もし小学校から始まるすべての教科に，これらの知的スキルを組み入れ，生徒に何回も繰り返し，何をすることが正しいことかわかるようにし，実行力を持たせ，協調性を培い，創造的に行動させ，つねに改善するように導いていけば，生徒は卒業するまでに，これら必要不可欠な知的スキルを何千回と練習することになり，ものごとを効果的に行う術を心身で習得することになるだろう。

　21世紀の予測がつかない不安定な世界に生徒が向き合っていくうえで，これ以上優れた準備はないと私は考えている。

■ 新しいカリキュラムでパートナー方式の教授法を用いるために

　最終的にどのような形になるにせよ，現在，多くの人が取り組んでいる問題なので，21世紀のカリキュラムというものがやがて出来てくるだろう。ちょうど今，私たちがその最中にいるところだが，カリキュラム改革の第一段階は，

特にコンピュータスキルとマルチ・メディアリテラシーについての新しいスキルを，機会があれば，金融リテラシーのような有用な知識も入れて，現行のカリキュラムに継ぎ足すものになる。

　しかし，ここでの問題は，私たちが教科内容をすでに多すぎるほど詰め込んでいることだ。おおかたの教師に経験があるように，学期末または学年末になると教科書の途中で終わってしまうことがある。そこで学校で＜省略箇所検討委員会＞などを設けて，教科書のどこを省略して，どこを生徒に参考書で調べさせて対応するかといった議論をすることになってくる。では，何が省略できるか。たとえば，とうとうラテン語は公立の学校では教えられない教科になってしまったが，それは重要ではないということが理由なのではない。もちろん，ラテン語が重要なところもある。しかし，全員の生徒が教わるものとしては，より重要な教科が他にあるからなのである。しかも，ラテン語を教えられる教師もいなくなってしまった。他にも，議論の余地はあろうが，カリキュラムから削除するか，あるいは特別な方法もしくは特別な場合に教えれば良いことが多くある。その上位候補が，たとえば，筆記体の書き方，筆算による割り算，掛け算九九の暗記といったところだ。この３つを教えなくするだけで，子どもたちに，もっと未来志向のことが何年分も教えられるようになる。たとえば，単に計算の仕方を教えるのではなく，数学がなぜ必要で，どういう時に役に立つか教えられるようになり，プログラミングや前節で紹介した高次スキルを教えられる時間も確保できる。

　子どもたちには掛け算九九の暗記がいつの時代にも必要だと言う人には，私は，空で太陽の位置を見て時刻を知るようにしていた時代があったことを話すようにしている。その後，腕時計が発明され，私たちが身につけるようになると，もう太陽と時刻の話は教えなくなった。その代り，機械の使い方を教え，時刻の正確性という点では大きな前進だった。こんにちの子どもたちは携帯電話などの機器で自由に，しかも無料で計算ができるようになった。電卓はおまけでもらえる景品にも付いており，どこにでもあるからだ。私たち教師は，子どもたちがこれらの機器を正しく効率的に使えるように教える必要がある。私がすでに論じたように（www.marcprensky.com/writing/Prensky-Backup_Education-EdTech-1-08. pdf　参照）（訳注41），パートナー方式の教師は未来

志向で生徒を支援するべきであり，教育を逆戻りさせてはならない。いくら多くを教えても，こんにちの生徒が未来の世界でほとんど役立たないことを将来まず使わないスキルのことで時間を取られるようではいけない。

　新しく，もっと現代の要求に適したカリキュラムができてくるようになると，この新しいカリキュラムは，本書で言う動詞スキルを重視し，単に方法を覚えていく名詞ツールに充てる時間を減らしていくことが確実だろう。この方向で，ゲーツ基金のように政治的にも財政的にも力のある団体が率先してくれることを期待したい。この流れは，私たちには，とても良い知らせである。というのも，すでに見てきたように，パートナー方式の教授法では，名詞ツールより動詞スキルが大切であり，名詞ツールは，一番大切とされるものが時代に応じてつねに変化すると位置づけてあるからである。

　これから先の何年かをかけて，パートナー方式の教授法を用いて多くの実験が行われ，プログラミングやゲームに関連したスキルなどが新しくカリキュラムに追加されていくことを期待している。それと同時に，パートナー方式の教授法により，今までは軽く扱われ，時間が足りないからと言って教えられてこなかった基本的な動詞スキルにも教育者たちが力点をおくことができるようになると良いと思う。表2.2の動詞スキルの一覧をご覧になり，自分でこれはと思うものを決めていってほしい。

■ パートナー方式を念頭においた学校の創出

　若い人口が増えてきて，学校の施設が老朽化し，教育に新しいテクノロジーや新しい価値観が導入されつつある今，学校を新設したり，建て直したりする所が多くある。パートナー方式の教授法を念頭に入れた学校建築とは，どういうものが理想なのだろうか。

　最も過激な考え方は，もちろん，学校の建物自体が将来的に必要かどうか考えなおすというものだ。これから出現する新テクノロジーの時代では，学校建築が必要でない分野の学習もあれば，依然として必要とする分野もあるだろう。確かに現状では子どもたちを安全に保護し，子どもたちがそこにいれば親が安心して働きに出られるようにするために，子どもたちが室内活動のできる建築

としての学校が必要だが，今後，技術的に解決できるようであれば，学校建築の必要がなくなっていくだろう。

また，演劇，映画撮影，美術，スポーツ，または他の種類の集団活動に子どもたちに参加させたい場合は，こういったことができる場所が必要になる。しかし，グループ活動でも一対一で行うものは，今では遠隔操作でできるようになっている。この具体例には，ソフトウェア開発やレポート執筆などの多くの共同作業が含まれる。

学校が必要だとする論拠には，学校が社会化の学習の場になっているというものがあるが，実はこれは学校が不要だとする論拠にもなってしまう。学校が楽しくて，学校で成長する生徒もいるが，特に高校生になると多くの場合で学校の人間関係は難しくて，恐ろしいものであり，放課後の経験が社会化の一番良い学習になっている。

教室は必要か？

少なくともさしあたって，学校が必要だとしても，どのような学校を建てるかという問題は残る。私の意見では，緊急の課題は，教室を設けるかどうかということだ。

これは学校建築自体が不要であるとする意見に比べれば，穏便な考え方だが，パートナー方式の教授法と 21 世紀の新しいテクノロジーを採用すれば，教室はもはや消滅しつつある教育設備として良い。おおかたの教育関係者が認識している通り，21 世紀の教育には，教室で固定化された方式よりも，もっと柔軟に動かせるクラス編成が求められている。さらに，教室は四方を壁で囲まれており，たまに見学に来る人がいるにしても，中で起きていることは教師と生徒にしかわからない。こういう閉じた世界としての教室の時代は，もう終わりになってきている。今では，壁はガラスで中が見えて，ビデオカメラが多く付き，中でこそこそと話を進められないようになってきている。これがこれからの流れであって，固定した教室をこれからも設置することは，旧体制に生命維持装置をつけ苦しみを引き延ばすことになる。

固定した教室の代案には何があるか。ヒントとして，私たちはホテル，集会施設，会議産業の方法を参考にしよう。こういった業界では，同じ名前の会議

を開く場合でも日時が違うと，参加者が1ケタの場合から，2ケタ，3ケタ，4ケタとさまざまであり，個人で働く人も参加するので，多様な大きさの部屋を用意することになる。しかも，必要とされる部屋の種類が毎日，忙しいときは毎時間変わる。そのため，可動式の防音間仕切りを用意して，大半の部屋の規模を10分かけずに変更できるようにした。これと同じことを学校に導入すると良いと思う。

　もし学校の教室がこのように可動式になると，日ごとに，または時限ごとに部屋の規模や形状の変更を誰が考えて決めていくことになるか。ここでパートナー方式が大事になってくる。新しい学校が建てられる際に，建築家が意匠の凝った空間を設けて，生徒のためにということで一見すばらしく思える人間工学設計の備品を入れてあるのを見たことがあるが，それらはすべて生徒に相談なく決められていた。一方で，CADという設計作業用のソフトや他のデザイン用のソフトを使って，空間の設計，室内の配置，部屋の形，備品に至るまで自分たちで決めていくのに関わったという生徒にも会ってきた。私が見た1校では，みんなで使うロビーを設計しなおすのに1週間で案を出し合って競っていた。

　21世紀では，私たちは生徒に対して何かしてあげるという方法ではうまくいかない。私たちは何事も生徒と一緒にしなくてはならない。パートナー方式は，教員と生徒の双方が協力し合い，全員に最善のものを創る際に，最も良く作用する。もちろん，教員用休憩室の設計を生徒に任せようという人はいないだろう。しかし，生徒が毎日使う場所の設計では，生徒と教師の双方が発言権を持って当然であり，そのときそのときの学習での必要性に応じて形状を変えられるように可動性があるものにすべきである。

■みんなのための21世紀の教育に向けて

　25歳未満の若者が総人口の半分を占める世界では，教育は不平等で偶然に満ちたものになり，教育の恩恵を受けられない人が多くいる。貧しい国々では若者の中に教師を1人配置するだけでも大きな前進であり，これを実現するために汗を流している人々もいる。私たちに欠点があるにしても，アメリカ合衆

国や他の先進国に住む人たちは教育の機会に関しては，とても恵まれている。

テクノロジーがもたらした好機の一つとして，すでに多くを持ち，多くを知る人たちに，まだ機材も知識もない人たちを手助けする力を与えたことが挙げられる。かつては，カンザス州の学校の生徒が西アフリカのマリ共和国の人を手助けしようとしても，直接連絡を取ることは無理だった。それが今ではコンピュータを起動すれば簡単にできる。ePalsのような手段を使えば，生徒たちは世界中の同年代の人たちと安全に連絡を取り合える。今では携帯電話は世界の2/3の人口に普及し，携帯電話を使えば，以前は完全に閉ざされていた世界のあちこちへと生徒が道を開いていけるようになった今，ようやく私たちも，この機器を教育にどう活かしていくかを考えるようになった。

先進国の教育をめぐる議論の多くは，信じがたいほど狭い部分に限定されており，近視眼的で将来的展望に欠けているように私には思える。しかも，海外で訪問したすべての国で同様の議論が行われている。生徒の試験の成績はどうなるか。生徒をどう比べて評価するか。どうすれば私たち教師が望む方向へと生徒の関心を導くことができるか。どうすれば生徒がより多くの学位を取得できるようになるか。こういった議論ばかりが耳に入ってきて，情熱を持った生徒や自分の潜在能力を伸ばすのに必要なスキルを学んでいる生徒のことはほとんど耳に入ってこなかった。

私がパートナー方式の教育について本書を書いた理由は，教師に新しい教授法について考えるようになってもらいたいだけではなく，教育一般についてももっと広く考えるようになってもらいたいと希望しているからである。教育は単に明日のことだけなのか，それとも生徒のこれからの一生に関わる問題なのか。試験に受かる以外には生徒が知っておく必要はないと自分たちもわかっていることを私たちは生徒に教えていく必要があるのだろうか。教室で退屈そうな生徒の顔を見るたびに，私たち教師は顔をそむけて，生徒を責めてしまうが，変化が必要なのは私たちの方ではないのか。

最後に，昨年，私の生徒の1人が会議で発言したすばらしい一言を紹介して結論としたい。指定討論者として舞台に上がった8人の生徒と聴衆として会場にいた数百人の教師たちの間で1時間にわたる議論が続いた後で，この生徒が私の方を向いて，個人的なことを聞いてもいいかと私に尋ねた。

「良いですよ」と私は答えた。

「年齢は，おいくつですか」と，その生徒は聞いた。

「63歳です」と私は答えた。

すると，その生徒は聴衆の方を振り返って，こう言った。「もしマークさんが63歳で，こういったことができるのなら，ここにいる先生方もみんな自分でできるはずだ。自分で応用してみれば良いだけなんだから。」

パートナー方式の教授法が，単にあなたの生徒のためになるだけではなく，あなた自身のためにもなることがおわかりいただけたと思う。だから，あなたはもう，これができるという段階にとどまらず，実際にするようになるという信念を私は持っている。最後に『スタートレック』のミスタースポックのお別れの台詞をまねることを許してもらい，結びのことばとしたい。

世界に出でよ，そしてパートナーとなって繁栄せよ ☺

原　　注

1) J・デューイから今日のWeb 2.0の提唱者（I・デューク，A・ノベンバー，W・リチャードソン，D・ウォーリック）にいたるまで，事例体験学習，問題解決学習，探求学習を提唱してきた教育学者は皆，生徒と教員の間に新たなパートナー関係を築き，教員が中心になるのではなく，生徒が中心になって語る必要性を唱えてきた。
2) 私は，E・アッカーマン教授（ピアジェの教え子），D・デカーコブ教授（M・マクルーハンの教え子）などたくさんの人がこう語るのを聞いた。またある子ども番組のプロデューサーから「子どもは次第に大人になるのが早くなる」というのが音楽専門チャンネルMTVの社内スローガンであると聞かされた。
3) 同上。
4) テレビ版『スタートレック』オープニングより。
5) Dewey. J. (1963). *Experience and education*, New York, NY: Collier Books. （1938年初版）
6) Johnson, L.F., Smith, R.S., Smythe, J.T., & Varon, R. K. (2009). *Challenge-based learning: An approach for our time*. Austin, TX: New Media Consortium.
7) Boss, S., & Krauss, J. (2007). *Reinventing project-based learning: Your field guide to real-world projects in the digital age*. Washington, DC: Interna-

tional Society for Technology in Eduacation.
8) Tim Rylands in the United Kingdom.
9) Hu, W.（2007, May 4）. Seeing no progress, some schools drop laptops. *New York Times*. http://www.nytimes.com/
10) ロチェスター工科大学の報告書で，ニコール・コックス講師が次のように記している。

　「教室の学生を4人から6人の討論グループに分け，そのグループ内で各自が自分の返答をオンラインで投稿し，その後で各自がグループの仲間の返答を読むようにした。学生はグループ内の返答をすべて読んでから，それぞれの返答に対して自分の反応を書くことが求められた。作文のスキルが向上したことが明白に見受けられた。ここでも，学生たちは互いに学んだのだと思う。たいていのグループで少なくとも1人は，おそらく見本に倣ったようで，内容も書き方もかなり上達していた。何か強調したいことがあれば，くだけた話し言葉よりは正規の文法で学術的な文体を使う方が有効である。級友に読まれる緊張感も，懸命に取り組む理由になるだろう。グループの他のメンバーに追いついていけないと，仲間はずれになり，討論に加わることもできない。討論への参加が，学生の成績では大きな割合を占めたので，遅れていた学生もすぐに一定のレベルで文章を作成することを学び取り，グループ内できちんと意見が言える存在であると見てもらうようにしたのである（http://online.rit.edu/faculty/blended/final_report.pdf）。
11) Mabry Middle School, Mabry, Georgia.
12) Ingo Schiller，ニューサム・パーク小学校に通う，子ども2人の保護者。in Newport News, Virginia. Curtis, D（2001, November 11）.「現実の問題が生徒を動かす」．*Edutopia*. http://www.edutopia.org/magazine
13) Johson, L. F., Smithe, J. T., & Varon, R. K.（2009）, *Challenge-based learnig: An approach for our time.* Austin, TX: New Media Consortium. Page 10
14) 「情熱に基づく学習」（passion-based learning）は，いろいろな人が使っているが，私が知る限り，J・S・ブラウンによって最初に提唱された用語である。ブラウン氏は，以前はゼロックスおよびその Palo Alto 研究セ

ンターに勤め，今は南カリフォルニア大学に勤めている。

15) De Bono, E. (1985). *Six thinking hats. Boston, MA: Little, Brown.*
16) http://web.pacific.edu/x7375.xml
17) http://www.northeastern.edu/ admissions/reallife/index.html
18) http://www.coe.edu/academics/rhetoric/rhetoric_reallife
19) Frankengenes は，当時，Mabry Middle School (Mabry, Georgia) の校長であった Tim Tyson がスタートさせたプログラムの一環として製作された。
20) D・A・コルブ (1939 年生) は，アメリカの教育学者であり，Case Western Reserve 大学 (Cleveland) Weatherhead School of Management の組織行動学教授。彼は，行動，観察 (フィードバック)，省察，抽象の学習ループ理論で知られている。
21) http://serc.carleton.edu/introgeo/socratic/second.html
22) Jude, A., Rathburn, PhD, Lubar School of Business, University of Wisconsin-Milwaukeye. http://4edtechies.wordpress.com/2009/12/17/integrating-emerging-technologies-into-instruction
23) http://www.ldresources.org/2004/11/05/suggestions-for-helping-learning-disabled-students-to-write (現在 (2013.7.1)，この URL は無効となっている：訳者注)
24) Johson, L. F., Smithe, J. T., & Varon, R. K. (2009). *Challenge-based learnig: An approach for our time.* Austin, TX: New Media Consortium. Page 33
25) http://www.encyclo.co.uk/define/Ipsave%20Assessment
26) Johnson, S. (2009, June 5). How Twitter will change the way we live (ツイッターはどのように私たちの生活を変えていくか). *Time.* http://www.time.com/time/business/article/0,8599,1902604,00.html

訳　　注

1) マルコム・グラッドウェル　1963年，イギリス生まれのカナダの作家。社会学と心理学に基づき，流行やヒット商品の背景を扱った作品を発表。2008年刊行の"*Outliers*"（邦訳『天才！成功する人々の法則』，勝間和代訳，講談社，2009）では，ビートルズやビル・ゲイツといった人たちが収めた大成功の要因を考察し，ある才能を自分が成功できる職業に伸ばすまでには10,000時間の努力を続ける必要があることを指摘した。
2) ePals　世界最大のオンライン教育コミュニティ。1996年，アメリカ合衆国を本拠に，インターネット上で世界中のクラスをつなぐプログラムを展開している。言語学習，共同プロジェクト，メールのやりとりなどを通して，異なる国や文化について互いに学び，クラスや個人レベルでの交流や相互理解を深めることをめざしている。
3) ここで紹介する学習タイプのいくつかは，第2章（pp. 55-66）での説明を参考にしてほしい。
4) Charter school　保護者，地域住民，教師，市民活動家などが，それぞれの地域独自の実情やニーズに応じて認可申請し，設立するアメリカ合衆国の新しいタイプの公立校。コンピュータリテラシーやアートに特化した教育や不登校の子どもたちを対象にするなど，さまざまな特徴を前面に押し出した教育を実施する。
5) Educational Testing Service（ETS）　世界的に知られているTOEIC

やTOEFLなどを主催するアメリカ合衆国の非営利団体。厳密な調査，研究に基づいて，信頼しうる評価システムを作成し，世界中の人々のために教育の質と公平を進めようとしている。

6) 表2.2中の名詞ツールの多くは，第7章（pp. 175-236）で説明されているのでそちらを参照してほしい。

7) **事実確認調査員**　ファクト・チェッカー。報道機関などで記事の事実関係を再点検する職業。

8) **マインドマッピング**　トニー・ブザン（Tony Buzan）が提唱した思考・発想メソッドの一つ。より創造的なアイデアを生み出し，効率的な思考を促すために，中心概念（フォーカス）となるキーワードを中央に配置し，そこから放射状に伸ばしたブランチに関連するキーワードをつなげて書き出していく手法。

9) **エドワード・デ・ボノ（Edward de Bono）の"六つの思考の帽子"**
建設的・創造的な思考を促すことを目的とした思考メソッドの一種。ある対象（議題など）に対して全員が同じ（並行的）視点に立ち，それぞれが以下の役割を自覚したうえで思考・発言することで，効率的に審議を進めることができるとする。役割は以下の6つから構成される。

　1. 白い帽子（客観的・中立的視点）

　2. 赤い帽子（感情的視点）

　3. 黒い帽子（批判的・消極的・悲観的視点）

　4. 黄色い帽子（希望的・積極的・楽観的視点）

　5. 緑の帽子（創造的視点）

　6. 青い帽子（俯瞰的・指揮者的視点）

［邦訳『デボノ博士の「6色ハット」発想法』，松本道弘訳，ダイヤモンド社，1986］

10) **NPRのCar Talk**　ナショナル・リパブリックラジオ局（NPR）の人気ラジオ番組（http://www.cartalk.com/参照）。車の修理に関する電話相談に答えるもので，そのコミカルな内容が評判である。毎週，Puzzlerと呼ばれるクイズを出題するコーナーがあり，前週のクイズの答えとともに番組冒頭で紹介される。

11) 大物実力者（tycoon）　主としてPC向けの経営シミュレーションゲームのタイトルにしばしば含まれる語句。

12) エンダーズ・ゲーム　6歳の少年エンダーがバトルゲームにおいてプレイヤーとして，さらにチームのリーダーとして天賦の才能を遺憾なく発揮し成長していく物語。[邦訳『エンダーのゲーム』，野口幸夫訳，ハヤカワ文庫SF，1987]。

13) American Idol　アメリカの視聴者参加型のオーディション番組。

14) カーボンフットプリント　個人や団体，企業などが生活・活動していくうえで排出される二酸化炭素などの温室効果ガスの出所を調べたものを企業が自社の商品に表示する制度。

15) 人間強化（human enhancement）　一時的か永続的かを問わず，人間の認識および肉体的能力の現在の限界を超えようとする試みを意味する。その手段は自然なものから人工的なものまである。

16) C-SPAN　Cable-Satellite Public Affairs Network。1979年に公共サービスとしてケーブルテレビ事業者により創設された非営利会社。政治への公的なアクセスを提供することを目的としている。政府からの財政的支援は受けておらず，会員からの会費により運営が成り立っている。(出典：http://www.c-span.org/)

17) FRC（FIRST Robotics）　科学と技術に対する子ども，学校，地域社会の理解を深めるため，1989年に発明家のディーン・カーメン氏によって設立された非営利団体FIRSTが主催するロボットコンテスト。

18) 分子（タンパク質）のフォールディング解析　タンパク質は人間の体にとって，気分を調節したり病気と闘う等の手助けをする重要な役割があるが，そのような働きをする前にそれらは集まって折り畳まれる（フォールディング）。フォールディングが適切に行われないこと（ミスフォールディング）は，BSEやAIDS，ガン等を含む重大な疾病を引き起こしうる。ミスフォールディングについて解明されることにより，それらの病気に対抗する薬や療法の開発が期待される。(出典：http://folding.stanford.edu/)

19) テキスト・スピーク（textspeak）　メールやネット上で使われる短縮

文字列（略語）。例として，"for you"→"4 u"など。

20) 『リトル・ブラザー』　ハッカーの高校生マーカスが国家権力と戦う全米ベストセラー。[邦訳『リトル・ブラザー』，金子浩訳，早川書房，2011]

21) 『パターン・レコグニション』　ネット上に現れる断片的な映像（フッテージ）をめぐる作品。[邦訳『パターン・レコグニション』，浅倉久志訳，角川書店，2004]。

22) 『才能を引き出すエレメントの法則』　世界的に活躍する人たちの「エレメント」（情熱と才能が出会う場所）を見つける方法。[邦訳『才能を引き出すエレメントの法則』，金森重樹監修，秋岡史訳，祥伝社，2009]

23) 『フラット化する世界』　[邦訳『フラット化する世界』，伏見威蕃訳，日本経済新聞社，2006]

24) **Bicycle Writing**　毎回，目的地を変えて数時間程度の自転車旅行を行い，旅先や途中での経験などを日誌にまとめることで文章力を磨く独特な授業。

25) **ウェブクエスト（webquest）**　質問の答えをインターネット上で検索してまとめることを通じて，知識の獲得手段を学ぶ学習活動。

26) **赤ん坊と風呂水の古い隠喩**　風呂水と一緒に赤ん坊まで捨ててはいけない。物事を混同しては，大事なものまで失ってしまうということを示す西洋のことわざ。

27) **Web 3.0**　一方向的な Web サービスが Web 1.0 だとすれば，現在の Web 2.0 は SNS に代表されるような双方向的な Web サービスだと言える。この Web 2.0 を超える次世代のサービスでは，Web 上の膨大なデータを意味レベルの情報（メタデータ）に変換して共有化することで，いつでもどこからでも効率よく利用できるようになる。そのための重要な技術がセマンティック Web である。このような Web 環境を称して Web 3.0 と呼ぶことが多い。

28) **ディジタルマルチプライヤー**　Digital multipliers。いわゆる言葉遊びの一つで，ディバイド（divide：割り算）に対してのマルチプライ（multiply：掛け算）を意味する。ここでは，教師が携帯電話というツールを「持っている生徒」と「持たざる生徒」に＜分かつ＞のではなく，携帯電話

を「持っている生徒」と「持たざる生徒」を＜掛け合わせる＞ことでより良い効果を生み出すような教師になってもらいたいと著者は提案している．

29) Jeopardy !　アメリカで人気のクイズ番組．毎回 3 名の解答者が対戦し，正解することで獲得できる賞金の総額を競い合う．

30) 『デジタルゲーム学習―シリアスゲーム導入・実践ガイド』．欧米における「シリアスゲーム」の潮流を生むきっかけの一つとなった著作．デジタル時代に対応した学習アプローチとして，デジタルゲームを学習メディアとして利用する「デジタルゲーム学習」を提唱したもの．［邦訳『デジタルゲーム学習―シリアスゲーム導入・実践ガイド』，藤本徹訳，東京電機大学出版局，2009］

31) 『テレビゲーム教育論―ママ！ジャマしないでよ勉強してるんだから』．テレビゲームの弊害ではなく，ゲームを教育に活かそうとする書．［邦訳『テレビゲーム教育論―ママ！ジャマしないでよ勉強してるんだから』，藤本徹訳，東京電機大学出版局，2007］

32) 第 7 章は独立した用語集として使用することが想定されるため，本文中に記載されている名詞ツールは一部原語表記のままにしているものがある（Facebook, PowerPoint, Texting, Twitter, Wikipedia など）．

33) 現在（2013.7.1），この URL は無効となっている．

34) 現在（2013.7.1），この URL は無効となっている．

35) GPA　Grade Point Average の略．欧米の大学で広く導入されている成績評価制度でそこでの成績評価得点を意味する．ある学期における学生一人ひとりの履修科目の成績の平均を数値で示したものであり，一般的には A や B といった成績評価を GP（Grade Point）と呼ばれる数値に換算し，この値にそれぞれの科目の単位数を乗じたものを合計した値を，その学期の履修科目単位数の合計で除して算出する．

36) グリーンスクリーン（green screen）　被写体を緑色または青色の背景上に録画して，その被写体を別のビデオ映像に合成する技術．ブルーバックとも呼ばれる．

37) Odyssey of the Mind　子どもたちに創造的な問題解決の機会を提供す

ることを目的として設立された国際的教育プログラム。（出典：http://www.odysseyofthemind.com）

38) **SATやACT**　SATはScholastic Assessment Test（大学進学適正試験），ACTはAmerican College Test（大学入学学力試験）の略であり，ともにアメリカの大学入学希望者を対象とした適正試験，学力試験である。

39) **メトリック（metric）**　数学では距離やその構造を表す語である。ここではそれにしたがい「物差し・尺度」の意味で使われている。

40) **パレートの法則**　注目している現象の大部分（約8割）は，考えられる要因のごく一部（約2割）で説明できるという経験則。本文では，約2割で説明できることの裏返しとして，考えられる要因の「80％くらいは，すれ違っている」と表現している。

41) 当論文の趣旨を簡潔に説明すれば，子どもたちは，すでに就学前からPCや情報端末ツールと触れており，教科に関係する学習内容もそこからいくらでも自分自身の興味・関心，つまり情熱に従って引き出すことができる。そのようなメディア環境が子どもたちの学習意欲を高めるのであれば，教育は，いつまでもすべての子どもたちに同じ教科書を使って一律に教えるという旧来の教授法にこだわってはならず，むしろそこに逆戻りしてはいけない。著者に言わせれば，それは，到達目標と教授法とを混同していることを意味する。到達しようとする目標が旧来の教授法で行うのと変わらないのであれば，未来に向かってその方法こそ改善されるべきであろう。第8章で著者の『*The mill on the floss*』の読書体験の苦労話が綴られている。これが当論文の主張をよく教えてくれる。

訳出について

　本書は，Marc Prensky, Teaching Digital Natives, Corwin, 2010 の全訳である。

　そもそも本書を邦訳する作業に着手したのは，作業スタッフの一人である静谷啓樹氏より，本書がディジタルネイティヴ世代を次第に多く抱えるようになった今の学校現場の教師の指導力や生徒の学習力の向上という点においてきわめて有益な視点を拓いてくれ，邦訳する意義は十分あると薦められたからである。

　東北大学大学院情報科学研究科では，文部科学省 GP において「情報リテラシー教育専門職養成プログラム」事業が採択されて以降，情報リテラシー教育に力を入れ，同事業の終了後も「情報リテラシー教育プログラム」および「情報リテラシー教育コース」として引き続き充実・発展の努力を続けている。その趣旨は，学校現場で種々の ICT ツールが積極的に活用される時代であるが，教員・生徒がそれを使えるスキルを磨くということのみならず，併行して教師の教育力・指導力の改良・改善が図られ，生徒の思考力・読解力・論証力・表現力，さらに批判力などが高まること，つまり授業自体の質の改善・向上を図るものでなくてはならず，まさにそれを学校現場で実現できる教師・教員やスタッフを養成するところにある。本事業のスタッフとしては，本書がこの目標を実現するうえできわめて有意義と認識し，かくして取り組み始めた次第である。

　本書の解説や意義については，静谷啓樹氏におまかせするとして，ここでは

邦訳にあたりモットーにした点や，訳語，訳注，表記の仕方などにおいて付記すべき点を説明しておく。

　本書は決して一部専門家のための学術的文献ではない。それだけに原著の英文は，特に難しい表現や専門用語を使ったり，複雑な論理を展開したりしているわけではない。しかし，著者独特の文体や言い回しを訳出するにあたり，日常的に使用している辞書では太刀打ちできない箇所が随所にあり，日本語表現に難渋したところがあったのは確かである。ただ邦訳の原則は，何よりも読みやすくこなれた文章にするということだろう。それに従い，できる限り文意を酌み取り，平易な日本語に努めたつもりである。

　原文に括弧表記が多いのも，その一つである。強調点，注意したいことや思いついたことなどを内容としているが，読みやすさを優先し一部括弧を外して訳している。

　訳語について若干説明したい。本書の目次に続いて訳語リストが置かれているが，以下はそのなかでも著者固有の教育的・教授法的主張と深く関わるキーワード的な用語についての補足である。

　本書の最も重要なキーワードの一つである"partnering"は，「パートナー方式」と訳した。それは，生徒と生徒からなるグループ，そして教師が対等の関係であり，教師の役割は学習目標に達するための最善の質問，すなわち「パートナー方式のための質問」を生徒に投げかけ，生徒自身が時代のテクノロジーをフルに活用しながら自力で解答に行き着くことができるようにアドバイスを授け，指導する著者独自の教授法を意味していることから，そのように訳してみた。

　同じく重要な用語として，"guiding questions"がある。これは，いささか冗長であるが，「パートナー方式のための質問」と訳してみた。これまで教師は学習目標を達成するためにひたすら講義形式で語っていたこと，つまり解説・説明していたことが，むしろ答えになるように，つまり初めから生徒に答えを提供するのではなく，彼らにその答えを導くことができるように賢く＜質問する＞ことを意味する。そのような教授法こそ「パートナー方式」であり，それを実践的に導く質問であることから，選んだ訳語である。その具体的な例は，とりわけ第5章で豊富に知ることができる。

なお，各章の冒頭の「考えてみよう」も，原文は"guiding questions"である。この箇所は，著者が述べているように，そこでは当該の章で論点となる質問事項が列挙されている。それこそ教師が生徒と一緒に考える基本的な問いかけであり，端的に「考えてみよう」と意訳した。

さらに注釈が必要なのは，原文の随所に出てくる"verb", "noun"という用語である。文法的用語として使用される場合は，「動詞」「名詞」と訳したが，おおかたは「動詞スキル」「名詞ツール」と補足的に訳している。これらは著者独自の熱い思いがこもった重要な「比喩的」用語である。生徒がマスターしなければならない「理解力や意思伝達といった」知的スキルは，ある言語において動詞がほとんど歴史的変化を受けない品詞であるのと同じように，いつの時代でも変わらず身につけておかなければならない「動詞的な教育要素」である。そしてその知的スキルを磨き，向上させるための手段・道具が教育的ツールである。これは，時代の変化につれて変わっていく。ほんの少し前までは黒板とチョーク，加えてアナログテクノロジーで済ますことができたが，今ではパワーポイント，Eメール，YouTubeなど，ディジタルテクノロジーの使用なくしては成り立たない。それは，言語の歴史的変化のなかで頻繁に変化する「名詞」と同質のものである。このような著者の観点から，"verb", "noun"にそれぞれ「動詞スキル」「名詞ツール」の訳語を当ててみた。

"technology"は，基本的にカタカナで表記した。文意から「ディジタルテクノロジー」と訳している箇所もある。教育現場の現状からすれば，ICTツールと訳してもよいのだが，本書では決してディジタル方式の教育ツールだけを意味するものではなく，原著者自身も本文で引用しているように，「もしそれが君が生まれた後に発明されたものなら，それはテクノロジーだ」という名文句を残したアラン・ケイ（Alan Kay）の見方に従い，昔からの新しく登場したすべての教育ツールをテクノロジーと称していることから，そのままカタカナ表記にした。

その他，表記の仕方についての原則を付記する。

人名は，たとえば，ジョン・デューイ（John Dewey）のように，カタカナ表記に加えて初出に限り括弧内に原語を記した。学習者の便宜を図るためである。

キーワードの訳語は，訳語リストを参照していただきたいが，本文内において初出に限り括弧内に原語を記した。
　本書には，教授法の理論，学校，大学，企業などの実践プロジェクトや企画などが多々紹介されている。それを調べるにあたり，教育関係の辞典やサイト検索などを参照したが，ほとんど定訳といったものはなく，適切と思われる訳語を当てている。これについても，学習者の便宜を図り，括弧内に原語を記している。
　日本の教育現場であまり馴染みのない名詞ツールは，原則原語のまま表記し，必要な場合は訳注をつけている。
　「名詞ツール」は登場してはすぐにも消え去る。それと同じように，原著者のプレンスキーが紹介・引用する多くのWebサイトも，執筆当時は開設されていたとしても，邦訳に取りかかった時点ですでに閉じられたものがいくつもある。そのようなWebサイトは，省略するか，訳注で指摘している。また多少変更が加えられたものは，それを記載している。それでも，本書の出版時点で当然また変わっているだろう。
　訳注は，必要と思われる箇所に限定した。本書では，実に多くの特徴的なプロジェクトや活動が紹介・説明されている。しかし，訳者たち自身実際に直接目にしたわけではなく，また正確に調べることができなかったことから，ほとんど割愛せざるをえなかった。不明を恥じるしかないが，本書の趣旨からして，また著者自身も勧めているように，学習者には検索サイトなどを有効に活用してほしい。訳注に当たり，大幅に出典に依拠している場合は，その箇所を明記している。
　邦訳作業に着手するに当たり，まず情報リテラシー教育プログラム事業に取り組んでいるスタッフから翻訳チームを編成し，訳者紹介にあるように，担当を割り当てた。その後，訳者の一人である関本が調整役となり適宜翻訳スタッフに協力してもらいながら全体の監修・チェックを行った。さらに，これからの情報リテラシー教育研究の担い手の中心となることを期待される，スタッフの中でも若手研究者からなるチームを改めて編成し，最終的な文章・用語チェックを行ってもらった。とりわけ感謝する次第である。
　また東北大学大学院情報科学研究科教員スタッフで全学教育の英語担当教員

には，特に文意の不明な箇所について適切にアドバイスをいただくなど，多大にご協力をいただいた。他にも専門分野でご教示をいただいた方が何人もいる，一人ひとり氏名を挙げることはしないが，この場を借りて深く感謝する。さらに私たちの調査の及ばなかった箇所は，著者のプレンスキー氏にEメールを送り，直接ご説明いただいている。プレンスキー氏のご厚意にも感謝したい。

私たち翻訳スタッフとしては，本書が教育現場，学校全体，校区で，さらには企業のグループ代表やリーダー役の人に広く読まれ，ここで提唱される「パートナー方式の教授法」の理解が進み，実際に導入されていくことを切望する。それを導入するには，たいへんな勇気がいるかもしれない。だが，努力してほしい。たとえ最初は個人的な試みであったとしても，その教育法を同僚や周囲の人と一緒に共有し，次第に普及していくことになれば，そこにこそ本書の意義があるのであり，スタッフとしても大いに喜ぶことができるであろう。

最後に，理解の十分及ばなかった箇所，拙い表現や訳語など，お気づきの点は多々あろうかと思う。ぜひともご指摘，ご叱正，ご批判をいただきたいと思う。

加えて，情報リテラシー教育プログラムの活動の一環をこのように翻訳出版という形で提供する機会を与えていただいた共立出版に，そしてとりわけ私たちの遅れがちな作業に辛抱強くご協力いただいた寿日出男氏，中川暢子氏に，感謝の念を述べさせていただく。

訳者一同

解　説

　最初にお断りしなければならないのは，筆者はマーク・プレンスキーの祖述者ではないし，私淑しているわけでもない点である。

　実際，少なくとも大学人としての筆者は，教育と情報技術の接点近傍で生じるさまざまな動きや流れに向き合うとき，情報技術側に軸足が安易に移動しないよう自制してきた。これは，新しい情報機器やソーシャルメディアなどが市場に出るたびに，それを何とか教育に応用しようと思案する倒立した議論ではなく，教育やその実施環境の向上に必要な機能性能から出発した議論の結果として情報技術を選び取る立場を維持したいからである。

　このように保守的とも言える姿勢であるから，本書を含めてプレンスキーのこれまでの主張には受け入れが困難と感じられるものも数多くある。しかしそれにもかかわらず筆者は，本書の教育上の価値はきわめて高いと認識している。

　ディジタルネイティヴ（digital native）という言葉に初めて接したのは2007年であった。どういう経緯で出会ったかは忘れてしまったが，すぐに原典にたどりついた。それが，この造語を生んだプレンスキーの2001年の論文であった [1，2]。

　今やディジタルネイティヴの語は静かに広く浸透したようで，若い社員が年配の上司に対して「ディジタルネイティヴなので」を言い訳に使うという，かなり先駆的な用例も日本で見られるようになった。しかしこれは，いかにも言葉が独り歩きしてしまった感がある。

　そこでこの際，原点回帰の趣旨で，ディジタルネイティヴという語が本来ど

のように定義されていたのか，改めて確認してみたい．

文献 [1] では，ディジタルネイティヴはディジタル移民 (digital immigrant) との対比で述べられている．粗雑に言えば，物心ついた頃にはすでに情報社会であった世代がディジタルネイティヴ，それ以外は人生の途中から情報社会にやってきたディジタル移民であるという排他的分類となっている．そして文献 [2] では，ネイティヴは移民とは思考スタイルがまったく違うことが状況証拠とともに述べられ，分類の正当性が主張されている．

しかし，この移民という言葉に引きずられて，「現地人」に通じる香りをネイティヴの意に感じ取るのは，間違ってはいないものの少し注意が必要である．

実はディジタルネイティヴはこう定義されている．「今日のこの新世代の児童・生徒・学生たちを我々はどう呼ぶべきか？　ネット世代 (N-Gen) やディジタル世代 (D-Gen) と呼ぶ者もいる．しかし，私はもっと適切な呼称を見つけた．それは，ディジタルネイティヴである．今日の彼らは全員，コンピュータ，ビデオゲーム，インターネットのディジタル言語に関する"母語話者" (native speakers) なのである」[1]．

すなわち，ディジタルネイティヴは本来，ディジタル言語の母語話者という位置づけで定義された言葉であった．このディジタル言語について敷衍されてはいないが，もちろん特定の具体的な言語のことではない．人間の文化的な活動の全体について，それらは意味作用を持つ言語であると見立てているだけであり，定義で例示されているインターネットなどは言うまでもなく情報社会の換喩に過ぎない．重要なことは，その言語を母語とする者がディジタル・ネイティヴであって，地理的な土着性が前面に出ている「現地人」とは微妙に違う点である．

それではディジタルネイティヴという概念により，本書の読者層の多くを占めると推定されるディジタル移民たちにどのような影響があったのかを最後に考えてみよう．

これまで有効と信じられてきた現在の教育技術が抜本的に見直されることになるという直接的な帰結（それゆえ本書があり，この解説もある）の他に，筆者は主に2点あると考えている．

一つは，漠然と世代間のギャップとして片付けていた個人的な経験のうち，

それと思い当たるものがこの言葉によって再定義され，その経験の本質に関する認識の解像度が高められると同時に，情報社会の文脈で経験を分析できるようになった点であろう．すなわち，個人的な経験を情報社会の視座に接続するインタフェースとしての機能が与えられたことになる．

　もう一つは，この概念が，世代間倫理の身近な事例を気づかせてくれた点である．ネイティヴたちを誕生させたのは実は移民たちである．移民たちが起こした，いわゆる「IT革命」によって，ネイティヴたちの更地の脳にディジタル言語を注ぎ込む持続的な社会システムが構築されてしまった．その観点からは，ネイティヴたちを理解し教育することは，通常の意味で大人世代の役割であることを超えて，まさに移民が負うべき責任と言えよう．移民たちがさまざまな反省や期待を背景に思い描く将来の情報社会の姿も，次代を担うネイティヴたちへの適切な方法と内容による教育を通じて実現されることを忘れてはならない．それゆえ，仮に本書が世代交代の間隙に生まれた過渡的な存在であったとしても，本書の内容は実に重大なのである．

文献

[1] Marc Prensky, "Digital Natives, Digital Immigrants Part 1" On the Horizon, Vol. 9, Issue 5, pp. 1-6 (2001).
[2] Marc Prensky, "Digital Natives, Digital Immigrants Part 2: Do They Really Think Differently ?" On the Horizon, Vol. 9, Issue 6, pp. 1-6 (2001).

静谷　啓樹

索引

【英数字】

『7つの習慣』（*The 7 Habits of Highly Effective People*），274
ACT（The American College Testing Program），261
American Idol，112
Ancora imparo，273
Bicycle Writing，129, 312
Car Talk，99, 310
C-SPAN，116
Digital Game-Based Learning，169, 197
Don't Bother Me Mom—I'm Learning，169, 197, 264
Educational Testing Services（ETS），32
Eメール（E-mail），9, 15, 68, 72, 87, 116, 122, 166, 185, 188, 193, 203, 238, 268
ePals，15, 17, 116, 185, 193, 244, 303
FRC（FIRST Robotics），118, 218, 250
GPA（Grade Point Average），239
Jeopardy！，169
Odyssey of the Mind，250
PBL（problem-based learning），58, 64, 65, 66, 77
SAT（Scholastic Assessment Test），261
Teaching Matters，62, 76
Textspeak，120
The mill on the floss，246
Web 2.0，77, 157, 162, 174
Web 3.0，162
Wiki，68, 71, 72, 85, 114, 158, 162, 174, 185, 188, 234
YouTube，32, 35, 43, 49, 71, 72, 97, 106, 120-122, 144, 157, 162, 231, 235, 242, 249, 251, 265-269, 282

【あ】

アイザック・アシモフ（Isaac Asimov），123
アクティブ・ラーニング（Active learning），22
アラン・ケイ（Alan Kay），154, 317
『アリババと40人の盗賊』，142
意思決定（Decision），4, 67, 71, 95, 146-149, 191, 219
インターネット（Internet），2, 16, 30, 67, 71, 72, 96, 97, 202, 203, 242
ウィリアム・ギブソン（William Gibson），123
ウィル・スミス（Will Smith），255
ウィル・ライト（Will Wright），255
ヴォルテール（Voltaire），94
エドワード・デ・ボノ（Edward de Bono），99
エミリー・ディキンソン（Emily Dickenson），219
エル・システマ（El Systema），39

エレベーター・プレゼンテーション（Elevator presentation），60
『エンダーズ・ゲーム』（Ender's Game），102
大物実力者（Tycoon），102
『オズの魔法使い』（The Wonderful Wizard of Oz），44
オーソン・スコット・カード（Orson Scott Card），102, 123

【か】
改善曲線（Improvement curve），256
ガイド（Guide），10, 14, 23, 25, 31, 33, 48, 83, 91, 93, 109, 138, 151, 158, 256, 260, 262, 270
学習
　協働構築——（Co-constructing learning），22
　クエスト型——（Quest-based learning），22, 65, 269
　構成主義——（Constructivism learning），22, 269
　実生活——（Real life learning），127, 128
　情熱に基づく——（Passion-based learning），81, 306
　事例体験——（Case-based learning），22, 55, 64, 305
　生徒中心——（Student-centered learning），22, 269
　探求——（Inquiry-based learning），22, 57, 62, 269, 305
　チャレンジ——（Challenge-based learning），22, 65, 269
　為すことによって学ぶ（Learning by doing），22
　プロジェクト——（Project-based learning），22, 55, 58, 62, 64
　プロセス指向型探求——（Process-oriented guided inquiry learning：POGIL），22, 65
　問題解決——（Problem-based learning），22, 55, 58, 64, 139, 269, 305
カーボンフットプリント（Carbon footprint），113
カリキュラム（Curriculum），11, 16, 20, 24, 45, 58, 60, 64, 70, 73, 74, 114, 127, 130, 131, 132, 145, 169, 295, 296, 298-300
教室の3つのルール（Three Rules of the Classroom），144
クーベルタン男爵（Baron de Coubertin），117
クラウドソーシング（Crowdsourcing），112
クラスの温度を測る，276
グラフィックノベル（Graphic Novel），71, 186, 198, 208, 237
グリーンスクリーン（Green screen），245
グレッグ・ベア（Greg Bear），123
携帯電話（Cell Phones / Mobile Phones），71, 72, 87, 148, 156, 164-168, 181, 183-186, 212, 216, 229-232, 266, 285, 303, 312
携帯電話持ち込み方式の試験（Open-phone tests），166, 285
ゲーム（Games），2, 19, 28, 59, 71, 72, 85, 93, 102, 146, 148, 160, 169, 170, 177, 180, 196, 197, 206, 219, 220, 222, 239, 240, 252, 263, 313
ケン・ロビンソン卿（Ken Robinson），125
講評会（批評）（Critiques），60, 61, 71, 72, 88, 120, 138, 187, 268-270, 280, 283
コーチ（Coach），10, 14, 23, 25, 31-33, 45, 77, 83, 90, 91, 93, 109, 129, 138, 151, 157, 250, 256, 259, 262, 270
コリイ・ドクトロウ（Cory Doctorow），123
コルブ（D. A. Kolb），147, 307
コンテスト（Contests），72, 119, 170, 187
コンペ（Competitions），187, 240

【さ】
『才能を引き出すエレメントの法則』（The Element），125
サーチエンジン（Search Engines），71, 174, 188, 221, 232, 236, 269
サランラップキッズ（Saran wrap kids），80
シェイクスピア（Shakespeare），229, 268
事実確認調査員（Fact checkers），71, 97, 310

シミュレーション（Simulations），*16, 59, 72, 102, 115, 171, 196, 208, 222, 223*
ジョン・デューイ（John Dewey），*22, 305, 317*
スカイプ（Skype），*72, 105, 116, 119, 121, 126, 185, 223, 234*
スタートレック（Star Trek），*304*
スティーブン・カヴィー（Stephen Covey），*274*
セマンティックWeb（Semantic Web），*162*
ソクラテス（Socrates），*22, 94, 150*
ソクラテス的問答法（Socratic questioning），*33, 37, 50, 71, 147, 149-151, 219*
ソーシャルネットワーキングツール（Social Networking Tools），*72, 194, 209, 224*

【た】

体温チェック（Temperature checks），*87, 88*
多重知能（Multiple intelligence），*72, 124, 143, 208*
タイガー・ウッズ（Tiger Woods），*255, 273*
直接的教育（Direct instruction），*14, 20, 40, 50*
チャータースクール（Charter school），*32, 48, 286*
ツイッター（Twitter），*87, 112, 230, 238, 264*
デイヴィッド・ウィリアムソン・シェーファー（David Williamson Shaffer），*102*
『デジタルゲーム学習―シリアスゲーム導入・実践ガイド』，*169*
ディジタルネイティヴ（Digital Natives），*98, 264, 321, 322*
ディジタルマルチプライヤー（Digital multipliers），*167*
ティム・バーナーズ＝リー（Tim Berners-Lee），*162*
デヴィッド・ブリン（David Brin），*123*
テキスト・スピーク，*120*
テクノロジーに基づくアクティブ・ラーニング（Technologyenhanced active learning：TEAL），*22, 65*
データベース（Database），*189-191, 196, 227*
でたらめ探知（Crap detection），*97, 98*
『テレビゲーム教育論―ママ！ジャマしないでよ勉強してるんだから』，*169, 264*
電子ブック，*184, 193, 204*
電子ブックリーダー，*184, 193, 204*
動詞スキル（Verbs），*9, 47, 66-77, 102, 103, 131, 132, 145-151, 153-155, 158, 171-233, 238, 247, 258, 259, 267, 268, 272, 286, 297, 300, 317*
トム・フリードマン（Tom Friedman），*126*

【な】

人間強化（Human enhancement），*115*

【は】

背信行為（Spostasy），*158, 159*
配置（机の）
　馬蹄形，*52, 54*
　円形，*54*
　混合配置，*55*
『パターンレコグニション』（*Pattern Recognition*），*123*
パートナー方式
　足場作りがなされた――（Scaffolded partnering），*62, 76*
　ガイド式――（Guided partnering），*55, 61, 62*
　基本的――（Basic partnering），*55, 56, 58, 59, 60, 61, 64*
　上級用――（Advanced partnering），*55, 56, 58, 63, 64, 65*
　――のための質問（Guiding questions），*12, 28, 32, 33, 46, 57, 58, 61, 62, 66, 68, 73, 77, 93, 101, 130, 132-140, 136-139, 145, 146, 151, 163, 169-177, 260, 269, 271, 272, 274*
パレートの法則（Pareto rule），*293*
ハワード・ガードナー（Howard Gardner），*6, 143, 208*
ハワード・ラインゴールド（Howard Rheingold），*97, 98*
パワーポイント（PowerPoint），*34, 67, 68,*

71, 76, 103, 139, 148, 213, 250, 251, 271
ピアジェ学派，16
ビデオカメラ（Video cameras），71, 168, 189, 231-233, 266, 268, 275, 301
評価
　総括的——，280, 286
　形成的——，280, 285
　イプサティブ——，280, 281, 285
　ピア——，281, 282, 285
　現実世界——，282, 285
　全方位——，282
　自己——，17, 71, 132, 188, 221, 222, 283, 285, 287, 291, 297
　21世紀の——，285
　到達度——，285, 287, 288, 289, 291, 292
フィードバック（Feedback），50, 73, 74, 86-91, 118, 147-149, 157, 159, 162, 179, 181, 204, 242, 243, 247, 253, 263, 270, 275, 276, 280-283, 285
フェイスブック（Facebook），116, 121, 126, 163, 194, 238, 240
フォールディング解析（Folding），118
『フラット化する世界』（The World is Flat），126
プラトン（Platon），150
フランシス・パーカー（Frances Parker），22
ブルナー（Bruner），22
ブレインストーミングツール（Brainstorming Tools），71, 72, 182, 203, 235
プレゼンテーション（Presentations），20, 59-61, 71-73, 138, 139, 153, 160, 161, 169, 183, 195, 213, 231, 251, 258
フレッド・アステア（Fred Astaire），255
ブログ（Blogs），28, 29, 68, 71-73, 87, 96, 100, 112, 121, 126, 140, 160, 162, 166, 167, 181, 185, 188, 224, 225, 237, 243, 246, 257, 265, 273, 281, 290
『フロス河の水車小屋』（The mill on the floss），246
ペスタロッチ（Pestalozzi），22
『ベニスの商人』，142
ヘミングウェイ（Ernest Miller Hemingway），97
ポッドキャスト（Podcasts），28, 71, 72, 157, 174, 212, 213, 240, 242, 248, 258
ポッドキャスティングツール（Podcasting Tools），212
ポートフォリオ（Portfolio），60
本持ち込み方式の試験（Open-book tests），285

【ま】
マインドマッピング（Mind mapping），99
マーク・アンドリーセン，210
マシニマ（Machinima），72, 170, 205, 208, 237
マッシュアップ（Mashups），38, 72, 95, 187, 206, 207, 230, 237
マルコム・グラッドウェル（Malcolm Gladwell），6
マルチメディア（Multimedia），59, 71, 72, 118, 195, 208, 237, 238, 250
ミケランジェロ（Michelangelo），273
名詞ツール（Nouns），9, 66-71, 73, 77, 138, 153, 154, 172, 173, 175-238, 246, 250, 258, 264, 270, 300, 317, 318
メトリック（Metric），270, 314

【や】
『遊具からツールへ』（Toys to Tools），166, 184

【ら】
リズ・コルブ（Liz Kolb），166, 184
『リトル・ブラザー』（Little Brother），123
ルーブリック（Rubric），71, 77, 94, 219, 270
レイ・カーツワイル（Ray Kurzweil），123
ロールプレイ・シミュレーション（Role-playing simulations），102
ロバート・メイナード・ハッチンス（Robert Maynard Hutchins），101
『ロミオとジュリエット』（Romeo and Juliet），265

Memorandum

Memorandum

Memorandum

【訳者紹介】

東北大学大学院情報科学研究科
情報リテラシー教育プログラムプロジェクト　翻訳

［氏名（現職，専門分野）：担当章］

西田光一（下関市立大学・教授，言語学）：序言，はじめに，おわりに
関本英太郎（東北大学名誉教授，メディア論）：第1章
窪　俊一（東北大学大学院情報科学研究科・准教授，メディア情報学）：第2章
阿部貴則（東北大学大学院情報科学研究科・M2，言語学）：第3章
新国佳祐（東北大学大学院情報科学研究科・D1／日本学術振興会特別研究員，認知心理学）：第4章，第9章
邑本俊亮（東北大学災害科学国際研究所／大学院情報科学研究科・教授，認知心理学）：第4章，第9章
櫻井みや子（東北大学大学院情報科学研究科・D3，情報リテラシー教育）：第5章
落合　純（東北大学大学院情報科学研究科・D3，情報教育）：第6章
河野賢一（東北大学大学院情報科学研究科・D3，情報教育）：第7章
和田裕一（東北大学大学院情報科学研究科・准教授，認知心理学）：第8章
静谷啓樹（東北大学大学院情報科学研究科・教授，理論計算機科学）：第10章
篠澤和久（東北大学大学院情報科学研究科・准教授，哲学）：全体校閲

ディジタルネイティヴのための 近未来教室 ——パートナー方式の教授法—— Teaching Digital Natives： Partnering for Real Learning	著　者　Marc Prensky 訳　者　情報リテラシー教育プログラム 　　　　プロジェクト　Ⓒ 2013 発行者　南條光章 発行所　共立出版株式会社 　　　　〒112-8700 　　　　東京都文京区小日向 4-6-19 　　　　電話　　(03)3947-2511 (代表) 　　　　振替口座 00110-2-57035 　　　　URL　http://www.kyoritsu-pub.co.jp/
2013 年 8 月 25 日　　初版 1 刷発行	
	印　刷　加藤文明社 製　本　中條製本
検印廃止 NDC 007, 375, 377.15 ISBN 978-4-320-12336-6	NSPA 一般社団法人 　　　自然科学書協会 　　　会員 Printed in Japan

JCOPY　〈(社)出版者著作権管理機構委託出版物〉

本書の無断複写は著作権法上での例外を除き禁じられています．複写される場合は，そのつど事前に，(社)出版者著作権管理機構（電話 03-3513-6969，FAX 03-3513-6979，e-mail: info@jcopy.or.jp）の許諾を得てください．

酒井聡樹 著

これから 論文を書く若者のために
【大改訂増補版】

「これ論」!

初版刊行以来、数多くの読者に愛読されて来たロングセラー書の「大改訂増補版」。大改訂増補のポイントは、初版では弱かった「論文をいかに書き上げるか」の説明を充実させた。論文で書くべきことを知っただけでは、論文を書き上げることはできない。どうすれば、効率よく執筆できるのか、挫けずに論文を完成させることができるのか。この説明を大いに強化した。いろいろな部分の解説を大幅にバージョンアップした。初版刊行以降に新たに経験したこと・考えたことをすべて書き加えた。説明不足だったところも書き直した。特に、イントロの書き方、考察の書き方、文献集めの方法、レフリーコメントへの対応法、わかりやすい論文を書くコツ等を大改訂した。これにより、より有益でわかりやすい本に生まれ変わっている。　●A5判・326頁・定価（本体2,600円＋税）

これから レポート・卒論を書く若者のために

「これレポ」!

本書は、レポート・卒論を書く若者全員へ贈る福音書である。これからレポート・卒論を書く若者にとって、必要なことをすべて書いた本である。こうした文書を書いたことがない若者や、書こうと思って苦しんでいる若者のための入門書だ。理系文系は問わない。どんな分野にも通じるように書いてある。本書は、三部構成である。第１部では、レポート・卒論とは何かを解説する。高校までに書いていた作文とはいかに違うのかを知って欲しい。第２部は、本書の核となる部分である。レポート・卒論を書くために必要なことすべてを解説している。第３部は、文章技術の解説である。わかりやすい文章を書くために必要な技術を徹底的に解説している。本書の内容は、大学・短大・高等専門学校などの学生だけではなく、社会人となって、ビジネスのレポートを書こうとしている若者や、学生のレポート・卒論書きを指導する、教える側の人々にも役立つものである。　●A5判・242頁・定価（本体1,800円＋税）

これから 学会発表する若者のために
【ポスターと口頭のプレゼン技術】

「これ学」!

本書は、これから学会発表する若者のための本である。学会発表をしたことがない若者や、経験はあるものの、学会発表に未だ自信を持てない若者のための入門書だ。これから学会発表する若者にとって必要なことをすべて解説している。理系文系は問わない。どんな分野にも通じるように書いてある。本書は三部構成である。第１部では、学会発表の前に知っておきたいことを説明する。学会への臨み方の解説である。第２部では、発表内容の練り方を解説する。ここでの説明は、論文の書き方にも通じるものである。第３部では、学会発表のためのプレゼン技術を解説する。わかりやすいポスター・スライドの作り方、発表本番でのポスター・スライドの説明の仕方、質疑応答の仕方、これらを徹底的に解説している。　●B5判・182頁・定価（本体2,700円＋税）

http://www.kyoritsu-pub.co.jp/　　**共立出版**　　（価格は変更される場合がございます）